四川师范大学学术著作出版基金资助出版
四川省哲学社会科学基金重大项目（SCJJ23ND14）阶段性成果

毛丽娅 著

融摄与会通

唐宋人物思想研究

人民出版社

序

陈寅恪先生在《冯友兰中国哲学史下册审查报告》中一针见血地指出："六朝以后之道教，包罗至广，演变至繁，不似儒教之偏重政治社会制度，故思想上尤易融贯吸收。凡新儒家之学说，几无不有道教，或与道教有关之佛教为之先导。"但令陈先生感到遗憾的是："然新儒家之产生，关于道教之方面，如新安之学说，其所受影响甚深且远，自来述之者，皆无惬意之作。……盖道藏之秘籍，迄今无专治之人，而晋南北朝隋唐五代数百年间，道教变迁传衍之始末及其与儒佛二家互相关系之事实，尚有待于研究。此则吾国思想史上前修所遗之缺憾，更有俟于后贤之追补者也。"①毛丽娅教授所著的《融摄与会通：唐宋人物思想研究》，正是从唐末五代、宋初道教代表性人物杜光庭、陈抟的思想入手，探讨了他们作为新儒家学说之"先导"对宋代理学的影响，从而对中国思想史上"前修所遗之缺憾"，或多或少有所"追补"，这也正是本书的价值意义之所在！

陈寅恪先生说道教在"思想上尤易融贯吸收"，此话真正说到了点子上。道教从发生时期起，对儒家思想就保持一种开放态度，予以"融贯吸收"，后来佛教传入中土，又对佛教理念呈现出积极开放的姿态，予以"融贯吸收"。道教思想本身的的确确就是一个开放的系统，这个系统"融摄与会通"了儒佛二家的思想精华，对宋代"新儒家之学说"即宋代理学的产生在方法上、路径上

---

① 陈寅恪：《金明馆丛稿二编》，生活·读书·新知三联书店 2001 年版，第 284、282—283 页。

1

给予了启迪性的影响。也就是说,宋代"新儒家之学说"能够开放门户,一反传统之封闭,"融摄与会通"道教、佛教思想,在方法上、路径上都受到道教开放系统的启示,采纳了道教的做法,于是最终有宋代理学的形成。

有鉴于此,《融摄与会通:唐宋人物思想研究》一书的谋篇布局,便把道教代表人物杜光庭、陈抟的思想放在第一、二章作专题研究。书中揭示杜光庭对儒、释、道三家采取了以道为本,积极融摄儒释的态度,认为"三教圣人所说各异,其理一也"。这使得他在综合前人思想的基础上有所创新。书中点明陈抟首开宋初道士融合儒释二教之先河。陈抟本是一位儒生,后不求仕禄,师友高道异僧,既通佛法禅功,又精内丹大道,在他的思想中,儒释兼容,三教皆有。陈抟思想的历史意义在于他传的《无极图》和《先天图》以后分别为周敦颐和邵雍吸收并加以发展,对宋明理学的形成与发展有很大影响。陈抟对宋代理学的影响主要是宇宙生成说及其相关的性命修养论,他的宇宙生成论被周敦颐、邵雍吸收推演,遂成为宋明理学的重要组成部分。周敦颐的《太极图说》被后人誉为"理学之宗祖",而《太极图说》中三次谈到"无极",把"无极"作为世界的本原,这种学说即来自陈抟。邵雍把陈抟的《先天图》和儒家思孟哲学的"万物皆备于我"以及《易经》象数学融合在一起,构成了他的先天学。这种从陈抟《先天图》演化而成的思想又影响到以后的陆九渊等人。除了邵雍受到陈抟《先天图》的影响外,朱熹也比较详细地谈到了《先天图》的问题。此外,李觏和张载的著作中多多少少也能看到陈抟思想的影子。可以说,宋初著名道教学者陈抟对濂学和洛学具有不可忽视的开源作用。由此可见,作为新儒家学说之"先导"的道教,不仅在思想的开放性上为宋明理学树立了典范,而且在一些具体的理论问题上也着着实实成为宋明理学的"先导"。这无疑印证了陈寅恪先生的高瞻远瞩。

接下来,《融摄与会通:唐宋人物思想研究》的第三、四、五、六章对范仲淹、谯定、陈楠、张栻的思想作了有理有据的剖析。作者认为,学术界对以"一代大儒"著称的范仲淹在复兴儒学中所作出的贡献给予充分肯定,然而对其出入佛道,受佛道二教的影响却关注不够,因此,须对范仲淹的佛道观进行探讨。作者用翔实的史料描述了范仲淹与佛道人士的广泛交游，说他曾在道观读书，一生除与佛教高僧的交往极多，也与道士交游。作者指明范仲淹虽为"儒者"，但他在佛道方面均有很高的修养。他洞悉佛经、佛教教义，并从中吸取营养，取其大慈大悲、普度众生、甘愿为众生肩荷苦难的菩提精神。同样，范仲淹对道书也是很熟悉的，他推崇道教重气养神祛病延年的养生之道，认同道教内丹的养性方法，通过赞美道教服装，表达他对道教清虚守静、恬然淡泊价值取向的认同和推崇。作者还专辟一节论述范仲淹与道教，指出范仲淹对道家道教思想的融摄主要有：尊道贵德，清静无为；生死自然，逍遥自由；崇俭抑奢，恬然淡泊；修仙道与行善积德相结合；道教养生之道；等等。而道家道教思想对范仲淹人生的影响在于平衡了他的心态，提升了他的人生境界。不难看出，范仲淹的儒学思想中已经透出对佛道二教思想的兼容，其思想具有儒、释、道融会的特点。范仲淹能成为新儒学的开创者绝非偶然，与他融摄与会通儒、释、道三家的思想是分不开的。

在研究宋代蜀学涪陵学派的代表人物谯定时，毛丽娅教授独辟蹊径地考证了谯定与青城山的关系。认定晚年的谯定归蜀后隐居青城山无疑，而考订这一关系的意义在于从一个侧面反映谯定的学术思想源头与佛道二教密切相关。谯定深于易学，精于象数，其学术思想体现出儒、释、道三教融会的特点，对宋代蜀学、理学都产生了深远影响。

在研究南宋影响较大的道教内丹思想家陈楠时，毛丽娅教授首先分析陈楠思想产生的时代特征，说明金丹南宗产生于晚唐、北宋以来倡导"三教合一"的时代思潮中，因而陈楠的学说也不能不带有三教合一、禅道融会的特点。接着探索陈楠的丹道思想及其特点，其中很重要的一点就是，在立教宗旨上，主张佛道不二，融摄禅宗之学。陈楠接纳佛教禅宗明心见性论来解释道教内丹修炼，但又不以禅宗明心见性完全取代内丹道的性命双修，而是将二者加以会通。

最后是对南宋著名理学家、教育家张栻的研究，探讨了他的书院教育思想、仁观、道统思想及宋代南轩之学在蜀地的传播。

　　《融摄与会通：唐宋人物思想研究》的关键词是"融摄与会通"，这也是贯穿全书的一条主线。毛丽娅教授对于那个时代思想界的"融摄与会通"，真可谓论说透辟，既有高度和深度，也有厚度和温度，读罢掩卷深思，"于我心有戚戚焉"！也就不由自主地想起了陈寅恪先生《冯友兰中国哲学史下册审查报告》结尾的金句："在吾国思想史上……其真能于思想上自成系统，有所创获者，必须一方面吸收输入外来之学说，一方面不忘本来民族之地位。此二种相反而适相成之态度，乃道教之真精神，新儒家之旧途径，而二千年吾民族与他民族思想接触史之所昭示者也。"①这个金句明确告诫我们，在中国数千年的思想史上，不论是道家道教，还是儒家，它们之所以"能于思想上自成系统，有所创获"，这与它们"一方面吸收输入外来之学说，一方面不忘本来民族之地位"是密不可分的。这样一种既坚守"本来民族"思想文化的地位，又持续开放地"吸收输入外来"的思想文化，将"吾民族与他民族"思想文化"融摄与会通"，也就是陈寅恪先生指点迷津的"道教之真精神，新儒家之旧途径"。一旦背离了这样一种"真精神"，一旦迷失了这样一条"旧途径"，思想文化就会自我封闭僵化，裹足不前，既然已不能够与时俱进，当然也就不再"有所创获"。而思想文化的故步自封，因循守旧，自然而然会造成前进的脚步慢了下来，一步步落后于他人，最终的结果必然难逃"落后就要挨打"的命运！

　　君不见，明清以来道教丢失了自家宝贵的"真精神"，当一种新的"外来之学说"输入进来后，不再有当年佛教文化进入中土后那种吮吮的精神头，而是"闭关自守"，把自己包裹得严严实实。这固然坚守了"本来民族之地位"，但却抛弃了相反相成的另一方面即"吸收输入外来之学说"，"真精神"的辩证法被割裂了，于是道教的思想文化不再有崭新的"创获"，不再能够产生一种崭新的"自成系统"。看来，重新捡拾起道教自家的宝贝——"真精神"的时机已经到了，在"不忘本来民族之地位"的同时，更加开放地"吸收输入外来之学说"，如此才能迎来进入新时代之后道教思想文化的"凤鸣朝阳"。举例来说，

---

　　①　陈寅恪：《金明馆丛稿二编》，生活·读书·新知三联书店2001年版，第284—285页。

道教的长生不老学、养生学即应吸收输入当今世界最先进的生命科学、长寿学、基因工程等,与之"融摄与会通",推陈出新,从而创造出更为完善的"自成系统"的思想文化。为了长生不老,道教自产生以来,便与中国古代科技结下了不解之缘,并为中国古代科技发展进步作出了不可磨灭的贡献。而在与当今最尖端的高科技接轨方面,道教还有许许多多"融摄与会通"的工作亟待要做。

君不见,自宋明理学形成后,"新儒家"便逐渐迷失了"旧途径",老马变得不识途了,"名教"自断手足,自废武功,停滞不前。他家思想文化都被视为异端邪说,严加打压。"新儒家"日趋保守旧说,从而故步自封,夜郎自大,遂成井底之蛙;新形态的思想文化学说连一点影子都见不到,更不要奢望有什么崭新的"自成系统"的思想文化了。到了晚清以后,闭关守旧,不思进取的所谓儒家"名教",便与当时的"闭关锁国"一样,风雨飘摇,不堪一击。终于,在"五四"时期新文化运动摧枯拉朽下,孔家店的"名教"就身不由己地轰然倒塌,为时代所抛弃!痛定思痛,如今"复兴儒学"的口号又喊得震天响。如何"复兴"?道路在何方?恐怕还是陈寅恪先生指点的"一方面吸收输入外来之学说,一方面不忘本来民族之地位"的那条"旧途径"切实可行,舍此别无选择!儒学并不是个封闭系统,也不是一成不变的,必须推陈出新,做到"日日新","又日新"。而创新离不开对人类先进思想文化的"融摄与会通",在固守"不忘本来民族之地位"的立场时,也不要忘了"吸收输入外来之学说"。儒学"名教"要有勇气打掉自己套在自己头上的"紧箍",放开胸襟地去拥抱人类先进的思想文化,最终实现自己的"复兴"大梦!总而言之一句话:"复兴儒学"务必遵循"旧途径",即坚守"本来民族之地位"立场上的"融摄与会通""外来之学说"这一路线图,舍此路径,实在是不足以谈"复兴"。

现今的人类社会已经进入到了全球化时代,西方世界某些人掀起的逆全球化,只不过是这个伟大时代冒出来的一股小小的逆流,妄想阻挡住全球化浩浩荡荡的历史潮流,岂非是螳臂当车,蚍蜉撼大树,可笑不自量!更可笑所谓"灯塔国",所谓世界的"带头大哥",却在那里抱残守缺,紧紧抱住早已过时的

"冷战思维"不放手，不仅此也，还四面八方煽阴风点起战火，搞得人类社会败国亡家，难民遍野，经济大萧条。现在人类终于看清楚，原来"带头大哥"已蜕变成了"制裁合众国"，纠合一帮小兄弟，今天制裁这个，明天制裁那个，手伸得太长，大搞所谓"长臂管辖"，只顾自己的一己之私，破坏全球化的产业链，却又损人不利己，把人类带到"丛林世界"的阴沟里去了。"灯塔国"的灯已经熄灭，破落成为"瞎指挥国"，迫使全人类面临"盲人骑瞎马，夜半临深渊"的巨大危险。

放眼望去，全球化的指路明灯在于"构建人类命运共同体"，因为全球化的"密码"已经把人类的命运"互联互通"为一个整体，形成了人类相互依存而共赢的"产业链"，各国之间你中有我，我中有你，"一荣俱荣，一损俱损"。因此，这个世界只有构建起"人类命运共同体"，人类社会才能走出战火纷飞、"强权即真理"的"丛林世界"，去迎接美好的、光明的未来！"构建人类命运共同体"，当务之急就是建构起一整套"放之四海而皆准"的"人类命运共同体"的思想文化系统，这个系统"融摄与会通"了全人类最优秀、最前沿的世界观、人生观和价值观，而不只是仅仅基于某种宗教之上颇具局限性的所谓"普世价值"。在构建"人类命运共同体"思想文化系统的过程中，人类社会"百花齐放，百家争鸣"，儒家的"大同世界"理念经过一番脱胎换骨的"推陈出新"，大有用武之地。可以预期，未来"人类命运共同体"的"大同世界"中，军工利益集团及其军火资本找不到市场，因为那个时候的人类社会已经走出"丛林世界"，不再需要战争，不再需要军队，仅仅只需要警察来维持社会秩序即可。而到了那个时候，"漂亮国"也不再被军工复合体的资本所绑架，走出"大炮一响，黄金万两"——通过战争来发财的怪圈。所有的军火资本都转向投资，用于人类和平建设与发展高科技，为人类更加富足美好生活的福祉服务。这就是我们所憧憬、所梦寐以求的未来世界。好了，纸短话长，千言万语汇成一句话：只有通过"融摄与会通"人类社会各家各派思想文化、价值形态的精华，构筑好"人类命运共同体"的康庄大道，才能够带领人类社会走出靠战争来最终解决问题的死路——"丛林世界"，迈向和平安宁、公平公正和共同富裕的生路——"大同世界"。

以上是《融摄与会通：唐宋人物思想研究》读后的"感慨系之"，谢谢毛丽娅教授的大作带给我们诸多的启迪！

李　刚

2022 年 3 月序于川大花园"重玄斋"

目　录

前　言

唐宋中国,文化繁荣,学术发达,人才辈出,杜光庭、陈抟、范仲淹、谯定、陈楠和张栻等是其中部分代表。他们,或为著名道教学者,或为朝中名臣、政治家、思想家、教育家。既有北宋新儒学的开创者范仲淹,又有南宋著名理学家、教育家张栻。他们生活在倡导儒、释、道"三教合一"的时代,或出入佛道,或融摄儒释,会通儒、释、道,其思想呈现出鲜明的时代特征。

唐代道教发展,尤其是唐玄宗在位期间,崇道活动达到高潮。但是经过安史之乱和黄巢农民起义的猛烈冲击,道教的发展也由盛转衰。在这种形势下,"道门中的一些有识之士,纷纷致力于道教神话、理论、方术、斋醮科仪的研究和建设,为维护和加强对道教的信仰作了不懈的努力,杜光庭就是比较突出的一位"①。以至唐末五代道教在社会动乱之中,仍继续行于朝野,并在道教理论、斋醮科仪以及修炼方术等方面有所发展。入宋,由于宋初统治者对道教的大力扶持和崇奉,北宋道教复兴,除了符箓道术和斋醮科仪进一步发展外,不仅黄白术仍久盛不衰,而且在唐末五代内丹术兴起的基础上,内丹学达到了前所未有的发展水平。北宋灭后建立的南宋王朝,并没有解除来自北方金人的武力威胁,金兵数度南侵,宋室只有称臣纳币,始得偏安东南一隅。这为道教的继续发展提供了土壤。尽管南宋诸帝再未有过北宋真宗、徽宗那样的崇道狂热,但是南宋的积贫积弱,内忧外患,使南宋朝廷又不可避免地要上承前制,

---

① 　卿希泰主编:《中国道教史》第 2 卷,四川人民出版社 1996 年版,第 414 页。

1

下顺民俗,对以神鬼崇祀为事的符箓道教予以相当重视,以至扶植、利用。道教在这一时期有了进一步的发展,北方金人统治区,新道派纷纷出现,形成太一道、真大道、全真道三个新道派。在南宋,统治者吸取宋徽宗崇道亡国的教训,再无大举崇道者,对道教的管理也相当严格,但在民间,道教符箓和内丹术十分盛行,也出现了规模较小的新道派,如净明道、金丹派南宗、神霄派、清微派等。经过南宋众多内丹大师的传道度人活动,有关内丹修炼的思想逐渐传播到民间,形成一种普遍的社会思潮。不仅如此,内丹修炼影响了各符箓道派,"江南地区的内丹道派全真、南宗,也颇受符箓诸派影响而兼行符水"①。内丹术与符箓的结合成为这一时期道教发展的新特点。

从佛教的发展来看,唐末五代时期形成的沩仰、临济、曹洞、云门和法眼禅宗五家,入宋后虽然沩仰宗已不传,法眼宗也很快衰落,但临济、云门和曹洞传承不断,构成了宋代禅宗的主流。北宋仁宗时,临济宗又分化出杨岐与黄龙两系。宋代佛教发展,根据宋李攸《宋朝事实》卷七《道释》的统计,天禧末,天下僧 397,615 人,尼 61,239 人。② 佛教的影响渗透到社会的各个方面,其对中国社会的影响正如陈寅恪先生所说:"自宋以后,佛教已入中国人之骨髓,不能脱离。"③宋代儒士出入佛道成为普遍的社会现象,他们中有的研读佛经、道书,谈老说庄,对儒、释、道三家思想兼收并蓄。而且除范仲淹、陈楠之外,本书论及的杜光庭、陈抟、谯定和张栻都与巴蜀有关,杜光庭后半生在蜀地度过,陈抟、谯定、张栻本为巴蜀地区人,他们不仅对宋明理学产生影响,而且也成就了开放、包容的巴蜀地域学术的繁荣。

杜光庭(850—933)是唐末五代著名道士和道教学者,他对道教的哲学理论、思想源流、修道方法、斋醮科仪、神仙信仰等都做过比较系统而全面的总结性研究,既是唐、五代道教理论的集大成者,又是宋元道教的重要开拓者,在中国道教史上占有重要地位,对蜀地道教的发展也作出了重要贡献。

---

① 任继愈主编:《中国道教史》,上海人民出版社 1990 年版,第 576 页。
② 参见(宋)李攸:《宋朝事实》卷七《道释》,文渊阁《四库全书》本。
③ 吴学昭:《吴宓与陈寅恪》,清华大学出版社 1992 年版,第 11 页。

陈抟(？—989)，字图南，自号扶摇子，又号希夷，普州崇龛(今重庆潼南县境内)人。五代宋初著名道教学者，其所著《易龙图序》自题为"西蜀崇龛陈抟"。他对宋代内丹道及象数学、理学都产生过深远的影响。宋初陈抟首开道士融合儒、释二教之先河。陈抟深于《易》学，"发《易》道之秘"，"理极天人"，他继承了汉代以来的《易》学传统，把黄老清静无为观念、道教修炼方术和儒家修养、佛教禅理融为一体。兼容《易》学和《老》学，从《周易》卦象及《老子》书中引发出一套宇宙人物生成论，又以《周易参同契》的还丹说和《老子》返璞归真、归根复命的信念为旨归，系统地构筑起人物生成及修炼还元的理论体系。尽管陈抟并未作深入的理论阐发，但他已提到"道"与"器"、"体"与"用"等范畴，这对宋学颇有影响。

范仲淹(989—1052)，字希文，江苏吴县(今苏州)人，宋真宗大中祥符八年(1015)进士，历任地方官，位至参知政事。其文治武功，自北宋以来，即有定评。他一生以天下为己任、"先忧后乐"，其思想、人格，世人景仰。儒学在宋代重振，并能致广大、尽精微，出现理学之盛，范仲淹有开创之功。《宋元学案》为范仲淹专立《高平学案》以记其学术功绩绝非偶然，范仲淹作为"濂、洛之前茅"，其思想对胡瑗、孙复、张载、李觏、周敦颐、二程等人有直接或间接的影响，就此而言，儒家道统的传承与范仲淹的努力分不开。此外，以"一代大儒"著称的范仲淹，生活在北宋倡导儒、释、道三教并重的时代，出入佛道，其思想深受佛道二教影响。范仲淹生活时代国家的积弱不振、内忧外患，也使范仲淹不仅具有强烈的忧患意识，而且一生身体力行，"以天下为己任"。

谯定，字天授，北宋涪州乐温县玉溪人，自号涪陵居士。其生卒年代已无从确考，不过，根据谯定从学于程颐、曾受宋钦宗和宋高宗诏见的记载可知，他生活在北宋末南宋初。巴蜀易学的发达不仅与宋初高道陈抟的影响有关，而且也与谯定治《易》有关。北宋哲宗绍圣至南宋高宗年间(1094—1162)是宋代蜀学的转型时期。而这一时期，最著名的有三个学派，以谯定为代表的涪陵学派是其中之一。谯定学术影响的扩大，极大地影响了宋代蜀学的发展方向。

而且谯定门人弟子众多，其易学授之胡宪（1086—1162）、刘勉之（1092—1149）。南宋著名理学家朱熹少时师承胡宪、刘勉之，而胡宪、刘勉之师于谯定学《易》。谯定深于易学，精于象数，后归隐青城山，其学术思想体现出儒、释、道三教融会的特点，对宋代蜀学、理学都产生了深远影响。

陈楠（？—1213），字南木，号翠虚，惠州博罗县（今广东博罗县）人，南宋时期影响较大的道教内丹思想家，道教金丹南宗五祖中第四代传人，内丹清修派的代表人物。师承毗陵禅师薛道光，下传白玉蟾，在金丹南宗的传承上具有举足轻重的作用。由于他在传薛道光内丹道外，兼行雷法，因而形成了与张伯端、石泰、薛道光不同风格的内丹学说。

张栻（1133—1180），字敬夫，又字乐斋，号南轩，汉州绵竹（今四川绵竹县）人，张浚之子。南宋著名理学家、教育家。张栻不仅是宋代理学的重要人物，而且是"湖湘学派"的奠基人，与朱熹、吕祖谦并称"东南三贤"。作为蜀人的张栻，徙居湖南以后，在碧泉书院接受洛学教育。之后，创办城南书院，主教岳麓书院，"融家学与胡宏之湖湘学于一炉，从而形成了自己的思想体系"，在中国思想史和教育史上具有重要影响。本书论及张栻书院教育及其特色、张栻的仁观、张栻的道统思想及其贡献，以及宋代南轩之学在蜀地的传播。张栻主张传儒家圣人之道，认为"仁"为四德之长，强调以心性言仁、知仁而求仁；张栻论及儒家道统之传，推尊周敦颐、二程，上承孟子，在乾道年间，张栻已经形成周敦颐、二程、张载等北宋诸儒的道统思想；以儒家经典为载体、以书院为基地讲学授徒、立祠供祀倡扬儒家道统，重视义理解经、开义利之辨，强调传道济民、经世致用，对儒家道统传承与发展作出了重要贡献。

本书是对唐末至南宋杜光庭、陈抟、范仲淹、谯定、陈楠和张栻的专题研究。笔者自2002年开始涉猎道教研究，进而兼及儒、释，聚焦宋代儒释道人物及其思想探究，通过大量文本研读，知人论世，形成了有关杜光庭、陈抟、范仲淹、谯定、陈楠、张栻研究的系列成果，部分内容以论文形式发表。本书有助于更全面理解他们的人生理想，理解时代思潮及他们的贡献及影响，对于深化唐宋思想史、唐宋道教史、巴蜀文化研究都具有重要价值和意义。不仅如此，在大力弘扬中华优秀传统文化的今天,深化范仲淹、张栻等名人的研究无疑具有当代价值。"先忧后乐"体现的强烈忧患意识、先贤以天下为己任、传道济民、经世致用的责任与担当直到今天依然是时代需要的。

第一章 杜光庭研究

杜光庭(850—933)是我国唐末五代著名道士和道教学者,不仅对道教的哲学理论、思想源流、修道方法、斋醮科仪、神仙信仰等做了比较系统而全面的总结性研究,而且对蜀地道教的发展作出了重要贡献。

一、杜光庭及其思想

(一)杜光庭生平及著述

杜光庭,字宾圣(一云宾至),号东瀛子,处州缙云(今属浙江省)人(一曰括苍人,一曰长安人)①。少年习儒,喜读经史,"博极群书,志趣超迈"②,工于词章翰墨,为当时名儒。曾赴京都长安参加"九经举",科举失利后愤然入道,赴天台山拜应夷节为师,成为唐代著名的上清派宗师司马承祯的五传弟子③。

---

① 关于杜光庭的籍贯,《五代史补》说他是长安人,《全唐文》与《古今图书集成》本传皆说他是缙云人,《全五代诗》说他是括苍人,《历世真仙体道通鉴》则说他是处州人。以上所说又各有存疑,莫衷一是。李大华、李刚、何建明所著《隋唐道家与道教》(广东人民出版社2003年版)认为:"杜光庭决非长安人,只能是缙云、括苍或处州人。""三地又都在唐时括州治内,故称杜光庭为括州人最为适宜。"(第520页)

② (元)赵道一:《历世真仙体道通鉴》卷四〇,《道藏》第5册,文物出版社、上海书店、天津古籍出版社1988年版(凡下援引《道藏》的,皆此版本,不再一一标明),第330页。

③ 司马承祯传薛季昌,季昌传田虚应,虚应传冯惟良,惟良传应夷节。

1

受天台道风的影响,杜光庭对当时各派道法进行深入研究。黄巢农民起义爆发后,唐僖宗急于挽救唐王朝的颓势,乃求助于圣祖老子,崇奉道教,多次下诏赐封道士。据《历世真仙体道通鉴》记载,杜光庭就是由礼部尚书集贤殿大学士郑畋推荐进京的,"郑畋荐其文于朝,僖宗召见,赐以紫服象简,充麟德殿文章应制,为道门领袖"①。

杜光庭到长安后,以弘传道教为己任。他利用"朝廷典籍、省府图书、两街道官、二京秘藏",致力于整理道经、著书立说。他撰写的《历代崇道记》以夸张的笔法记述了自周穆王以来历代帝王崇奉道教、建观开度道士之事,为帝王崇道提供历史依据。同时,他还通过帝王崇道而获得灵验之事来宣扬道教具有协助朝廷治国安邦、稳定民心的社会功能。杜光庭因弘道有方,不仅得到了帝王的嘉奖,而且"当时推服,皆曰学海千寻,辞林万叶,扶宗立教,海内一人而已"②。

中和元年(881),黄巢起义军攻占长安,杜光庭随唐僖宗至成都避乱。在成都期间,杜光庭曾奉敕在青城山修斋设醮。光启元年(885),唐军收复长安,杜光庭回到京师,搜访道经,并奏置玄元观。同年冬,因王重荣、李克用用兵,进逼京城,杜光庭随僖宗再次出逃。他深知"国难未靖",于是"上表乞游成都,喜青城山白云溪气象盘礴,遂结茅居之。溪盖薛昌真人飞升之地也"③。从光启二年(886)至天复七年(907)的21年里,杜光庭主要隐居在青城山,他的主要著作也在此期间完成,其《修青城山诸观功德记》等篇记载了他在这里的隐居生活。这段时间,他曾在兵锋交汇的环境下冒险游历四川、云南各地,试图抢救被战火焚毁殆尽的道书,备感艰难。

公元907年,西川节度使王建在成都称帝,建立前蜀。后五年,杜光庭为太子元膺师。此后尊崇有加,官爵曾至金紫光禄大夫、左谏议大夫,封蔡国公,

---

① (元)赵道一:《历世真仙体道通鉴》卷四〇,《道藏》第5册,第330页。
② (元)赵道一:《历世真仙体道通鉴》卷四〇,《道藏》第5册,第330页。
③ (元)赵道一:《历世真仙体道通鉴》卷四〇,《道藏》第5册,第330页。

进号"广成先生"，后又除户部侍郎。王建赞曰："昔汉有四皓，不如吾一先生足矣。"①

王衍继位后，在成都大兴土木，扩建宫苑，同时也大力推行道教，效仿李唐王朝尊老子为圣祖。乾德五年（923），王衍"起上清宫，塑王子晋像，尊以为圣祖至道玉宸皇帝，又塑建及衍像，侍立于其左右；又于正殿塑玄元皇帝及唐诸帝，备法驾而朝之"②。王衍"受道箓于苑中，以光庭为传真天师、崇真馆大学士"③。蜀相徐光溥向杜光庭执弟子礼，遇事请教。杜光庭在此期间，除了献治乱兴亡之策外，还经常为皇帝、太子及大臣设斋摆醮，祈命祝寿。

杜光庭辅佐王氏父子两代，忠心耿耿，他虽然支持王衍推行道教，但对王衍的荒淫生活和前蜀后期的政治黑暗却"不乐"，不愿与之同流合污，"未几解官，隐青城山，号登瀛子（或作东瀛）。建飧和阁，奉行上清紫虚吞日月气法"④。杜光庭辞官后，隐居于青城山白云溪，修身养性。他在这里对道教义理进行了系统研究。在青城山，他还曾积极从事道教宫观的建设与修缮。925年，后唐灭前蜀，杜光庭继续在青城山修道。临死前，还创建真宫，后唐明宗长兴四年（933）的一天，他忽然对门人说："青城方创真宫工未毕，昨梦朝上帝以吾作岷峨主，司恐不久于世。"门人听罢，泪"皆霑襟"。"及真宫成时，后唐庄宗长兴四年癸巳十一月，光庭八十四岁，一旦披法服作礼，辞天升堂，趺坐而化。"⑤"葬于清都观后"⑥，享年84岁。

---

① （元）赵道一：《历世真仙体道通鉴》卷四〇，《道藏》第 5 册，第 330 页。

② （宋）欧阳修撰，（宋）徐无党注：《新五代史》卷六三《前蜀世家第三》（点校本二十四史修订本），中华书局 2016 年版，第 890 页。

③ （清）吴任臣：《十国春秋》卷四七《杜光庭传》，徐敏霞、周莹点校，中华书局 1983 年版，第 674 页。《历世真仙体道通鉴》卷四〇则记为"崇文馆大学士"。（《道藏》第 5 册，第 331 页。）

④ （清）吴任臣：《十国春秋》卷四七《杜光庭传》，徐敏霞、周莹点校，中华书局 1983 年版，第 674 页。

⑤ （元）赵道一：《历世真仙体道通鉴》卷四〇，《道藏》第 5 册，第 331 页。这里的"庄宗"为明宗之误，"长兴"为后唐明宗的年号，故杜光庭圆寂于后唐明宗长兴四年。

⑥ （清）吴任臣：《十国春秋》卷四七《杜光庭传》，徐敏霞、周莹点校，中华书局 1983 年版，第 674 页。清都观即今青城山祖师殿，位于青城山天仓峰。始建于晋，原名"洞天观"，宋宣和年间改称"清都观"。

杜光庭一生著述①宏富。根据宋人张唐英《蜀梼杌》记载,杜光庭曾"有文千余卷,皆本无为之旨"②。仅收入《道藏》的著作就有 27 种,《全唐文》收录他的文章 302 篇。存世著作多达 30 余种、250 余卷。其中主要有《道德真经广圣义》50 卷、《太上洞渊神咒经》20 卷、《广成集》17 卷、《道门科范大全集》87 卷、《太上宣慈助化章》5 卷、《金箓斋启坛仪》1 卷、《金箓斋忏方仪》1 卷、《太上黄箓斋仪》58 卷、《道教灵验记》15 卷、《历代崇道记》1 卷、《墉城集仙录》6 卷、《神仙感遇传》5 卷、《录异记》8 卷、《洞天福地岳渎名山记》1 卷、《青城山记》1 卷、《玉函经》1 卷、《太上老君说常清静经注》1 卷等。

杜光庭的著作除今世留存外,佚文也不少,如《王氏神仙传》1 卷、《仙传拾遗》40 卷、《道教降代传授年载记》1 卷、《混元图》10 卷、《老君宝箓》1 卷、《老君二十化诗》、《集仙传》2 卷、《阴符经注》1 卷、《圣祖历代应见图》3 卷、《玄门枢要》1 卷、《武夷山记》1 卷、《东瀛子》1 卷、《续成都记》1 卷、《兼明书》12 卷、《规书》1 卷、《古今类聚年谱图》1 卷、《安镇城邑宫阙仪》1 卷、《太上黄箓斋坛文玉诀仪》1 卷、《醮章奏仪》18 卷、《灵宝安宅斋仪》1 卷、《帝王年代小解》1 卷、《帝王年代州郡长历》2 卷、《壶中集》3 卷、《三教论》1 卷、《大宝论》1 卷等。③

关于杜光庭在蜀中的著作,据王瑛考证,主要有《广成集》《王氏神仙传》《洞天福地岳渎名山记》《历代崇道记》《墉城集仙录》《道教灵验记》《道德真

---

① 关于杜光庭著述,今人有几种分类:其一,根据内容分为八类:通过解老注老阐述其哲学思想的,如《道德真经广圣义》《太上老君说常清静经注》;描写道教大小洞天福地盛状的,如《洞天福地岳渎名山记》;记述宫观、教主、真人灵验的,如《道教灵验记》;记载仙异神人显化事迹及怪异神物的,如《神仙感遇记》《录异记》等;讲本命、拜章、消灾道场科仪及其道士修真谢罪忏悔科仪的,如《道门科范大全集》;记叙应制青词表文的,如《广成集》;专言古今女子得道升仙之事的,如《墉城集仙录》;追述历代官方崇道历史的,如《历代崇道记》。其二,根据内容分为三类:一类是仙传道史,如《历代崇道记》《道教灵验记》《神仙感遇传》;二类是斋醮科仪,如《道门科范大全集》《太上黄箓斋仪》等;三类是教理教义,如《道德真经广圣义》和《太上老君说常清静经注》。其三,按编写工序分为五类:一类是杜光庭"撰述"的,如《道德真经广圣义》等;二类是杜光庭"修订"的,如《太上灵宝玉匮明真斋忏方仪》等;三类是杜光庭"汇集"的,如《太上黄箓斋仪》等;四类是杜光庭"删定"的,如《太上洞渊三昧神祝忏谢仪》等;五类是杜光庭"纂写"的,如《录异记》。
② 王文才、王炎校笺:《蜀梼杌校笺》卷二,巴蜀书社 1999 年版,第 172 页。
③ 关于杜光庭的佚文,参见张亚平:《杜光庭著述叙录》,《四川文物》1999 年第 6 期。

经广义》《录异记》《神仙感遇传》《毛仙翁赠行诗》《青城山记》《续成都记》（已佚）等 12 部。但杜光庭的著作亡佚较多，保存下来的著作中，其内容又多是关于道教仪式、科范和忏词等方面的著作，大多无序和纪年，仅从内容难以确定为杜光庭哪一时期的作品。

诗文方面，能确证其在蜀中所写的诗有《题仙居观》《题鸿都观》《题都庆观》《题鹤鸣山》《题北平沼》《题平盖沼》《题本竹观》《题福唐观二首》《题莫公台》《读书台》《题剑门》《题龙鹄山》《景福中作》等。文章除《洞天福地岳渎名山记序》《录异记序》等外，还有《太上洞元灵宝素灵真符序》《道德真经元德纂序》《墉城集仙录序》《修青城山诸观功德记》《无上黄箓大斋后述》等。另有一些石刻碑记，如青城《冲妙观记》、资中《醮坛山北帝院记》、金堂《功德记》、泸州《刘真人碑记》等。这些碑记已全部亡佚，仅存碑目而已。

综上，能够较为确切地考证为杜光庭蜀中所撰的著作有 12 部，诗有 14 首，文章有 5 篇，碑文有 6 篇。[①] 实际当远不止此。

（二）杜光庭思想

杜光庭怀着扶宗立教、拯救生灵的使命感，对道教自开创以来的重大理论问题做了深入的研究和总结。

首先，杜光庭继晋代以来的重玄学宗，直接继承和发挥了唐玄宗《御注道德经》中的重玄思想，以突出的超越意识和"有无双遣"的方法，建构其思想体系，使道教理论进一步思辨化。对传统"道""气"概念，杜光庭就同去异，在"本根义"上会通了道与气，重新界定了"道气"概念，形成了以"道—气"二元一体为核心的宇宙生成论。[②] 杜光庭一方面从对"道"的信仰出发，把"道"人格化，宣称"大道之身，即老君也，万化之父母，自然之极尊也"[③]。将太上老君

---

① 参见王瑛：《杜光庭蜀中著述考略》，《成都大学学报（社会科学版）》1993 年第 3 期。

② 参见李大华、李刚、何建明：《隋唐道家与道教》（下册），广东人民出版社 2003 年版，第 525 页。

③ （唐末五代）杜光庭：《道德真经广圣义》卷二，《道藏》第 14 册，第 316 页。

视之为"道"的化身,奉之为创造宇宙、主宰万物的最高神灵;另一方面,他又基于对自然界的经验性认识,继承了道教重气的传统,而将"道"诠释为"虚无之气"①,以"气"解"道",宣扬"大道元气,造化自然"②。杜光庭认为,万物得"虚无微妙之气"而才生化。"虚无微妙之气"即是"道气"。杜光庭所言的"道气"并不指先天气、祖气、次于"道"的气,而是指虚通与生化、规律与运动、体与用的同一体。他说:

> 本者元也,元者道也。道本包于元气,元气分为二仪,二仪分为三才,三才分为五行,五行化为万物,万物者末也。人能抱元守一,归于至道,复于根元,非返于末。末者化也,本者生也。人能归于根本,是谓调复性命之道者也。③

杜光庭还用道气论来沟通宇宙本体论、心性论和修道论,使后来的道教发展不再专注于宇宙论,而是转向了心性论问题。

其次,在辩证方法上,杜光庭将有无、本末、体用、因迹、智境、同异、因待、道俗、形神等魏晋六朝、隋唐五代600多年间学术史上的范畴全部纳入自己的思辨范围,主张道德相须、体用不二、因本显迹、同异互含。对于道与德的关系,杜光庭说:"今于道德义中分三门解释。""今明道三义者,理也,通也,导也。德三义者,得也,成也,不丧也。"④杜光庭在阐述了"道三义"和"德三义"之后,他又借用了重玄学"非有非无"的论证方法来强调"道德六义"之间的"互可相通"关系,认为:"理者,理实虚无,以明善恶;导者,导执令忘,引凡入圣;通者,通生万法,变通无壅。"杜光庭主张,"道者,德之通。德者,道之功。有德故称道,有道故称德"⑤,并从"本迹""理教""境智""人法""生成""有

---

① (唐末五代)杜光庭:《太上老君说常清静经注》,《道藏》第17册,第183页。
② (唐末五代)杜光庭:《道德真经广圣义》卷二,《道藏》第14册,第316页。
③ (唐末五代)杜光庭:《太上老君说常清静经注》,《道藏》第17册,第184页。
④ (唐末五代)杜光庭:《道德真经广圣义》卷五,《道藏》第14册,第337页。
⑤ (唐末五代)杜光庭:《道德真经广圣义》卷五,《道藏》第14册,第337—338页。

无""因果"等"七义"来通释"道德义",强调"以上七义,互相交络,二而不二,一而不一,是知道德为正体"①,阐明了道与德相即不离的关系。在矛盾对立统一关系方面,强调因陈、相须等统一的一面,却忽视异的方面。他融摄佛教"觉悟"说,深发《道德经》"静观玄览"和《南华真经》"心斋坐忘"之意,结合《易传》"穷理尽性"说,提出融感性、理性意志、行为为一体,以"神鉴""了悟"为内核的主观直觉认识学说,主张以"闭缘息想"为路径,以"渐""顿"两种方式,实现对道的认识,然后凭借道的临照,穷尽万物之理,究尽生灵之性。②

第三,在修炼方式上,杜光庭总结前人修道经验,提出"安静心王"的修炼方式,注重内心修养,不言金丹服饵,因而在形神方面,更为注重精神长存。对于修道成仙之法,杜光庭从得道则生、失道则死的思想出发,进一步探讨了人如何通过修道而实现与道合一。他提出了通过"摄情归本"来"返性归元",使自我心性与至道冥然相契。由此在种类繁多的道教修仙方法中,杜光庭选择了性命双修作为得道成仙的根本进路。虽然杜光庭不主张放弃以身体修炼为主的"命功",但他更强调心性的修炼。他认为"道果所极,皆起于炼心"③,修道即修心。他将"心性"的清静作为保固形神以得道成仙的基础,因此主张人"为得其真道"就应当常守"清静"。他强调"心寂境忘",境为客观外境,心指主观内心。在杜光庭看来,道非有非无,故不可执著,只有在破执之中才能得道。同时,道也在人心中,只有做到自然无欲,才能自然体道。但世俗之人往往"因境役心",为物所累,从而使自心道性不得显现。他强调:

> 修复其性,于法不住,行相之中,亦不滞著,次来者修,次修者灭,灭空离有,等一清静,故无心迹可得而见。于内曰心,心既寂矣。于外曰境,境亦忘之。所以心寂境忘,两途不滞。既于心而悟,非假远求。④

① (唐末五代)杜光庭:《道德真经广圣义》卷五,《道藏》第14册,第338页。
② 参见李大华、李刚、何建明:《隋唐道家与道教》(下册),广东人民出版社2003年版,第525—526页。
③ (唐末五代)杜光庭:《道德真经广圣义》卷四九,《道藏》第14册,第561页。
④ (唐末五代)杜光庭:《道德真经广圣义》卷二三,《道藏》第14册,第421页。

"心寂境忘"既是修道求道的途径与方法，也是修道的根本要求。一旦心寂境忘，实际上玄道也就会自然而至。杜光庭在强调修道即为修心的同时，还从性有利钝、悟有顿渐出发，对修道的阶次与步骤提出了自己独到的看法。

第四，关于理身与理国的问题，杜光庭的"理国论"主张以无为的手段实现"致太平"的无不为的政治理想。他的"理身论"主张德业双修，把积功累德视为人道之必经阶次，从而把道德修养内容纳入了修仙范围，又试图将德业结合的修道内容外化为全民的修养，将道教教义转化为人们普遍的内心自觉，这实际上是一种有为学说。① 在杜光庭的思想中，身与国是同构的，故理身与理国是密切相关的。但是，就理国与理身而言，杜光庭认为理身是更重要的，主张身为国之先，有身而后有国。杜光庭强调理其国者应先理其身，理其身者应先理其心，认为"圣人之理，以身观身，身正则天下皆正，身理则天下皆理"②，而"理身之道，先理其心，心之理也，必在乎道。得道则心理，失道则心乱。心理则谦让，心乱则交争。"③正是由此出发，杜光庭将理心作为"经国理身"的基点，在此基础上，将修身与理国统一起来。

第五，对于儒、释、道三教的关系，由于杜光庭有出儒入道的学术经历，又有秉受佛教天台宗影响较大的司马承祯四传至应夷节的师承关系，因此，他对儒、释、道三家采取了以道为本，积极融摄儒释的态度，认为"三教圣人所说各异，其理一也"。在杜光庭的著作里，佛教的性空、苦海、罪恶、报应观念和儒家的仁义礼智、性品三才思想俯拾即是。④ 这使杜光庭在综合前人思想的基础上有所创新，主要表现在：一是杜光庭通过解庄诠老而进一步在重玄学中融入了心性论的内容；二是运用重玄学"有无双遣"的方法来深化玄学谈有论无的哲学思辨，并期望以此来解决无限之道与有限之肉体的

————————

① 参见李大华、李刚、何建明：《隋唐道家与道教》（下册），广东人民出版社 2003 年版，第526 页。

② （唐末五代）杜光庭：《道德真经广圣义》卷三五，《道藏》第 14 册，第 491 页。

③ （唐末五代）杜光庭：《道德真经广圣义》卷一九，《道藏》第 14 册，第 404 页。

④ 参见李大华、李刚、何建明：《隋唐道家与道教》（下册），广东人民出版社 2003 年版，第526 页。

矛盾;三是杜光庭采用了佛教般若学非有非无的中道观,主张以"有无双遣"的方法,建构一条有别于传统道教丹鼎派服食丹药以求长生不死的修仙新路径。①

第六,反对使用武力。杜光庭目睹了唐末五代战争不断、生灵涂炭的惨况,希望能够通过弘扬老子之道来拯救人心,力图以"道莅天下"的说教去感化人们,实现社会太平。杜光庭宣扬人世间的自然灾害、兵革之灾都是上天给予帝王的征兆预示,只有诚心向道,才可获神灵庇佑、禳解灾异。他在《金箓斋启坛仪·序事》中说:

> 上元金箓,为国主帝王镇安社稷,保祐生灵,上消天灾,下禳地祸,制御劫运,宁肃山川,摧伏妖魔,荡除凶秽,……修金箓宝斋,拜天谢过,责躬引咎,思道祈灵,可以禳却氛邪,解销灾变。②

这符合统治者的心理,他们也迫切希望通过道教来使"国祚永长"。然而,杜光庭发现自己的治国之策、修身之道、长生之言以及善恶的说教,并不能挽救严酷的现实,故此,他最终由积极救世的人生态度转向消极遁世的人生归宿,"闷见戈鋋匝四溟,恨无奇策救生灵。如何饮酒得长醉,直到太平时节醒"③。

总之,"杜光庭可以说是唐末道教重要的代表人物,他继承与总结了唐代崇道风尚下庞大的道教文化,为之画上了完美的句号"④。不仅如此,在唐宋道教顺应时代潮流进行的理论转型中,杜光庭起了重要的作用。他将道气论运用于修仙理论,为唐末五代道教内丹道的兴起提供了宇宙论的根据。他对"心""神"的重视,促使道教从精气神的形神修炼过渡到了以性命双修为基本特征的

---

① 参见孙亦平:《杜光庭思想与唐宋道教的转型》,南京大学出版社 2004 年版,第 159—161 页。

② (唐末五代)杜光庭:《金箓斋启坛仪》,《道藏》第 9 册,第 67 页。

③ 曹寅、彭定求等编:《全唐诗》卷八五四《景福中作》,文渊阁《四库全书》本。

④ 郑志明:《杜光庭道德真经广圣义的神人观》,载《道家与道教——第二届国际学术研讨会论文集》,广东人民出版社 2001 年版,第 223 页。

内丹修炼。他运用重玄学"有无双遣"的方法，通过对道体的诠释而转向了对心性论的关注，并将心性论与宇宙论、修道论相结合，不仅发展了唐代的重玄学思想，而且促进了道教理论的重心从重玄学过渡到以性命双修为特色的内丹心性学，为唐末五代道教内丹心性论的兴起并在宋代之后迅速发展开拓了道路。

二、杜光庭与蜀地道教

杜光庭是唐末五代著名的"道门领袖"，其后半生在蜀地度过，并辞官隐居青城山。他上承唐代道教注重心性论、重玄学之遗风，建构了博大精深的道教哲学理论体系，下开以清静之心修道成仙之先河，促进了宋元道教内丹心性学理论与实践的发展。杜光庭既是唐五代道教理论的集大成者，使道教神仙思想从追求长生不死转向复归于人的生命本身以寻求精神的超越，又是宋元道教的重要开拓者。在中国道教发展史上，杜光庭占有极其重要的地位。

（一）关于杜光庭入蜀

"安史之乱"后，道教发展从总体上来看，"处于曲折前进的状态"①。在蜀地，也不例外，这种曲折中前进的状态一方面是由于统治者的大力利用和扶植，蜀地道教的发展也受到唐朝崇道流风的影响。《十国春秋》记载："是时唐衣冠之族多避难在蜀，帝礼而用焉，使修举政事，故典章文物有唐之遗风。"②另一方面则由于杜光庭在蜀中长期活动，不仅成为一位在唐宋道教理论建设上起着承上启下作用的重要思想家，而且对蜀地道教乃至中国道教的发展作出了重要贡献。

关于杜光庭入蜀的时间，史载不详，学术界也有不同看法。

---

① 卿希泰主编：《中国道教史》第 2 卷，四川人民出版社 1996 年版，第 347 页。

② 参见（清）吴任臣：《十国春秋》卷三五《前蜀一·高祖本纪上》，徐敏霞、周莹点校，中华书局 1983 年版，第 501 页。

其一,杜光庭一生曾三度入蜀。第一次入蜀是在唐僖宗乾符三年(876)春至次年夏之间;第二次入蜀是在中和元年(881),在蜀中滞留4年后,于光启元年(885)返回长安;又于次年第三次入蜀,从此再没离开过蜀境。①

其二,杜光庭曾两次入蜀。第一次,早在唐僖宗广明元年(880)出逃长安之前,就已在三蜀乃至汉水流域的均州游访圣迹、纂记异闻,后来"漂寓成都",并非中和初随僖宗一起赴蜀。在成都期间,杜光庭曾奉敕修斋设醮,四年后(光启元年),扈从僖宗还京,同年底,因王重荣、李克用兵逼长安,又从僖宗幸兴元,随后"乞游成都"。此即杜光庭第二次入蜀,并终老于成都。②

根据《道教灵验记》卷二《青羊肆验》,杜光庭在介绍青羊肆创置的历史时间接地道出了自己在蜀地活动的情况。从杜光庭的自述可见,他在丙申年(876)春就已来到成都,并实地考察了青羊宫。后来僖宗于中和元年入蜀时,杜光庭又伴驾而行,曾奉诏去青城山为僖宗修道场。杜光庭在《青城山记》中写道:"僖宗皇帝幸蜀之年,山中修灵宝道场、周天大醮,神灯千余,辉灼林表"③,并具体而生动地描绘了这次道场的壮观场面。另外,在《全唐文》中,既收录了僖宗的《祭丈人山文》(道士杜光庭参与其事)、《赐杜光庭诏》等诏令、疏文,也收录了杜光庭专为僖宗写的斋醮词。基于此,学者认为:"既然僖宗在成都时,杜光庭奉诏去青城山做斋醮法事,则足以证明杜光庭是随僖宗入蜀,而不可能为僖宗返京后再派来蜀。"④

杜光庭入蜀时正值精力充沛的壮年,他足迹踏遍蜀中各地⑤,积极开展各种弘道活动,以努力实现"扶宗立教"之志。中和四年(884)十二月十五日,杜光庭向当时壁州(今四川通江)刺史王建进呈了早已写就的《历代崇道记》。

————————

① 参见王瑛:《杜光庭入蜀时间小考》,《宗教学研究》1995年第1期;孙亦平:《论杜光庭对蜀地道教的贡献》,《宗教学研究》2004年第2期。

② 参见罗争鸣:《杜光庭两度入蜀考》,《宗教学研究》2002年第1期;罗争鸣:《关于杜光庭生平几个问题的考证》,《文学遗产》2005年第5期。

③ (唐末五代)杜光庭:《青城山记》,(清)董诰等编:《全唐文》卷九三二,中华书局1983年版,第10册第9710页。

④ 卿希泰主编:《中国道教史》第2卷,四川人民出版社1996年版,第385页。

⑤ 参见王瑛:《杜光庭事迹考辨》,《宗教学研究》1992年第1、2期。

但由于王建当时正忙于同唐王朝委派在四川的陈敬瑄、顾彦朗等其他人作战,以图将蜀地统归己有,还无暇顾及道教。杜光庭在亲眼目睹了唐王朝的衰亡和五代时期的混战之后,十分重视蜀地道教的建设,希望能够根据道教的理念在蜀地营造一方乐土。

杜光庭喜爱青城山的灵山秀水,带领当地人要将青城山建设为道教圣地。据杜光庭在唐昭宗乾宁二年(895)九月二十日撰写的《修青城山诸观功德记》介绍,他从唐僖宗中和元年(881)到唐昭宗乾宁二年(895)的十多年时间里,在青城山与当地的一些官员和崇道之士筹集资金,动员劳力,依山之势,修复了丈人、常道、洞天等早已颓毁的道观,使青城山成为"或周天展醮,或黄箓开坛,报国为时,惟严与敬,固可以会真灵而福邦国"之地。① 从《广成集》的《代陶福太保修溴口化请额表》《谢新殿修金箓道场表》《谢恩宣示修丈人观殿功毕表》《告修青城山丈人观醮词》《紫霞洞修造毕告谢醮词》等表、醮词以及《修青城山诸观功德记》中,都可以清楚地看到杜光庭为修复青城山诸宫观而操劳。为了建设青城山,杜光庭引导崇道的县令莫廷乂树立了"功德者,在道则功及幽明,德兼覆育"的思想,不仅在山民中建立起"恤孤茕,抚嫠弱,惩奸宄,戢豪强,冤讼平,逋窜服,彰善瘅恶,徇公灭私,期月而人称公理"②的社会道德规范,以促进社会风气的好转,而且还鼓励山民修渠垦田,种植作物,以促进经济的发展,从而使青城山成为"神仙之窟宅"。

王建称帝,建立前蜀后,对道教非常重视,不仅命杜光庭为太子元膺(王衍)之师,而且此后尊位有加。杜光庭作为前蜀主要的政治参谋,虽为青城山道士,实则位极人臣,故人称"山中宰相"。在王建统治时期,杜光庭弘扬道教的"经国理身"思想,积极建言献策,在前蜀的政治事务中发挥了一定的作用。

(二) 杜光庭对蜀地道教的贡献

杜光庭虽然受到前蜀统治者王建的敬重,经常参与朝政,但他的兴趣却在

---

① 陈垣主编:《道家金石略》,文物出版社 1988 年版,第 193 页。
② 陈垣主编:《道家金石略》,文物出版社 1988 年版,第 193 页。

更好地弘扬道教的"经国理身"思想上,以回应道教面临的各种挑战。

杜光庭一生致力于道教神话、理论、方术、斋醮科仪的研究以及道经的搜集和编修。杜光庭常说:"道法科教,自汉天师暨陆修静撰集以来,岁月绵邈,几将废坠。遂考真伪,条例始末,故天下羽褐永远受其赐。"①为了重振道教声势以劝化时俗,杜光庭对科律仪轨再次进行全面系统的整理。杜光庭所整理删定的科律,属陆修静灵宝法一系。陈国符先生断定,在道书经唐末五代战火之后,杜光庭在蜀中重建《道藏》②。日本学者窪德忠也认为,由于唐末之乱,许多道经散失了,杜光庭同几位道士多方搜集道经,才有了"北宋真宗时代称为《道藏》的道教的一切经典"③。李大华、李刚、何建明《隋唐道家与道教》认为,上述论断是合乎历史实情的,因为:第一,唐末京都所剩下的道教文献都被杜光庭带到了四川成都。第二,在全国战乱的情况下,唯独西南地区相对安定,具备编纂《道藏》的社会政治环境。第三,后来《正统道藏》中所收杜光庭著作之多,除非杜光庭本人曾参与过《道藏》编纂,否则便不能实现这一点。④

1. 继续整理道经、创作道书

杜光庭入蜀后继续他在长安时就着手的整理道经、创作道书的工作。他长住在成都玉局观,搜集道经,考辨真伪,编集了《三洞藏》,圆融了道教各派理论,并积极开展斋醮科仪等弘法传教活动。由于他能吸收地方各种民间信仰,特别关注人们面临的现实问题,使蜀地道教逐渐庶民化,有力地推动了道教在社会上的传播。他撰集修订道教的斋醮科仪,将各道派的斋醮科仪统一起来,加以理论化和系统化,遂成了道教科仪的经典。他在玉局观整理《太上黄箓斋仪》时就感叹地说:

　　　　自三古以降,迄于巨唐,宝轴灵文,或隐或见,或出于史册,或著在别

---

① (元)赵道一:《历世真仙体道通鉴》卷四〇,《道藏》第5册,第330页。
② 参见陈国符:《道藏源流考》,中华书局1949年版,第131—135页。
③ [日]窪德忠:《道教史》,萧坤华译,上海译文出版社1987年版,第180—181页。
④ 李大华、李刚、何建明:《隋唐道家与道教》(下册),广东人民出版社2003年版,第524—525页。

传。至宋朝简寂先生校雠之际,述《珠囊经目》万八千卷。……后周武帝,立通玄观,收集众经,犹及万卷。……至开元之岁,经诀方兴,玄宗著《琼纲经目》,凡七千三百卷。复有《玉纬别目》,记传疏论相兼九千余卷。……上元年中,所收经箓六千余卷。至大历年,中甫先生海内搜扬,京师缮写,又及七千卷。长庆之后,咸通之间,两街所写,才五千三百卷。……余属兹艰会,漂寓成都。扈跸还京,淹留未几。再为搜掳,备涉艰难。新旧经诰,仅三千卷,未获编次。又属省方所得之经,寻亦亡坠。重游三蜀,更欲搜扬。累祖兵锋,未就前志。①

这段记载不仅反映了《道藏》的修编与散失的过程,而且也反映了杜光庭在动荡年代急于搜集、整理道书的迫切心情。王建建立前蜀后,"作新宫,集四部书于中",并听从宰相王锴的建议,"兴用文教"②,推行以文治世的政治方略,重视文化典籍的收藏与整理在蜀地蔚然成风。这种文化氛围正好为杜光庭整理道经创造了条件。后来杜光庭隐居青城山,更是利用搜集到的3000多卷道经,编成《三洞藏》。陈国符先生在《道藏源流考》中特别指出:"至五季重建《道藏》,其可考者,一在蜀中,杜光庭建。一在天台桐柏宫,吴越忠懿王建。"③杜光庭正是通过编修《道藏》而阅读了大量道书,对各派道法进行了深入的研究,从而成为圆融各派教理的一代宗师。

2. 积极开展斋醮科仪活动

"斋醮科仪"一词,常被用来泛指道教用以对神灵表示诚敬或进行礼拜、祈祷、谢恩活动的各种仪式,是道教所特有的一种集体性的宗教崇拜活动。其目的在于为人祈福消灾。唐僖宗入蜀后,特别希望太上老君能够保佑他重返长安,因此对道教的斋醮科仪十分重视,经常下诏让内臣、道士共修斋醮。杜

---

① (唐末五代)杜光庭:《太上黄箓斋仪》卷五二,《道藏》第9册,第346页。
② (清)吴任臣:《十国春秋》卷四一《王锴传》,徐敏霞、周莹点校,中华书局1983年版,第605页。
③ 陈国符:《道藏源流考》,中华书局1949年版,第132页。

光庭作为"道门领袖"积极参与其中,这从《广成集》所收录的众多斋醮词可见一斑。杜光庭所主持参与的斋醮法事,绝大多数在青城山进行。唐僖宗为乞求神灵保佑将亡的唐室,曾令杜光庭为之建醮。杜光庭遂奉旨在青城山宗玄观设灵宝道场,在丈人观设周天大醮,以祷告神灵,祈求消灾赐福。杜光庭为此还写了《僖宗青城斋醮验》和《僖宗封青城醮验》。值得注意的是,杜光庭所制定的斋醮科仪不仅简单易行,便于操作,而且还吸收了蜀地的民间信仰,并关注人们所面临的现实问题,故备受教门内外人士的欢迎。在唐僖宗及后来蜀主王建、王衍的大力支持和杜光庭的积极努力下,道教的斋醮科仪活动在蜀地得到了充分开展,既适应了当时社会的需要,也促进了道教自身的发展。有学者认为:"五代道教的最大特点是,流传各地的道教由于同地方各色各样的民间信仰相接触,逐渐庶民化了。"①这与杜光庭利用斋醮科仪弘法传教的努力不无关系,其结果是大大推动了道教在社会上的传播。

3. 系统整理道教斋醮科仪

杜光庭是道教斋醮科仪的集大成者。在他之前,南朝宋时期的陆修静、唐代张万福也对斋醮科仪进行过整理,但到唐末五代,道教科仪逐渐废弛,经戒传授科仪混乱,道士们对此的认识也有很多偏差。如《历世真仙体道通鉴》卷四〇说:"道法科教,自汉天师暨陆修静撰集以来,岁月绵邈,几将废坠。"②特别不利于道教的发展。因此,杜光庭下决心进行整理。据金允中《上清灵宝大法》卷四〇记载:

> 广成先生编集斋科之时,身居翰苑,任兼执正,朝廷典籍、省府图书、两街道官、二京秘藏,悉可指索,皆得搜扬。所以著书立言,各有经据,天下后世,无不遵行。③

---

① [日]福井康顺等监修:《道教》第 1 卷,朱越利译,上海古籍出版社 1990 年版,第 49 页。
② (元)赵道一:《历世真仙体道通鉴》卷四〇,《道藏》第 5 册,第 330 页。
③ (宋)金允中:《上清灵宝大法》卷四〇,《道藏》第 31 册,第 625 页。

杜光庭一生以弘道为己任,为振兴道教,在长安时就利用自己"身居翰苑"的工作条件,广搜道经,考辨真伪,条理始末,开始整理"几将废坠"的斋醮科仪。到蜀地后,杜光庭不仅积极参与斋醮科仪活动,而且还在整理道经的过程中,撰集修订道教的斋醮科仪,以便将各道派的斋醮科仪统一起来。据初步统计,杜光庭一生撰集修订的斋醮科仪仅《道藏》中就收录了 10 多种,近 200 卷。这些著作促进了道教斋醮科仪的规范化,以至于成为唐代以后斋醮活动的范本。马端临在总结道教之术时曾说:

> 按道家之术,杂而多端,先儒之论备矣。盖清静一说也,炼养一说也,服食又一说也,符箓又一说也,经典科教又一说也。……至杜光庭而下,以及近世黄冠师之徒,则专言经典科教。所谓符箓者,特其教中一事。①

他特别指出自杜光庭之后,道教具有向"专言经典科教"发展的趋势,这与杜光庭在撰写与整理斋醮科仪上的贡献是分不开的。"天师立教于西蜀,广成终老于益州,故蜀之人奉道为盛,而仪注亦甚。"②

杜光庭在唐末五代动荡不安的社会环境中,不仅从理论上探讨人如何得道的问题,而且也关心怎样运用斋醮科仪来强化道教信仰、发挥道教"济世"的作用。其中《太上黄箓斋仪》58 卷始编于长安,完成于四川成都,前后花费了 20 多年的时间,可见他一生对斋醮科仪的倾心和用力的程度。后人整理成的《道门科范大全集》87 卷是道教斋醮科仪的总集,收集了斋醮科仪 40 种,其中有许多卷题为"广成先生杜光庭删定"。同时,杜光庭还以陆修静所编斋法为基础,会通上清经箓与正一法箓,将道教斋醮科仪的程式——表奏、词章、疏启、颂赞、咒语、发愿文等规范化、艺术化,使修道者有法可依,有章可循,并在参加仪式的过程中得到一定的艺术熏陶。杜光庭对斋醮科仪的整理使"天下

---

① (宋元)马端临:《文献通考》卷二二五《经籍考》,文渊阁《四库全书》本。
② (宋)吕太古:《道门通教必用集·韩混成序》,《道藏》第 32 册,第 1 页。

羽褊永远受其赐"①。因此,"杜光庭是道教斋醮仪式的集大成者,也可以说是完成者,他所制定的道门科范,道教至今依然沿用"②。

杜光庭所整理的道场威仪包括道场设置、斋仪、醮仪和一般仪式。道场设置主要有法服法器、道场经文、道官六职等。斋仪主要有金箓斋、黄箓斋、明真斋、神咒斋等。醮仪主要有生醮、礼斗醮、阅箓醮、周天大醮、罗天大醮等。一般仪式主要有礼灯仪、忏方仪、投龙璧仪等。为了保证道场威仪的神圣性,杜光庭还通过戒律、说戒仪和阅箓仪等来系统地展示道教戒律法箓的内容。在宗教仪式中,如果加入音乐、舞蹈、诗歌、造型等艺术形式就可以更好地营造出特殊的宗教气氛,调动人们的宗教感情,增强人们的宗教体验。杜光庭非常重视赞颂表奏在斋醮科仪中的使用,他不仅详细地介绍了在道场中如何开展经颂、诗歌、青词、步虚、旋转、散花等活动,如何上表章疏、宣示忏文等,而且自己还创作了许多用于斋醮科仪的斋醮词、忏文表奏,从而大大丰富了道教文学与艺术的内容。

斋醮科仪作为道教特有的宗教仪式,既是道教教义思想的动态表现形式,又是道教存在与发展不可或缺的要素。虽然就某种意义上说,"唐代道教斋醮科仪的增衍是长期积累的结果,杜光庭的整理只是将增衍的内容集中地反映出来"③。但杜光庭在对种类繁多的斋醮科仪详加整理、增衍的同时,也有所创新和发展,这主要表现在,杜光庭在整理各种斋醮科仪的基础上,对"自然朝"的提倡、对道场戒律的重视、对谢恩醮的设立、对"斋"的意义的阐发、对斋官职司的具体规定、对表奏上章的文饰等,这些都使道教斋醮科仪变得更加系统和完整,更易于人们掌握,更贴近人们的生活,更具有道德约束力,也更表现出神圣性,从而推动了道教斋醮科仪的发展④,以至有"其科文严整,典式条畅,发明古则,昭示方来,斋法至此不可有加矣"⑤的评价。

---

① (元)赵道一:《历世真仙体道通鉴》卷四〇,《道藏》第5册,第330页。
② 李养正:《道教概说》,中华书局1989年版,第129页。
③ 卢国龙:《道教哲学》,华夏出版社2007年版,第84页。
④ 参见孙亦平:《论杜光庭对道教斋醮科仪的发展与贡献》,《宗教学研究》2006年第4期。
⑤ (宋)宁全真授,王契真纂:《上清灵宝大法》卷五四,《道藏》第31册,第201页。

总之,杜光庭在唐末五代的动荡时期,其对道教的继续发展,尤其是对蜀中道教的继续发展,起着重要的推动作用。同时,他"也为道教在北宋的再度复兴准备了一定的条件"①,成为道教发展史上一位承前启后、卓有影响的重要人物。

---

① 卿希泰主编:《中国道教》第 1 卷,知识出版社 1994 年版,第 287 页。

第二章　陈抟研究

两宋时期,四川地区学术文化发达,形成"蜀学"。"所谓宋代蜀学,是指当时四川地区的学术和学承于蜀地的学术。"①根据胡昭曦先生的研究,宋代蜀学的发展可以分为五个阶段②。其中第一阶段为宋初,即太祖、太宗、真宗年间(960—1022),为宋代蜀学的萌芽时期,以乐安之学和陈抟之学为代表。

蜀中《易》学发展。自严遵、扬雄以来,治《易》是蜀人的传统,而宋代四川《易》学尤其兴盛。据不完全统计,宋代四川《易》学学者可考者有 69 位,其著作 94 部(篇)。蜀中《易》学的发达与宋初高道陈抟的影响有关。③

---

① 胡昭曦:《宋代蜀学刍论》,《巴蜀历史文化论集》,巴蜀书社 2002 年版,第 274 页。

② 第一阶段:宋初,即太祖、太宗、真宗年间(960—1022),宋代蜀学的萌芽时期。以乐安之学和陈抟之学为代表。第二阶段:北宋中期,即仁宗到哲宗元祐年间(1023—1094),宋代蜀学的形成时期。蜀中形成了两个较大学派,即范学、苏学。第三阶段:两宋之际,即哲宗绍圣到南宋高宗年间(1094—1162),宋代蜀学的转型时期。这一时期,最著名的有三个学派,即以谯定为代表的涪陵学派、以李焘为代表的丹棱学派和以李石为代表的资中学派。谯定之学影响的扩大,表明宋代蜀学迈出了从信奉苏学转向信奉程学的关键性一步,极大地影响了宋代蜀学的发展方向。第四阶段:南宋前期,即孝宗至理宗年间(1163—1264),宋代蜀学的定型时期。张栻、魏了翁起了最大的作用。第五阶段:南宋后期,即度宗到宋亡(1265—1279),宋代蜀学的衰落期。(参见胡昭曦:《宋代蜀学刍论》,载《巴蜀历史文化论集》,巴蜀书社 2002 年版,第 276—284 页。)

③ 参见胡昭曦:《宋代蜀学刍论》,载《巴蜀历史文化论集》,巴蜀书社 2002 年版,第 285 页。

一、陈抟生平及其思想特征

陈抟（？—989），字图南，自号扶摇子，又号希夷，普州崇龛（今重庆潼南县境内）人①。五代宋初著名的道教学者，也是宋代蜀学的著名代表人物之一，其所著《易龙图序》自题为"西蜀崇龛陈抟"。他对宋代内丹道及象数学、理学都产生过深远的影响。有关他的生年、家世无考。从多种文献中，可知他年少时好读经史百家之言，一见成诵，悉无遗忘，颇以诗名。"后唐长兴中，举进士不第，遂不求禄仕，以山水为乐。自言尝遇孙君仿、獐皮处士二人者，高尚之人也"②。入武当山九室岩隐居，后晋天福（936—944）中返归四川。从邛州天庆观（天师观）的道士何昌一学锁鼻术（即睡功），"或一睡三年"③。后周显德（954—959）初年，陈抟移居华山为道士，修葺唐云台观居之。"周世宗好黄白术，有以抟名闻者。显德三年，命华州送至阙下。留止禁中月余，从容问其术。抟对曰：'陛下为四海之主，当以致治为念，奈何留意黄白之事乎？'世宗不之责，命为谏议大夫，固辞不受。既知其无他术，放还所止，诏本州长吏岁时存问。"④大约在这段时间，陈抟与华阳隐士李琪（一作李奇）、关中逸人吕洞宾和终南山隐士谭峭有交往。如《宋史·隐逸上》中有关中逸人吕洞宾数来陈抟斋中的记载。宋太宗即位后，陈抟曾两次赴京都汴梁（今河南开封）"朝觐"。《宋史·隐逸上》曰："太平兴国中来朝，太宗待之甚厚。九年复来朝，上益加礼重，……下诏赐号'希夷先生'，仍赐紫衣一袭，留抟阙下，令有司增葺所止云台观。"⑤故后人又尊称他为"希夷先生"。陈抟去世后，弟子种放为之

---

① 胡昭曦：《陈抟里籍考》，《四川文物》1986 年第 3 期。
② （元）脱脱等：《宋史》卷四五七《隐逸上》，中华书局 1977 年版，第 13420 页。
③ （宋）魏泰：《东轩笔记》卷一，中华书局 1983 年版，第 2 页。
④ （元）脱脱等：《宋史》卷四五七《隐逸上》，中华书局 1977 年版，第 13420 页。
⑤ （元）脱脱等：《宋史》卷四五七《隐逸上》，中华书局 1977 年版，第 13420—13421 页。

立碑,叙希夷之学曰"明皇帝王伯之道"①。

宋初陈抟首开道士融合儒、释二教之先河。② 陈抟的观空思想明显烙着佛教哲学范畴的印记,但又出于佛而入于道。他说:"欲究空之无空,莫若神之与慧,斯太空之蹊也。于是有五空焉。"通过观"顽空""性空""法空""真空""不空",就可以达到神仙境界,"一神变而千神形矣,一气化而九气和矣。故动者静为基,有者无为本。斯亢龙回首之高真者也。"③他又接受儒学的"慎独"思想,在《自赞碑》中说:"一念之善,则天地神祇、祥风和气皆在于此。一念之恶,则妖星厉鬼、凶荒札瘥皆在于此。是以君子慎其独。"④历史上的陈抟,本是一位儒生,后不求仕禄,师友高道异僧,既通佛法禅功,又精内丹大道。故在他的思想中,儒释兼容,三教皆有。

陈抟深于《易》学,"发《易》道之秘","理极天人"⑤。他继承了汉代以来的《易》学传统,把黄老清静无为观念、道教修炼方术和儒家修养、佛教禅理融为一体。兼容《易》学和《老》学,从《周易》卦象及《老子》书中引发出一套宇宙人物生成论,又以《周易参同契》的还丹说和《老子》返璞归真、归根复命的信念为旨归,系统地构筑起人物生成及修炼还元的理论体系。⑥ 其著述多有关栖隐、修炼之事。⑦ 著《指玄篇》81 章,言导养及还丹之事,又有《三峰寓言》《高阳集》《钓潭集》《无极图》(刻于华山石壁上)和《先天图》及散见诗文。陈抟的著述虽丰,惜多亡佚,传世极少,对其思想的研究只能依靠后人著作中一些引述或记述的有关资料。今有《龙图序》等六篇文章,辑存于《全宋文》卷九。⑧《易龙图》的要旨就在于从最简单的数和象,去显示世界的秩序。尽管

① (宋)邵伯温:《邵氏闻见录》卷七,中华书局 1983 年版,第 70 页。
② 参见卿希泰主编:《中国道教史》第 2 卷,四川人民出版社 1996 年版,第 623 页。
③ (宋)曾慥:《道枢》卷一〇《观空篇》,《道藏》第 20 册,第 662 页。
④ 曾枣庄、刘琳主编:《全宋文》第 1 册,巴蜀书社 1988 年版,第 220 页。
⑤ (宋)释志磐:《佛祖统纪》卷四四,江苏广陵古籍刻印社 1991 年影印本。
⑥ 参见卢国龙:《陈抟的〈易〉〈老〉之学及〈无极图〉思想探源》,《江西社会科学》1989 年第 5 期。
⑦ 参见卿希泰主编:《中国道教史》第 2 卷,四川人民出版社 1996 年版,第 668 页。
⑧ 参见曾枣庄、刘琳主编:《全宋文》第 1 册,巴蜀书社 1988 年版,第 214—221 页。

陈抟并未作深入的理论阐发，但他已提到"道"与"器"、"体"与"用"等范畴，这对宋学颇有影响。

陈抟之学，在四川有四条传播路线。① 一是濂溪之传。南宋人朱震言，陈抟以《无极图》传种放，放传穆修，穆修传周敦颐；二是邵雍之传。也据朱震言，陈抟以《先天图》传种放，放传穆修，穆修传李之才，李之才传邵雍②；三是陈氏之传③；四是张咏之传④。

二、陈抟的道教思想

陈抟的著作虽然传世极少，但是根据周敦颐的《太极图说》和邵雍的《先天图》仍可以看到，他继承了道教传统思想，提出了一套"无极而太极"的宇宙生成图式。他认为万物一体，即宇宙万物的本原是"无极"，而"无极"则是无形无象的精神本体，也就是"道"。陈抟还吸收了儒家《周易》的思想。《佛祖统纪》说他曾受易于麻衣道者，得所述《正易心法》四十二章，理极天人，历诋先儒之失，抟始为之注。这一说法未必可靠，但他好《易》，《宋史》上是有记载的。他根据《易》说提出了超绝万有的"一大理法"。"一"乃是包罗万象的、概括一切的精神实体，即"道"。"理法"是万物生成的规律、法则。事物的发展变化都必须依"理"这个法则，必须服从"一大理法"。这个"一大理法"就是陈抟的《先天图》式。"理"的概念在宋以前就存在，它是先于天地物质而存

---

① 参见胡昭曦：《宋代蜀学刍论》，载《巴蜀历史文化论集》，巴蜀书社 2002 年版，第 276—277 页。

② 参见（元）脱脱等：《宋史》卷四三五《朱震传》，中华书局 1977 年版，第 12908 页。

③ 陈尧佐，阆州（今四川阆中县）人。幼受学于父亲陈省华，又尝与父同访陈抟，后在终南山从陈抟弟子种放游。其学传从子渐。陈渐，好扬雄《太玄经》，著书十五篇，号《演玄》，蜀中学者多从之游。有《文集》十五卷，今佚。［参见（元）脱脱等：《宋史》卷二八四《陈尧佐传》附，中华书局 1977 年版，第 9589—9590 页。］

④ 张咏，濮州鄄城（今山东鄄城县）人。宋太宗、真宗时曾先后两次知益州，尤以治蜀著称，对繁荣蜀学作出了贡献。朱熹言："张忠定公（咏）尝从希夷学，而其论公事之有阴阳，颇与《图说》意合。"（《晦庵集》卷七六《再定太极通书后序》）可知张咏得陈抟之学甚明。

在的绝对观念。陈抟用"理"来解释宇宙的生成规律,后来宋明理学家则把它作为哲学的最高范畴。

陈抟吸收并发展了道教钟吕金丹派的出世思想及其修养术"睡功"。《宋史·隐逸上》称他"移居华山云台观,又止少华石室。每寝处,多百余日不起"①。《山堂肆考》云:"陈抟修道于华山云台观中,大困三十六载,小困一十八春。"②《五代诗话》云:"陈希夷居云台观,日多闭门独卧,累月不起。"③陈抟的睡功是静功的一种,相传陈抟论睡时曰:

> 若至人之睡,留藏金息,饮纳玉液,金门牢而不可开,土户闭而不可启,苍龙守乎青宫,素虎伏于西室,真气运转于丹池,神水循环乎玉内。呼甲丁以直其时,召百灵以卫其室,然后吾神出于九宫,恣游青碧,履虚如履实,升上若就下,冉冉与祥云遨游,飘飘共闲云出没。④

据《读书敏求记》"五龙醩卧法"注云:"五龙以卧法授之希夷,为千古独得之秘。"说明他的睡法是有师承关系的,传说五龙为吕洞宾的徒弟。只是陈抟又将"五龙醩卧法"加以发挥,并特别推崇。他的修养术"睡法"对道教内丹炼法中的卧功有一定的影响,后来被金丹南宗所吸收。《性命圭旨》中也称其卧禅法是来自华山陈希夷处。道教的卧功被近代养生学所吸收,成为今日气功的内养功之一种。

陈抟的《无极图》是一种论证宇宙生成的图式,也是讲道教修炼方法的图式。它与《道藏》中《上方大洞真元妙经图》中的"太极先天之图"略同。据朱彝尊《太极图授受考》云:

---

① (元)脱脱等:《宋史》卷四五七《隐逸上》,中华书局 1977 年版,第 13420 页。
② (明)彭大翼:《山堂肆考》卷一九,明万历二十三年刻本。
③ (清)王士祯编:《五代诗话》卷九,清乾隆十三年养素堂刻本。
④ (元)赵道一:《历世真仙体道通鉴》卷四七《陈抟》,《道藏》第 5 册,第 370 页。

　　陈抟居华山,曾以《无极图》刊诸石,为圜者四,位五行其中,自下而上。初一曰玄牝之门;次二曰炼精化气,炼气化神;次三五行定位,曰五气朝元;次四阴阳配合,曰取坎填离;最上曰炼神还虚,复归无极,故谓之《无极图》。乃方士修炼之术尔,相传抟受之吕岩,岩受之钟离权,权得其说于伯阳,伯阳闻其旨于河上公。①

从中可以看到陈抟的思想和钟吕金丹派思想关系很密切。陈抟的《无极图》就是根据道教万物归三,三归二,二归一,一归虚无,最后达到虚无的"纯阳"境界的"仙道"理论自下而上,以明逆则成仙之法的图式。

　　陈抟的《先天图》也是讲宇宙生成变化和道教修炼的图式。所谓《先天图》,是把《周易》六十四卦绘成方图、圆图和伏羲八卦方位图以及配合一年二十四节气的卦气图等。其源出于汉代用象数研究《易》学的焦赣、京房。陈抟的《先天图》与魏伯阳的《周易参同契》有很密切的关系。朱熹在《周易参同契考异》中云:"邵子发明《先天图》,图传自希夷,希夷又自有所传。盖方士技术用以修炼,《参同契》所言是也。"②也有人说陈抟的《先天图》得于"麻衣道者"。陈抟的《先天图》已经失传,留传下来的只有邵雍的《先天图》。根据邵雍的《先天图》仍然可以看出,陈抟的《先天图》无疑也是讲宇宙生成变化的图式。陈抟在传统的道教思想基础上,吸收了"易"的义理和象数之学,把客观自然变化的规律看作是先于物质世界和具体事物而独立存在的东西。陈抟根据这一思想提出了"一大理法"的概念,用八卦方位和六十四卦次序来推测自然和人事的变化,同时也用这种思想来指导道教的修炼。

　　陈抟内丹修炼的理论,为宋元道教内丹派的形成奠定了初步的理论基础。在陈抟的后学中,张无梦、刘海蟾、张伯端继承了陈抟的内丹学说。张无梦作《还元篇》诗百首,阐述陈抟丹法。他发挥内丹理论,也以陈抟的主静思想为基础,其思想后来又被陈景元继承。所谓"顺去生人生物,逆来成仙成佛"这

---

① (清)朱彝尊:《曝书亭集》卷五八《太极图授受考》,《四部丛刊》初编本。
② (宋)朱熹:《周易参同契考异》,文渊阁《四库全书》本。

一《无极图》包含的大旨,就是宋元明清道教内丹学说的核心。张伯端《悟真篇》说:"梦谒西华到九天,真人授我《指玄篇》。其中简易无多语,只是教人炼汞铅。"①刘海蟾、张伯端继承了陈抟的内丹学说,张伯端著《悟真篇》将陈抟丹法进一步完善,创立了以道为本,融摄儒佛的内丹论。他主张用修炼性命之说来融合三教,最后的归宿仍然是形神统一的还虚境界。黄钊《道家思想史纲》评价说:陈抟是我国五代至北宋初期一位承上启下的内丹大师,他的内丹理论奠定了宋以后道教内丹学的基础,在道教史上享有重要的地位。

三、陈抟思想对宋代理学的影响

宋代理学的形成是一定社会政治、经济状况的反映,是中国历史上儒、释、道三家思想长期融合的结果。自魏晋南北朝以来,儒、释、道三家长期的争论和相互融合,至宋,一种以儒家思想为主体,吸取道教宇宙生成图式和佛教思辨哲学的新儒学——理学(又称道学)应运而生了。它不仅主导了中国封建社会后期整个思想文化领域,而且成为政治、法律、道德、艺术等上层建筑各个领域的指导原则,成为巩固封建统治秩序的强大精神支柱。而周敦颐、邵雍是这一哲学思想的主要奠基人。陈抟思想的历史意义在于由他传的《无极图》和《先天图》以后分别为周敦颐和邵雍吸收并加以发展,对宋明理学的形成与发展有很大的影响。②

《宋史·朱震传》载:

> 陈抟以《先天图》传种放,放传穆修,穆修传李之才,之才传邵雍。放以《河图》《洛书》传李溉,溉传许坚,许坚传范谔昌,谔昌传刘牧。穆修以

---

① 《修真十书悟真篇》,《道藏》第 4 册,第 725 页。
② 王宜峨:《略述陈抟道教思想及其影响》,《北京图书馆馆刊》1998 年第 3 期。

《太极图》传周敦颐,敦颐传程颢、程颐。①

《宋元学案》卷一二亦曰:

> 陈又得《先天图》于麻衣道者,皆以授种放。放以授穆修与僧寿涯。修以《先天图》授李挺之,挺之以授邵天叟,天叟以授子尧夫。修以《无极图》授周子,周子又得"先天地"之偈于寿涯。②

这种师承关系,南宋朱熹《周易本义》、朱震《汉上易解》、释志磐《佛祖统纪》,清代朱彝尊《太极图授受考》、黄宗炎《易学辨惑》《图学辨惑》皆有详细考证,几成定论。自陈抟以后,北宋兴起了邵雍的百源易学,刘牧、程颐、张载的易学。不论是唯心主义理学家,还是唯物主义理学家,他们都借《周易》蕴藏的思想阐发其哲学体系,并且在陈抟思想影响下去论述宇宙万物的生成。陈抟的《无极图》和《先天图》对宋代理学家影响最深。陈抟对宋代理学的影响主要是宇宙生成说及其相关的性命修养论。

周敦颐(1017—1073),字茂叔,道州营道(今湖南道县)人。曾做过几任州县官吏,晚年在庐山下筑濂溪书堂,故又称他为周濂溪。著有《太极图说》《通书》等,后人编为《周子全书》。

道教"以图解《易》"的传统直接影响了周敦颐。周敦颐继承陈抟的《无极图》,为"推明天地万物之源"而作《太极图说》。黄宗炎认为"周子《太极图》创自河上公",吕洞宾以授陈抟,经种放、穆修传至周敦颐。他在《太极图说辨》中说:《太极图》原名《无极图》,乃方士修炼之术,陈抟得于其师,刻之华山石壁上,经穆修传之濂溪。其图自下而上,以明逆则成丹之法,是方士"长生之秘诀"。他又在《周易象辞》之《图学辨惑》中说,周子得此图,"乃颠倒其

---

① (元)脱脱等:《宋史》卷四三五《朱震传》,中华书局1977年版,第12908页。
② (清)黄宗羲原著,全祖望补修:《宋元学案》卷一二《濂溪学案下》,中华书局1986年版,第1册第515页。

序,更易其名,以附于《太易》,指为儒者之秘传。……方士之诀,逆则成丹,茂叔之意,以为顺而生人"①。所不同者,周敦颐以儒家思想为主,颠倒其顺序,并更易其名称,从上而下来解释《无极图》。不仅如此,周敦颐的《太极图说》一文,无论内容或形式都与道教的《太极先天图》后所附解说具有密切关系,这说明周敦颐所创的《太极图说》,并非如朱熹所说"粹然孔孟渊源",而是继承了道教的"图解"传统,糅合了儒道思想而产生的。

道教对宋代理学的影响还表现在哲学本体论方面。陈抟的宇宙生存论被周敦颐、邵雍吸收推演,遂成为宋明理学的重要组成部分。周敦颐《太极图说》全文仅有二百余字,却是"有宋理学之宗祖",成为宋明理学的经典文献。它是道教宇宙论和儒家易说的结合。《太极图说》中三次谈到"无极",把无极作为世界的本原,这种学说来自陈抟。关于以"道"为宇宙本体,二程指出:"道则自然生万物,……道则自然生生不息。"②道生万物,这是直接对道家、道教的吸取。二程还把道本体与太极等同,认为二者同为宇宙的本原,是万物产生的终极原因,指出:"太极者,道也;两仪者,阴阳也。阴阳,一道也;太极,无极也。万物之生,负阴而抱阳,莫不有太极,莫不有两仪。"③朱熹也指出:"'一阴一阳之谓道',阴阳是气,不是道,所以为阴阳者乃道也。""'一阴一阳之谓道',太极也。"④程朱吸取道教之道作为宇宙的本体,目的在于为儒家的伦理学说寻找本体论的依据,但在理学那里,"道"还包含了伦理道德的意蕴。

周敦颐在《太极图·易说》开篇即讲了宇宙万物生成和变化的过程,即由无极而太极,由太极而阴阳,由阴阳而五行。由于五行"各一其性",从而能够"化生万物"。这与老子所说"道生一,一生二,二生三,三生万物"的范式相同。周敦颐又说:

---

① (清)黄宗炎:《周易象辞》,文渊阁《四库全书》本。

② (宋)程颢、程颐:《二程遗书》卷一五,清康熙年间石门吕氏刻本。

③ (元)董真卿:《周易会通》之《易程子序》,清康熙年间刻本。

④ (宋)黎靖德编:《朱子语类》卷七四,朱杰人、严佐之、刘永翔主编:《朱子全书》第16册,上海古籍出版社、安徽教育出版社2002年版,第2522、2523页。

> 圣人与天地合其德,日月合其明,四时合其序,鬼神合其吉凶。君子修之吉,小人悖之凶。故曰:立天之道,曰阴与阳;立地之道,曰柔与刚;立人之道,曰仁与义。原始反终,故知死生之说。①

道家"道法自然""天人合一"的思想闪烁其中。他对天道与人道之间关系的思考亦体现了道家所特有的思维方式,即从天道推衍出人道,从宇宙万物的开始与归宿演绎出人生死演变的规律和人之疲乏的哲学内涵。周敦颐又说:

> 天以阳生万物,以阴成万物。生,仁也;成,义也。故圣人在上,以仁育万物,以义正万民。天道行而万物顺,圣德修而万民化;大顺大化,不见其迹、莫知其然之谓神。故天下之众,本在一人,道岂远乎哉。②

他把道儒思想糅合在一起,遵循天人合一的思路,把万物的生成归结于天,把社会的治理归于圣人,从而用道家的自然观和思维方式来推导儒家的宇宙生成论、人性论和治世之道。

邵雍(1011—1077),字尧夫,祖上为河北范阳人,幼随父迁共城(今河南辉县)。隐居苏门山百源之上,后人称他为"百源先生"。他屡授官不赴,后居洛阳,与司马光、吕公著等从游甚密。去世后宋哲宗赐号康节,因此又称他为"康节先生"。著有《皇极经世书》和《击壤集》。

道教"以图解《易》"的传统同样影响了宋代理学的另一开创者邵雍。朱震《汉上易解》云:"陈抟以《先天图》传种放,放传穆修,穆修传李之才,之才传邵雍。"③程明道所作《邵尧夫先生墓志铭》中亦言李之才传陈抟之学,可见邵雍之学也源于陈抟。邵雍在北宋以讲先天易学闻名,他也继承了道教"以图

---

① （明）曹端:《太极图说述解》,文渊阁《四库全书》本。
② （宋）周敦颐:《周元公集》卷一,文渊阁《四库全书》本。
③ （元）脱脱等:《宋史》卷四三五《朱震传》,中华书局1977年版,第12908页。

解《易》"的传统,吸取道教关于宇宙生成的思想,制作《先天八卦图》与《后天八卦图》,借用这些图式来阐发并构筑自己的哲学思想体系。

邵雍把陈抟的《先天图》和儒家思孟哲学的"万物皆备于我"的主观唯心主义,以及《易经》神秘主义的象数学融合在一起,构成他的主观唯心主义思想体系和他解释宇宙生成变化的《先天图》式,即他的先天学。他在《观物外篇》中说:"先天学,心法也,故图皆自中起,万化万事,生乎心也。"①"心为太极","道为太极"②。按照邵雍的解释,所谓先天之学就是"太极"是宇宙的本原,"太极"又是"道",也是先于天地的"心",所以宇宙万物都来源于"心"。他认为,天地间的万物都有消长、有始终,是按照他的《先天图》式来循环变化的。他说:"图虽无文,吾终日而未尝离乎是,盖天地万物之理尽在其中矣。"这个"理"就是:"太极一也,不动;生二,二则神也。神生数,数生象,象生器。"③他不仅发挥了《易经》"形而上者谓之道,形而下者谓之器"的含义,同时也是对老子"道生一,一生二,二生三,三生万物"思想的发挥。他的《皇极经世书》就是用这种象数学来推算古往今来的现实社会,得出了人类社会由盛而衰的历史退化论。他认为唯有"太极",即先于天地的"心"才是永恒不变的绝对真理。这种从陈抟《先天图》演化而成的神秘主义思想,使邵雍成为中国思想史上儒家主观唯心主义的重要代表人物,并影响到以后的陆九渊等人。

除了邵雍受到陈抟《先天图》的影响外,朱熹也比较详细地谈到了《先天图》的问题。此外,李觏在《删定易图序论》、张载在其《易说》之中,也都从"生数""成数"之间的关系方面作了论述。张载认为,它们之间的关系是依次循环、首尾相接的。这种关于《河图》《洛书》的思想与陈抟在《易龙图序》中所说内容一致。

总之,陈抟的《无极图》和《先天图》,是用《周易》六十四卦的循环往复去说明宇宙万物的生成和变化,而陈抟对宋代理学的影响也恰恰在于他奠定了

---

① （宋）邵雍：《皇极经世书》卷一三《观物外篇上》，文渊阁《四库全书》本。

② （元）胡震：《周易衍义》卷一五，文渊阁《四库全书》本。

③ （宋）邵雍：《皇极经世书》卷一四《观物外篇下》，文渊阁《四库全书》本。

宋代理学宇宙生成论的基础。①

在修养方法上,也表现出道教对宋代理学的影响。道教的无欲主静思想被宋明理学不断强化。《太极图说》中论述阴阳、动静之说来自于陈抟。《太极图说》中把"主静"作为立人道之不可缺少的组成部分。周敦颐在《太极图说》中从太极属阴本静的观点出发,提出:"圣人定之以中正仁义而主静,立人极焉。"②这是周敦颐阐述宇宙万物生成论的直接目的和全文的核心内容,即把道教清静无欲的修炼思想与儒家中正仁义的德性修养相结合,作为立身处世的最高准则。把无欲虚静作为立圣人之道的修养前提,通过守静、无欲,达到人极。这是对道教修养方法的吸取,体现了儒家道德修养的目的。其"中正仁义"属儒家思想,而无欲主静则是道教学说。最早讲无欲主静的是老子。道教继承和发展了《老子》(《道德经》)无欲主静的思想。到唐代时,著名道教学者司马承祯集以往"主静"说之大成,融合道佛的观点,提出"守静去欲"说。至陈抟纳入内丹理论和宇宙论中,成为陈抟思想体系中的重要范畴。陈抟的"太极中一点动性",即人心中"一点尘机"的观点,不仅解决了太极"动而生阳""静极复动"的动因问题,为周敦颐《太极图说》及理学家们沿用,而且成为主静去欲说和天理人欲之辨的理论根据。后来程朱沿着周敦颐的这条路线,把道教的主静改为儒家的居敬。继周敦颐之后的二程,则将无欲主静思想引申为灭私欲、明天理。提出在人心中"灭私欲,则天理明矣"③。集理学之大成的朱熹,全面阐发周敦颐的《太极图说》,继二程遗训,进一步深化灭私欲,明天理的说教,把无欲主静思想发展到极致。程颐提倡"定性",朱熹讲"惩忿窒欲"④,都以习静去欲,达到"穷理"的目的。由此可见,理学是对道教"守静去欲"说的吸取和改造。

---

① 参见刘国梁:《试论陈抟思想的渊源及其对理学的影响》,《吉林大学社会科学学报》1985 年第 2 期。

② (宋)周敦颐:《周元公集》卷一,文渊阁《四库全书》本。

③ (宋)程颢、程颐:《二程遗书》卷二四,清康熙年间石门吕氏刻本。

④ (宋)朱熹:《周易本义》卷二,文渊阁《四库全书》本。

陈抟的内修学说还被邵雍继承。邵雍《恍惚吟》说："恍惚阴阳初变化,氤氲天地乍回旋。中间些子好光景,安得功夫入语言。"①即形象表达了《无极图》中得窍采药的情景。邵雍还师承了陈抟的《先天图》,把陈抟"心法"推演光大,创立了一套庞大而完整的象数体系,用来概括宇宙间的一切。这一学说影响甚大,而形成了先天学派。后来周敦颐的学说下传二程,故二程亦受陈抟思想的影响。朱震《汉上易传》说:

> (穆)修以《太极图》传周敦颐,敦颐传程颐、程颢,是时,张载讲学于二程、邵雍之间。故雍著《皇极经世》之书,(刘)牧陈天地五十有五之数,敦颐作《通书》,程颐述《易传》,载造《太和》《参两》等篇。②

到了南宋,儒、释、道三家已进一步融合。宋明理学的集大成者朱熹一方面依靠周敦颐的《太极图说》和承袭二程的天理论,另一方面又继承了邵雍的象数学。

总之,陈抟不仅是我国思想史上一位有影响的道教学者,而且道教的宇宙生成说及其性命修养论,对宋明理学有不可忽视的影响。这种影响以《老子》和《周易》相结合的形式为其特点,它首先表现在理学家开山祖师周敦颐的《太极图说》中,特别是其中"自无极而太极"的根本命题和"以中正仁义而主静"的核心观点,具有明显的儒道融合的色彩,被一些标榜正统的理学家们加以改造和利用。

以周敦颐、邵雍、刘牧为代表的太极、先天、河洛三大学系,虽然各自独立发展,但其基本思想都是来自陈抟的,它们浑然一体,构成了陈抟学派精深宏大的体系,开后代研究河、洛思潮之先河。陈抟的《河图》《洛书》刚一传世,就引起了宋代学术界的高度重视。后经刘牧大加倡导,诸家峰起,毁誉杂纷,形成了河洛研究的热潮。

---

① (宋)邵雍:《击壤集》卷一二,明成化年间刻本。
② (宋)朱震:《汉上易传》卷首《表》,《四部丛刊》续编本。

　　宋代蜀学,绵延两百多年,极大地促进了四川地区学术文化的发展,使蜀地文化继汉以后再次跨入先进地区行列,又对宋代儒学的各大学派产生了不可忽视的影响。宋初著名道教学者陈抟《太极图》传周敦颐,《先天图》传邵雍,对濂学、洛学具有不可忽视的开源作用。民国时期学者刘咸炘说:希夷先生陈抟"图数之学,至周、邵而昌,儒者稍知反静,先生之功也。即其他文学,亦流传甚广。穆伯长首倡古文,传《春秋》于二尹,下启欧、苏。又传数学于李挺之,下启康节。挺之又传历学于刘义叟。种明逸传图学至刘长民。其弟子甚多,如高文悦、高公仪,亦以文名世。田晓叟则受希夷之诗学。宋初北方学者,大抵希夷之再传也。其为道士者,一传张无梦,再传陈景元,亦为道教之宗。"①可见陈抟之学在各方面均有影响。而且陈抟之学不仅在北方有影响,就是在宋初的南方,也有巨大的影响。宋代蜀学对朱熹闽学也有影响,朱熹少时师承胡宪、刘勉之,而胡、刘师承于程颐弟子谯定。谯定是蜀学涪陵学派的代表,朱熹为其再传弟子,或多或少受其影响也在情理之中。

---

　　① 刘咸炘:《推十书·君子录》卷六,成都古籍书店 1996 年影印本,第 1562 页。

第三章　范仲淹研究

范仲淹（989—1052）是我国北宋贤臣、名将，字希文，江苏吴县（今苏州）人，宋真宗大中祥符八年（1015）进士，历任地方官，位至参知政事。其文治武功，自北宋以来，即有定评。一生以天下为己任，"先天下之忧而忧，后天下之乐而乐"①。他的精神、人格，千古传诵，世人景仰，在思想上"启宋道学之源"②。

一、范仲淹的修身、齐家与为政

《礼记·大学》说："欲治其国者，先齐其家。欲齐其家者，先修其身。……身修而后家齐，家齐而后国治，国治而后天下平。"③表明要想治理好国家，先要管理好自己的家庭和家族；要想管理好自己的家庭和家族，先要修养自身的品性。"修身、齐家、治国、平天下"这是儒家思想传统中士人的人生理想，这里强调修身、齐家的重要。

家书是一个人向其家人心扉的敞开，因而也是一个人情感最自然而真实

① （宋）范仲淹：《范文正公文集》卷八《岳阳楼记》，《范仲淹全集》，李勇先、王蓉贵点校，四川大学出版社2002年版，第195页。

② （明）范惟一：《重修文正书院记》，《范仲淹全集》附录七，李勇先、王蓉贵校点，四川大学出版社2002年版，第1205页。

③ 李学勤主编：《十三经注疏·礼记正义》卷六〇《大学》，北京大学出版社1999年版，第1592页。

的流露。范仲淹的家书留存下来的不多。收入《范仲淹全集》之《范仲淹尺牍》卷上①中的家书主要有他写给家兄中舍三哥16帖、儿子纯仁(忠宣公)1帖、中舍二子三监簿四太祝2帖、九国博1帖、指使魏佑1帖,以及写给朱氏15帖。每封书信简短,但都言简意赅。透过这些书信,渗透在字里行间的是范仲淹在公务之余对亲人的惦念和关心,对子侄们的教育和训导,对族人的帮助和救济,从中也不乏他对人生价值的思考以及他为官做人的准则。目前,学术界相关研究薄弱,这里以范仲淹家书为中心探讨范仲淹的修身、齐家与为政。

(一) 安于清贫

范仲淹从1015年任广德军司理参军开始,至皇祐四年(1052)病逝徐州,为官三十余年。无论在地方,还是在朝廷,无论在内地,还是在边防,他都严于律己,安于清贫。据《范文正公言行拾遗事录》记载:"公为吏部员外郎出守时,及官历二府,以至于薨"②,凡十年,仆役不增一人。他严格控制家庭预算,每天限定在预算内开支,这样,晚上才能安然入睡,否则,"则终夕不能安眠,明日必求所以称之者"③。

在范仲淹看来,家间苦淡,是士人之常态,清贫不算什么,身安才是重要的。他在给朱家的信中说:"虽清贫,但身安为重。"④范仲淹将其积蓄用于置义田、办学校、帮助部属亲友、抚恤孤寡贫困,因此,文献记载他"丧母时尚贫,终身非宾客食不重肉"⑤。甚至去世后入殓无新衣,连丧葬费都是友人凑集的。范仲淹生前不置家产,没有营建私家宅第,他说:"人苟有道义之乐,形骸

---

① (宋)范仲淹:《范文正公尺牍》卷上,《范仲淹全集》,李勇先、王蓉贵校点,四川大学出版社2002年版,第649—665页。

② 《范文正公言行拾遗事录》卷一,王云五主编,时兆文、黄姬水等校正:《宋范文正公(仲淹)年谱附补遗及言行拾遗》,台湾商务印书馆1978年版,第273页。

③ 《范文正公言行拾遗事录》卷一,王云五主编,时兆文、黄姬水等校正:《宋范文正公(仲淹)年谱附补遗及言行拾遗》,台湾商务印书馆1978年版,第273页。

④ (宋)范仲淹:《范文正公尺牍》卷上《家书·朱氏》,《范仲淹全集》,李勇先、王蓉贵校点,四川大学出版社2002年版,第662页。

⑤ (宋)楼钥:《范文正公年谱》,《范仲淹全集》附录二,李勇先、王蓉贵校点,四川大学出版社2002年版,第863页。

可外,况居室乎!"①范仲淹去世后,家人权居许州官舍守丧,服丧完毕,也只能借居官舍。正如富弼在长达万言的《范文正公仲淹墓志铭》中所说:

> 既显,门中如贱贫时,家人不识富贵之乐。……而殓无新衣,友人醵赀以奉葬。诸孤亡所处,官为假屋韩城以居之。②

范仲淹一生生活简朴,却"临财好施"③。"每抚边,赐金良厚",而他"悉以遗将佐"。"人有急必济之,不计家用有无。"④对有急难的人,慨然周济。如庆历三年,友人吴遵路病故,家人生活难以为继,他便拿出自己的俸禄帮助,"家无长物,公分俸赒其家"⑤。他在给中舍三哥的信中也谈到周穷救急之事,"又有襄邑李殿直家,是马太博家表亲,言被火灾后,饥寒所逼,更无所归。人在患难中,又须与救。"⑥龚明之《中吴纪闻》卷三记载,范仲淹还乡苏州,搜外库,唯有绢三千匹,尽散于闾里亲戚朋旧,他说:"宗族乡党,见我生长,幼学壮仕,为我助喜。我何以报之?"⑦"且吾祖宗积德百年,而后发于吾。若独享富贵而不恤宗族,异日何以见祖宗地下?今亦何颜入家庙乎?故买良田数千亩以为庄"⑧。

① (宋)楼钥:《范文正公年谱》,《范仲淹全集》附录二,李勇先、王蓉贵校点,四川大学出版社2002年版,第907页。
② (宋)富弼:《范文正公仲淹墓志铭》,《范仲淹全集》附录一,李勇先、王蓉贵校点,四川大学出版社2002年版,第824页。
③ (宋)欧阳修:《文忠集》卷二一《资政殿学士户部侍郎文正范公神道碑铭》,文渊阁《四库全书》本。
④ (宋)富弼:《范文正公仲淹墓志铭》,《范仲淹全集》附录一,李勇先、王蓉贵校点,四川大学出版社2002年版,第824页。
⑤ 《范文正公言行拾遗事录》卷一,王云五主编,时兆文、黄姬水等校正:《宋范文正公(仲淹)年谱附补遗及言行拾遗》,台湾商务印书馆1978年版,第275页。
⑥ (宋)范仲淹:《范文正公尺牍》卷上《家书·中舍》,《范仲淹全集》,李勇先、王蓉贵校点,四川大学出版社2002年版,第650页。
⑦ (宋)龚明之:《中吴纪闻》卷三《范文正公还乡》,上海古籍出版社1986年版,第60页。
⑧ (宋)刘宰:《漫塘集》卷二一《希墟张氏义庄记》,文渊阁《四库全书》本。

(二)敦亲睦族

1. 关爱家人

范仲淹认为,"祖宗之庆,下及家世"①。从其家书中看得出,范仲淹与其同父异母的中舍三哥(范仲温)书信往来较多,而且对他关怀备至。范仲温晚年以太子中舍致仕,年老体弱,疾病缠身,范仲淹常常致信安慰。由于范仲温"雅喜利人,长于虑事"②,每当中舍三哥身体不适,范仲淹总会仔细为之分析,善加开导,并奉药物治疗。他在给中舍三哥的信中说:

> 某再拜中舍三哥:今日得张祠部书,言二十九日,曾相看三哥来,见精神不耗。其日晚吃粥数匙,并下药两服,必然是实。缘三哥此病因被二婿烦恼,遂成咽塞,更多酒伤着脾胃,复可吃食,致此吐逆。今既病深,又忧家及顾儿女,转更生气,何由得安?但请思之,千古圣贤,不能免生死,不能管后事,一身从无中来,却归无中去,谁是亲疏?谁能主宰?既无奈何,即放心逍遥,任委来往。如此断了,既心气渐顺,五脏亦和,药方有效,食方有味也。只如安乐人,忽有忧事,便吃食不下,何况久病,更忧生死,更忧身后,乃在大怖中,饮食安可得下?请宽心将息将息。今送关都官服火丹砂并橘皮散去,切宜服之服之。③

从中不难看出范仲淹对其家兄病情的关心。当中舍三哥病情有所好转,他以道书为依据,建议他"宜调饮食,不得吃湿面,脾恶湿。亦少吃羹汤,宜食焦饼蒸饼软饭。"因为"道书云,宜食轻干物,盖益脾也"④。还建议他采用针灸法

---

① (宋)范仲淹:《范文正公尺牍》卷上《家书·中舍》,《范仲淹全集》,李勇先、王蓉贵校点,四川大学出版社 2002 年版,第 649 页。
② (宋)范仲淹:《范文正公文集》卷一五《太子中舍致仕范府君墓志铭》,《范仲淹全集》,李勇先、王蓉贵校点,四川大学出版社 2002 年版,第 369 页。
③ (宋)范仲淹:《范文正公尺牍》卷上《家书·中舍》,《范仲淹全集》,李勇先、王蓉贵校点,四川大学出版社 2002 年版,第 650 页。
④ (宋)范仲淹:《范文正公尺牍》卷上《家书·中舍》,《范仲淹全集》,李勇先、王蓉贵校点,四川大学出版社 2002 年版,第 651 页。

治疗，"某再拜中舍三哥：昨晚见与小监簿书，知体候不安，不知因何也？但气海著灸三百壮即安。某在南阳，灸得五百，至今得力。"①"某再拜中舍三哥：得书，知尊候已安。脾气曾伤，宜加意将息也。某风气已退有一二分，见用药不止，即无所妨，请不忧。医人看候，皆言客风在表耳。"②以中舍三哥的身体与性格，能享年66岁，与贤弟范仲淹的关心是分不开的。

范仲淹对亲人的关心，不仅包括范家，还包括养父朱家，家书中有十五帖是范仲淹写给朱氏兄弟的。由于范仲淹两岁而孤，母贫无依，改嫁淄州长山朱文翰，以朱为姓，名说。虽然在宋真宗大中祥符八年（1015）范仲淹以朱说登进士第，"迎母归养"，以及"迁奉母丧"之后，范仲淹对朱家之"恩泽"仍有增无减。他"以朱氏长育有恩，常思厚报之。及贵，用南郊所加恩，乞赠朱氏父太常博士。暨朱氏诸兄弟，皆公为葬之，岁别为飨祭，朱氏子弟以公荫得补官者三人。"③"公之手帖与博士之孙延之在明道二年（1033），乃改郡至丹阳时犹称延之为秀才，而待以子侄礼。又一帖在庆历五年（1045）者，则称之为官人，盖已受公奏补，而帖中颇及延之兄之子求异姓恩泽事。"④

范仲淹虽任官在外，但对朱家事引为自家事加以料理，把朱家人同样视为骨肉血亲，而愿与之"相见""聚会"。"某顿首秀才三哥……六婶神榇且安瓜洲寺中，悲感悲感！七哥骨肉上下各计安，甚时来得相见？骨肉聚会，此最幸也幸也！"⑤

对朱家兄弟情同手足，"久不致恳，得儿子书，知体理爽和。云曾诣问，即不见宾客。或闻神思惊悸，近日调摄，渐安否？屡曾咨闻，以足下起发衰门，宜

① （宋）范仲淹：《范文正公尺牍》卷上《家书·中舍》，《范仲淹全集》，李勇先、王蓉贵校点，四川大学出版社2002年版，第651页。

② （宋）范仲淹：《范文正公尺牍》卷上《家书·中舍》，《范仲淹全集》，李勇先、王蓉贵校点，四川大学出版社2002年版，第652页。

③ 《范文正公言行拾遗事录》卷一，王云五主编，时兆文、黄姬水等校正：《宋范文正公（仲淹）年谱附补遗及言行拾遗》，台湾商务印书馆1978年版，第272页。

④ （宋）丁黼：《池州范文正公祠堂记》，《范仲淹全集》附录五，李勇先、王蓉贵校点，四川大学出版社2002年版，第1109页。

⑤ （宋）范仲淹：《范文正公尺牍》卷上《家书·朱氏》，《范仲淹全集》，李勇先、王蓉贵校点，四川大学出版社2002年版，第659—660页。

爱重,以副先德之心,何致多疾?极奉忧得,万万自爱。"①当自己身体不适,或情绪有些低落时,也向朱家兄弟奉函倾诉:"某到忻、代病嗽,医药过凉,伤及下脏。淋痔并作,日夜苦楚,于今稍间而未止。远承诲问,为慰极多。"②范仲淹还建议他们多读道书,学习养生之道。

2. 创设义庄

范仲淹在《告子弟书》中说:"吾吴中宗族甚众,于吾固有亲疏。然吾祖宗视之,则均是子孙,固无亲疏也。……则饥寒者吾安得不恤也?自祖宗来,积德百余年,而始发于吾,得至大官。若独享富贵而不恤宗族,异日何以见祖宗于地下,今何颜入家庙乎?"③皇祐元年(1049)范仲淹任杭州知府,他拒绝了其子弟请求他在河南洛阳营建私宅的建议。他说:"俸赐之余,宜以赒宗族。若曹遵吾言,毋以为虑。"④范仲淹用节省下来的俸禄,在故乡苏州"买负郭常稔之田千亩,号曰义田,以济养群族,择族之长而贤者一人主之"⑤,建立了范氏"义庄"。皇祐二年(1050)十月,范仲淹亲自制定《义庄规矩》⑥。平时则通过家书询问义庄的情况,如"庄上如何? 各宜节俭"⑦;"庄上多觅下桑栽,开春

<hr>

① (宋)范仲淹:《范文正公尺牍》卷上《家书·朱氏》,《范仲淹全集》,李勇先、王蓉贵校点,四川大学出版社 2002 年版,第 664 页。

② (宋)范仲淹:《范文正公尺牍》卷上《家书·朱氏》,《范仲淹全集》,李勇先、王蓉贵校点,四川大学出版社 2002 年版,第 664 页。

③ (宋)范仲淹:《范文正公集续补》卷二,《范仲淹全集》,李勇先、王蓉贵校点,四川大学出版社 2002 年版,第 802 页。

④ (宋)赵善璙:《自警编》卷三,文渊阁《四库全书》本。

⑤ (宋)龚明之:《中吴纪闻》卷三《范文正公还乡》,孙菊园校点,上海古籍出版社 1986 年版,第 60 页。

⑥ 如"逐房计口给米,每口一升,并支白米;如支糙米,即临时加折。""冬衣每口一匹,十岁以下、五岁以上各半匹。""每房许给奴婢米一口,即不支衣。""嫁女支钱三十贯,再嫁二十贯。""娶妇支钱二十贯,再娶不支。""子弟出官人每还家待阙、守选、丁忧,或任川、广、福建官留家乡里者,并依诸房例给米、绢并吉凶钱数。虽近官,实有故留家者,亦依此例支给。""逐房丧葬:尊长有丧,先支一十贯,至葬事又支一十五贯。次长五贯,葬事支十贯。""乡里、外姻亲戚,如贫窭中非次急难,或遇年饥不能度日,诸房同共相度诣实,即于义田米内量行济助。"(《范文正公集续补》卷二《义庄规矩》,《范仲淹全集》,李勇先、王蓉贵校点,四川大学出版社 2002 年版,第 797—799 页。)

⑦ (宋)范仲淹:《范文正公尺牍》卷上《家书·中舍二子三监簿四太祝》,《范仲淹全集》,李勇先、王蓉贵校点,四川大学出版社 2002 年版,第 658 页。

便令人勾当栽植。尹家宅上计平善,到彼已支料钱两贯去。正月起请传语尹家兄弟,不及写书,将此呈他无妨。"①范仲淹宗于范家,又感恩朱家,他在长山河南村也置义田四百余亩,用以周济朱氏族人。

此外,范仲淹在苏州设立义宅,"宅有二松,名堂以岁寒,阁曰松风,因广其居,以为义宅,聚族其中,义庄之收亦在焉。"②还在苏州设立"义学","初,公买田以赡族,而族滋大,立塾以教其人"③。

继范仲淹之后,其子范纯仁又在苏州天平山附近为范氏义庄添置义田一千亩,供养范氏族人贫困者九十余口,义田岁入稻谷约八百斛。范纯仁在其父制定的《义庄规矩》的基础上,又续定《义庄规矩》④,增加了一些管理条规。范氏"义庄"的创设,其影响是深远的,"立义庄以赡宗族,始于文正范公"⑤。此后,不少官僚士大夫纷纷建立各种形式的"义庄"。

范氏义庄主要用于救济族内贫困者、资助婚嫁丧葬、奖励读书仕进⑥,以及祭祀祖先、维修坟墓等。因此,范仲淹创设义庄有助于睦族敦亲、恤贫济困。

(三)言传身教

范仲淹无论守州牧民,还是守边安境,都极为重视对子侄们的教育,他言传身教,希望子侄们"各为好事,以光祖宗"⑦。除了劝学,不乏对子侄们道德品性的训导。

---

① (宋)范仲淹:《范文正公尺牍》卷上《家书·指使魏佑》,《范仲淹全集》,李勇先、王蓉贵校点,四川大学出版社 2002 年版,第 665 页。

② (宋)楼钥:《范氏复义宅记》,《范仲淹全集》,李勇先、王蓉贵校点,四川大学出版社 2002 年版,第 1170—1171 页。

③ (元)徐琰:《文正范公祠记》,《范仲淹全集》附录五,李勇先、王蓉贵校点,四川大学出版社 2002 年版,第 1125 页。

④ (宋)范纯仁:《续定义庄规矩》,《范仲淹全集》附录六,李勇先、王蓉贵校点,四川大学出版社 2002 年版,第 1159—1164 页。

⑤ (宋)刘宰:《漫塘集》卷二一《希墟张氏义庄记》,文渊阁《四库全书》本。

⑥ 廖志豪、李茂高:《略论范仲淹与范氏义庄》,《学术月刊》1991 年第 10 期。

⑦ (宋)范仲淹:《范文正公尺牍》卷上《家书·中舍三郎》,《范仲淹全集》,李勇先、王蓉贵校点,四川大学出版社 2002 年版,第 658 页。

1. 勤奋学习

范仲淹两岁丧父,从母在朱姓家中长大。从小勤奋好学,范仲淹21岁时寄居于长白山醴泉寺(今山东邹平县南)僧舍苦读。楼钥《范文正公年谱》引魏泰《东轩笔录》谈及范仲淹"日作粥一器,分为四块,早暮取二块,断齑数茎,入少盐以啖之,如此者三年。"①《澧州范文正公读书堂记》言及范仲淹"尝读书于老氏之室,曰兴国观者,寒暑不倦"②。"后居南都郡庠五年,大通六经之旨,为文章论说必本于仁义孝弟忠信"③。

范仲淹以读书入仕,其胞兄范仲温有五子四女,范仲淹视侄如子,而"我其教之"④。其劝学之言尽在家书中,如在给中舍三哥的信中说:"纯义坚要归,如未来,即送州学,恐歇却则又无成。时寒,保重保重!"⑤"纯义以下并修学,纯礼又受正字,愧幸愧幸! 酷暑,乞保重保重!"⑥"二郎、三郎,并勤修学,日立功课。彼中儿男,切须令苦学,勿使因循。"⑦另给次子范纯仁的信中说:"纯仁程试长进,更学书札,不具。吾报张秘丞传语,频得书,三郎不得慢易,勤学勤学!"⑧

除了劝学,范仲淹特别注意对侄子们的品行修养、为人处世进行训导。"三郎、四郎诸骨肉必安吉。庄上如何? 各宜节俭,频照管西山坟茔。不知十

① (宋)楼钥:《范文正公年谱》,《范仲淹全集》附录二,李勇先、王蓉贵校点,四川大学出版社2002年版,第865页。

② (宋)任友龙:《澧州范文正公读书堂记》,《范仲淹全集》附录八,李勇先、王蓉贵校点,四川大学出版社2002年版,第1226页。

③ (宋)楼钥:《范文正公年谱》,《范仲淹全集》附录二,李勇先、王蓉贵校点,四川大学出版社2002年版,第862页。

④ (宋)范仲淹:《范文正公文集》卷一五《太子中舍致仕范府君墓志铭》,《范仲淹全集》,李勇先、王蓉贵校点,四川大学出版社2002年版,第371页。

⑤ (宋)范仲淹:《范文正公尺牍》卷上《家书·中舍》,《范仲淹全集》,李勇先、王蓉贵校点,四川大学出版社2002年版,第651页。

⑥ (宋)范仲淹:《范文正公尺牍》卷上《家书·中舍》,《范仲淹全集》,李勇先、王蓉贵校点,四川大学出版社2002年版,第655—656页。

⑦ (宋)范仲淹:《范文正公尺牍》卷上《家书·中舍》,《范仲淹全集》,李勇先、王蓉贵校点,四川大学出版社2002年版,第655页。

⑧ (宋)范仲淹:《范文正公尺牍》卷上《家书·忠宣公》,《范仲淹全集》,李勇先、王蓉贵校点,四川大学出版社2002年版,第657页。

叔受得甚处官？汝等但小心,有乡曲之誉,可以理民,可以守廉者,方敢奏荐。须陪涉乡中有行止人。"①

范仲淹与朱家的书信往来,除了问寒问暖,也告诉他们读书做人的道理。对朱家子弟之函教叮咛,关爱有加,"秋凉,希多爱多爱。四郎看恤伊早令读书。因人千万示信。不宣。"②"惟勤学奉公,勿忧前路。慎无好书札,有文性,勿小其志也。……使专于学耶？或来修学亦好,一如在陈州时,常有学徒三五人,日有功课。凝寒,多爱多爱"③。除了关心学习,也关注他们的品性。

> 门户再起,独在吾仁。京师交游,慎于高议不同,当言责之地也。且温习文字,清心洁行,以自树立。平生之称,当见大节,不必窃论曲直,取小名招大悔矣。④

范仲淹还在给中舍三哥的信中,以儿子纯仁为例,劝诫子侄们戒酒,"纯仁等勿令饮酒,大底已被酒成狂疾,余者宜戒之戒之!"⑤

2. 勤俭节约

范仲淹治家以"俭约"为基本原则。范仲淹"起家孤平"⑥,"布素寒姿"⑦,早年的清苦生活使他养成了勤俭节约的习惯,看到朱氏兄弟"浪费不

---

① (宋)范仲淹:《范文正公尺牍》卷上《家书·中舍二子三监簿四太祝》,《范仲淹全集》,李勇先、王蓉贵校点,四川大学出版社 2002 年版,第 658 页。

② (宋)范仲淹:《范文正公尺牍》卷上《家书·朱氏》,《范仲淹全集》,李勇先、王蓉贵校点,四川大学出版社 2002 年版,第 661 页。

③ (宋)范仲淹:《范文正公尺牍》卷上《家书·朱氏》,《范仲淹全集》,李勇先、王蓉贵校点,四川大学出版社 2002 年版,第 662 页。

④ (宋)范仲淹:《范文正公尺牍》卷上《家书·朱氏》,《范仲淹全集》,李勇先、王蓉贵校点,四川大学出版社 2002 年版,第 661—662 页。

⑤ (宋)范仲淹:《范文正公尺牍》卷上《家书·中舍》,《范仲淹全集》,李勇先、王蓉贵校点,四川大学出版社 2002 年版,第 653 页。

⑥ (宋)范仲淹:《范文正公文集》卷一六《润州谢上表》,《范仲淹全集》,李勇先、王蓉贵校点,四川大学出版社 2002 年版,第 390 页。

⑦ (宋)范仲淹:《范文正公文集》卷一八《谢转礼部侍郎表》,《范仲淹全集》,李勇先、王蓉贵校点,四川大学出版社 2002 年版,第 423 页。

节",数劝止之。朱氏兄弟不高兴地说:"吾自用朱氏钱,何预汝事?"①范仲淹为官后,依然如此,"度公平生,殆未尝享有一日士大夫之奉者"②。《续资治通鉴长编》亦载:"其后虽贵,非宾客不重肉,妻子衣食仅能自充。"③

范仲淹不仅以身作则,而且以俭约率家人,对家庭及其子女管教甚严,告诫诸子不忘家里素来清俭的生活。他说:"吾所恨者,忍令若曹享富贵之乐也。"④不让诸子以富贵为乐。在书信中,除了对兄弟子侄们的问安,如"时寒,乞保重","秋气渐凉,乞保重保重",还强调节俭,"惟省俭是妙"⑤。而且教育子女勤俭持家。儿子范纯仁结婚时,他不准铺张浪费,一切从简,"公娶妇将归,或传妇以罗为帷幔"。范仲淹一听说就不高兴,并说:"罗绮岂帷幔之物耶? 吾家素清俭,安得乱吾家法! 敢持归吾家,当火于庭。"⑥

按富弼的记述,范仲淹生前俭朴,死后没有余财。⑦ 欧阳修也评价他:"公为人外和内刚,乐善泛爱。丧其母时尚贫,终身非宾客食不重肉。临财好施,意豁如也,及退而视其私,妻子仅给衣食。"⑧

3. 孝悌传家

范仲淹崇尚孝道。"公之为人刚大清纯,天资忠孝,而为学得圣贤之心。"⑨

---

① (宋)楼钥:《范文正公年谱》,《范仲淹全集》附录二,李勇先、王蓉贵校点,四川大学出版社 2002 年版,第 865 页。

② (明)陆树声:《重修文正书院记》,《范仲淹全集》附录七,李勇先、王蓉贵校点,四川大学出版社 2002 年版,第 1208 页。

③ (宋)李焘:《续资治通鉴长编》卷一七二,中华书局 1995 年版,第 4146 页。

④ 《范文正公言行拾遗事录》卷一,王云五主编,时兆文、黄姬水等校正:《宋范文正公(仲淹)年谱附补遗及言行拾遗》,台湾商务印书馆 1978 年版,第 273 页。

⑤ (宋)范仲淹:《范文正公尺牍》卷上《家书·中舍》,《范仲淹全集》,李勇先、王蓉贵校点,四川大学出版社 2002 年版,第 653 页。

⑥ 《范文正公言行拾遗事录》卷一,王云五主编,时兆文、黄姬水等校正:《宋范文正公(仲淹)年谱附补遗及言行拾遗》,台湾商务印书馆 1978 年版,第 273 页。

⑦ 参见(宋)富弼:《范文正公仲淹墓志铭》,《范仲淹全集》附录一,李勇先、王蓉贵校点,四川大学出版社 2002 年版,第 824 页。

⑧ (宋)欧阳修:《文忠集》卷二一《资政殿学士户部侍郎文正范公神道碑铭》,文渊阁《四库全书》本。

⑨ (明)徐有贞:《重建文正书院记》,《范仲淹全集》附录七,李勇先、王蓉贵校点,四川大学出版社 2002 年版,第 1196 页。

宋真宗大中祥符四年（1011），范仲淹辞母去南都求学，表示中举后接母亲奉养。大中祥符八年（1015）范仲淹登进士第，迎母奉养。天圣四年（1026），范仲淹母亲去世，他辞官回南都为母亲守孝三年。天圣六年（1028），葬母于河南府河南县（今河南省伊川县）万安山下，并表请皇帝追赠父母，以慰母亲在天之灵，以感母亲的养育之恩。

　　今为迁奉在近，未曾封赠父母。窃念臣襁褓之中，已丁何怙，鞠养在母，慈爱过人。恤臣幼孤，悯臣多病，夜扣星象，食断荤茹，逾二十载，至于其终。又臣游学之初，违离者久，率常殒泣，几至丧明。而臣仕未及荣，亲已不待，既育之仁则重，罔极之报曾无，夙夜永怀，死生何及！……今欲将磨勘改转官恩泽，乞先移赠考妣。①

范仲淹思亲欲报之心，以至于"夙夜永怀，死生何及"，其至孝之情溢于言表。范仲淹在苏州置"义庄"，除了救济族人外，也为了祭祀祖先、守坟持孝，"如且要守坟持孝，即待支庄课，供赡一切，取伊稳便"②。

4. 遵纪守法

范仲淹在公务之余，在与家兄范仲温的书信往来中，总不忘嘱托兄长，教育子侄们遵纪守法，不要找地方政府的麻烦。"互相戒约，勿烦州县。如辄兴词讼，必奏乞深行。请三哥指挥儿侄知委。"③

当侄子"中舍三郎"被荐做官，范仲淹即复信告诫："汝守官处小心，不得欺事；……自家且一向清心做官，莫营私利。汝看老叔自来如何，还曾营私否？"④

---

① （宋）范仲淹：《范文正公文集》卷一九《求追赠考妣状》，《范仲淹全集》，李勇先、王蓉贵校点，四川大学出版社 2002 年版，第 430—431 页。

② （宋）范仲淹：《范文正公尺牍》卷上《家书·指使魏佑》，《范仲淹全集》，李勇先、王蓉贵校点，四川大学出版社 2002 年版，第 665 页。

③ （宋）范仲淹：《范文正公尺牍》卷上《家书·中舍》，《范仲淹全集》，李勇先、王蓉贵校点，四川大学出版社 2002 年版，第 649 页。

④ （宋）范仲淹：《范文正公尺牍》卷上《家书·中舍三郎》，《范仲淹全集》，李勇先、王蓉贵校点，四川大学出版社 2002 年版，第 658 页。

在这里,范仲淹以自己为例,劝导侄子诚实不欺,清心做官,不谋私利。叮嘱中舍三哥义田要按规定纳税,不得偷税、漏税,他在信中说:

> 庄契恐又出限,余钱且据数税却。自家置少义田,不可却令漏税。所退绢,已换得好者,今将去。闻夏税倚阁,如户等该得,即将绢卖来纳田契税钱;如不该得,即且纳税。田契确实用多少钱,请细札取来。今令人去,候所印契便与了却,付去人来。①

嘱咐儿子纯仁有借有还,"先算欠多少马价,并来年圣节进奉,并当在官库准备外,更有郑资政诸大官先借过钱物,要还他"②。

(四) 清廉为政

儒家的修身、齐家是治国、平天下的基础。范仲淹为官三十余年,"进则尽忧国忧民之诚,退则处乐天乐道之分"③。范仲淹主张为政必须顺应民心,认为"逆其民而理者,虽令不从;顺于民而化焉,其德乃普"④,将修身与为民融为一体。

> 自始仕,慨然已有康济之志。凡所设施,必本仁义而将之以刚决,未尝为人屈挠。历补外职,以严明驭吏,使不得欺,于是民皆受其赐。立朝益务劲雅,事有不安者,极意论辩,不畏权幸,不蹙忧患。故屡亦见用,然每用必黜之。黜则欣然而去,人未始见其有悔色。⑤

---

① (宋)范仲淹:《范文正公尺牍》卷上《家书·中舍》,《范仲淹全集》,李勇先、王蓉贵校点,四川大学出版社2002年版,第655页。

② (宋)范仲淹:《范文正公尺牍》卷上《家书·忠宣公》,《范仲淹全集》,李勇先、王蓉贵校点,四川大学出版社2002年版,第657页。

③ (宋)范仲淹:《范文正公文集》卷一八《谢转礼部侍郎表》,《范仲淹全集》,李勇先、王蓉贵校点,四川大学出版社2002年版,第423页。

④ (宋)范仲淹:《范文正公别集》卷三《政在顺民心赋》,《范仲淹全集》,李勇先、王蓉贵校点,四川大学出版社2002年版,第503页。

⑤ (宋)富弼:《范文正公仲淹墓志铭》,《范仲淹全集》附录一,李勇先、王蓉贵校点,四川大学出版社2002年版,第823页。

为官后，"居庙堂之高，则忧其民；处江湖之远，则忧其君"①。他不畏权贵，与贪赃枉法者进行斗争。如初入仕途，就与司法不公的知军通判针锋相对，任职广德三年，为断狱事，每与太守力争，虽太守"数以盛怒临之"，而范仲淹不为之屈。在朝廷时与贪赃的宰执大臣展开廷争，甚至直谏仁宗皇帝："耻珠玉之玩，罢组绣之贡，焚晋武之雉裘，出文皇之宫人，少度僧尼，不兴土木，示天下之俭也"，"舍一心之私，从万人之望，示天下之公也"②。希望皇帝垂范天下。

范仲淹严于律己，为官清廉。范仲淹在知越州时，在府署附近掘废井而得泉③，并为之撰写了《清白堂记》。他解释说：

> "《井》，德之地"，盖言所守不迁矣。"《井》以辨义"，盖言所施不私矣。圣人画《井》之象，以明君子之道焉。予爱其清白而有德义，为官师之规，因署其堂曰清白堂。④

即是说做官要清白廉洁，这既是范仲淹对官吏的要求，又是对他自己的要求。他在任满广德军司理参军离职时，"贫止一马，鬻马徒步而归"⑤。后来经营边事，朝廷赏赐金银良多，他全部分给将佐。欧阳修说："所得赐赉，皆以上意分赐诸将，使自为谢。"⑥富弼亦说："每抚边，赐金良厚，而悉以遗将佐。"⑦

---

① （宋）范仲淹：《范文正公文集》卷八《岳阳楼记》，《范仲淹全集》，李勇先、王蓉贵校点，四川大学出版社 2002 年版，第 195 页。

② （宋）范仲淹：《范文正公文集》卷九《奏上时务书》，《范仲淹全集》，李勇先、王蓉贵校点，四川大学出版社 2002 年版，第 204 页。

③ （宋）王十朋：《梅溪后集》卷一《会稽风俗赋并叙》，文渊阁《四库全书》本。

④ （宋）范仲淹：《范文正公文集》卷八《清白堂记》，《范仲淹全集》，李勇先、王蓉贵校点，四川大学出版社 2002 年版，第 193 页。

⑤ （宋）楼钥：《范文正公年谱》，《范仲淹全集》附录二，李勇先、王蓉贵校点，四川大学出版社 2002 年版，第 867 页。

⑥ （宋）欧阳修：《文忠集》卷二一《资政殿学士户部侍郎文正范公神道碑铭》，文渊阁《四库全书》本。

⑦ （宋）富弼：《范文正公仲淹墓志铭》，《范仲淹全集》附录一，李勇先、王蓉贵校点，四川大学出版社 2002 年版，第 824 页。

范仲淹以廉俭治家,在给朱氏的信中劝导说:"惟勤学奉公,勿忧前路。慎无好书札,有文性,勿小其志也。""居官临满,直须小心廉洁,稍有点污,则晚年饥寒可忧也。"①在与朱三哥的信中说:

> 近递中得书,备悉雅意。朝请外杜门著书,何大于此? 此中亦如常,但有答书之苦。时或有相干作碑志,由某不受润笔,引惹故也。或是相知,不能违阻。今有故胡少卿家来求作碑,已勉强撰得,恐更被人写坏。三哥无事时,与写取并篆额可也。秋冷,多爱多爱,不宣。②

即是说由于范仲淹从来不收润笔,因此吸引许多人请他为他们的亲友写碑文和墓志铭,其中不少是朋友相知,更不便推辞。在苏州任上,他曾购得南园一地,准备建房安家,但一听说这是一块风水宝地,在此建房可"踵生公卿",他反而改变了主意,决定把这块宝地捐献出来,兴建一所州学,培养人才。在他看来,"吾家有其贵,孰若天下之士咸教育于此,贵将无已焉"③。

"清心做官,莫营私利"④,感动并影响着亲朋僚友,故"一时士大夫矫厉尚风节,自公倡之"⑤。即使在临终前给皇帝上的遗表中,也没向皇帝提出任何个人要求,"遗奏不干私泽,此益见其始卒志于道,不为禄位出也"⑥。

范仲淹言传身教,在他的影响下,子侄们严于律己,宽以待人,廉洁俭朴始

---

① (宋)范仲淹:《范文正公尺牍》卷上《家书·朱氏》,《范仲淹全集》,李勇先、王蓉贵校点,四川大学出版社2002年版,第662、660页。
② (宋)范仲淹:《范文正公尺牍》卷上《家书·朱氏》,《范仲淹全集》,李勇先、王蓉贵校点,四川大学出版社2002年版,第663页。
③ (宋)楼钥:《范文正公年谱》,《范仲淹全集》附录二,李勇先、王蓉贵校点,四川大学出版社2002年版,第880页。
④ (宋)范仲淹:《范文正公尺牍》卷上《家书·中舍三郎》,《范仲淹全集》,李勇先、王蓉贵校点,四川大学出版社2002年版,第658页。
⑤ 佚名:《宋太师中书令兼尚书令魏国公文正公传》,《范仲淹全集》附录一,李勇先、王蓉贵校点,四川大学出版社2002年版,第851页。
⑥ (宋)富弼:《范文正公仲淹墓志铭》,《范仲淹全集》附录一,李勇先、王蓉贵校点,四川大学出版社2002年版,第824页。

终如一。如次子范纯仁，官至宰相，《宋史》记载说："自为布衣至宰相，廉俭如一，所得奉赐，皆以广义庄；前后任子恩，多先疏族。"①评价他："位过其父，而几有父风。"②

范仲淹的廉洁，是与他"以民为本"的思想相连的。他关心百姓疾苦，"饥民有食乌昧草者，撷草进御，请示六宫贵戚，以戒侈心。"③而且在他看来，"为天下官吏不廉则曲法，曲法则害民"④，认为官吏只有廉洁奉公，才不至于冒法受赃，侵暴百姓；不至于与民争利，不守名节；也不至于徭役不均，刑罚不正。为此，他在庆历三年（1043）《答手诏条陈十事》的上书中指出：

> 臣闻《易》曰："天地养万物，圣人养贤以及万民。"此言圣人养民之时，必先养贤。养贤之方，必先厚禄。厚禄然后可以责廉隅，安职业也。⑤

正是从这一目的出发，范仲淹主张"均公田"，然后可以"责其廉节，督其善政。有不法者，可废可诛。"⑥从而达到以廉养民的目的。

中国共产党第十八次全国代表大会的报告在强调全面提高党的建设科学化水平时，明确指出："反对腐败、建设廉洁政治，是党一贯坚持的鲜明政治立场。"强调要"坚定不移反对腐败，永葆共产党人清正廉洁的政治本色"。而且指出："反腐倡廉必须常抓不懈，拒腐防变必须警钟长鸣。"并对新形势下加强反腐倡廉建设作出了全面部署。其中首先强调要"加强反腐倡廉教育和廉政

---

① （元）脱脱等：《宋史》卷三一四《范纯仁传》，中华书局1977年版，第10293页。
② （元）脱脱等：《宋史》卷三一四《范纯仁传》，中华书局1977年版，第10295页。
③ （宋）楼钥：《范文正公年谱》，《范仲淹全集》附录二，李勇先、王蓉贵校点，四川大学出版社2002年版，第877页。
④ （宋）范仲淹：《范文正公政府奏议》卷上《再进前所陈十事》，《范仲淹全集》，李勇先、王蓉贵校点，四川大学出版社2002年版，第540页。
⑤ （宋）范仲淹：《范文正公政府奏议》卷上《答手诏条陈十事》，《范仲淹全集》，李勇先、王蓉贵校点，四川大学出版社2002年版，第531页。
⑥ （宋）范仲淹：《范文正公政府奏议》卷上《答手诏条陈十事》，《范仲淹全集》，李勇先、王蓉贵校点，四川大学出版社2002年版，第533页。

文化建设"①。习近平总书记在党的十九大报告中指出:"当前,国内外形势正在发生深刻复杂变化,我国发展仍处于重要战略机遇期,前景十分光明,挑战也十分严峻。全党同志一定要登高望远、居安思危。"②在此论及的范仲淹虽然生活在封建时代,但范仲淹一生以天下为己任,其"先忧后乐"的精神、"不以物喜,不以己悲"的人生境界,为后世景仰。从范仲淹的家书中,也不难看到范仲淹作为封建社会的一位杰出政治家,将儒者修身、齐家与为政很好地结合了起来。他严于律己,为官清廉;他关心百姓疾苦,自己及家人却生活简朴;他言传身教,对子女严格管教,教育亲人勤俭节约、遵纪守法都值得学习借鉴。对范仲淹的人品和事业,金人元好问在《范文正公画像赞》中称赞说:"在布衣为名士,在州县为能吏,在边境为名将。其材、其量、其忠,一身而备数器。在朝廷,则又孔子所谓大臣者,求之千百年间盖不一二见。"③《四库全书总目提要》则谓:

仲淹人品事业卓绝一时,本不借文章以传,而贯通经术,明达政体,凡所论著,一一皆有本之言,固非虚饰词藻者所能,亦非高谈心性者所及。④

在大力反腐倡廉,全面加强廉政建设的今天,弘扬先贤"先忧后乐"的精神,学习范仲淹修身、齐家与为政风范无疑具有重要现实意义。

二、范仲淹《岳阳楼记》体现的人生价值观

人生价值观是人们在认识、评价人生活动所具有的价值属性时所持有的

---

① 胡锦涛:《坚定不移沿着中国特色社会主义道路前进 为全面建成小康社会而奋斗——在中国共产党第十八次全国代表大会上的报告》,人民出版社2012年版,第54页。

② 习近平:《决胜全面建成小康社会 夺取新时代中国特色社会主义伟大胜利——在中国共产党第十九次全国代表大会上的报告》,人民出版社2017年版,第2页。

③ (金)元好问:《范文正公画像赞》,《范仲淹全集》附录九,李勇先、王蓉贵校点,四川大学出版社2002年版,第1256—1257页。

④ (清)纪昀等:《四库全书总目》(整理本),中华书局1997年版,第2041页。

根本观点和看法。每个人都在各自的价值观引导下,形成不同的价值取向,追求着各自认为最有价值的东西。范仲淹的《岳阳楼记》全文不足 400 字,这篇抒情散文能够传颂千古,除了作品高超的文学艺术魅力,还在于它的思想主题所体现出的永恒的人文光辉,它以文学的形式表达了作者鲜明的人生价值取向——"先天下之忧而忧,后天下之乐而乐",是范仲淹对自己一生价值追求的总结。此外,还在于范仲淹一生一贯的践行,"以为一言而可以终身行之者欤"①。他能知行合一、进退如一。关于范仲淹《岳阳楼记》,从文学角度研究较多,从哲学维度探讨较少。这里就范仲淹《岳阳楼记》表达的思想主题,探讨范仲淹的人生价值观及其当代意义。

(一) 范仲淹与《岳阳楼记》

范仲淹(989—1052)是我国北宋著名的政治家、军事家、文学家、教育家。宋真宗大中祥符八年(1015)进士,从同年 4 月任广德军司理参军,到仁宗皇祐四年(1052)5 月病逝于赴任知颍州途中的徐州。历任地方官,位至参知政事。北宋仁宗庆历五年(1045)十一月,范仲淹诏罢所兼四路帅职,改知邓州。庆历六年(1046),范仲淹至邓州,同年农历九月十五日,范仲淹应谪知岳州的挚友滕宗谅(字子京)请求,根据随信附送的《洞庭秋晚图》,在邓州写成这篇传诵千古的《岳阳楼记》②,是年范仲淹 58 岁。

《岳阳楼记》开篇即云:"庆历四年春,滕子京谪守巴陵郡。越明年,政通人和,百废俱兴,乃重修岳阳楼,增其旧制,刻唐贤、今人诗赋于其上,属予作文以记之。"王辟之《渑水燕谈录》卷六说:"庆历中,滕子京谪守巴陵,治最为天下第一。政成,重修岳阳楼,属范文正公为记。"③这里道出了范仲淹写作《岳阳楼记》的背景。滕子京与范仲淹为同年(大中祥符八年)进士,庆历四年(1044)滕子京谪

---

① (宋)周密:《齐东野语》卷一,张茂鹏点校,中华书局 1983 年版,第 6 页。
② (宋)范仲淹:《岳阳楼记》,《范仲淹全集》,李勇先、王蓉贵校点,四川大学出版社 2002 年版,第 194—195 页。本节引《岳阳楼记》不再作注。
③ (宋)王辟之:《渑水燕谈录》卷六,文渊阁《四库全书》本。

守岳州,第二年有了政绩,乃重修岳阳楼。希望借故旧老友范仲淹的大手笔记下重修情况以及岳阳楼的胜景。不过,范仲淹却并没有就事论事,也没有停留于单纯的"览物之情"抒发,而是很快从"览物之情"生发出对人生态度、人生价值的思考和回答。"不以物喜,不以己悲",已超越了个人喜悲,不怨天尤人,不灰心丧气,更不消极遁世,"先天下之忧而忧,后天下之乐而乐"。这既是对滕子京的劝勉,也是自勉,字里行间,透出了范仲淹强烈的忧患意识和以天下为己任的担当精神。岳阳楼也正是因为有范公"惓惓以天下为忧乐"的《岳阳楼记》,而"斯文一出,斯楼之伟观增重。去之今二百载,星回物转,而江涛滚滚,与公风烈盖巍然俱存也"①。从此,岳阳楼因范仲淹的《岳阳楼记》而名声大震。

对于《岳阳楼记》的文学水平,不乏后人评论,或言用语巧妙,字少词严,或赞文章的谋篇布局、写景状物、借景抒情,或叹其景物、情感、哲理"三境之美",如宋庠《杨文公谈苑》评论说:"'春和景明,波澜不惊。上下天光,一碧万顷。'此奇语也。"②章懋勋《古文析观详解》卷六评论说:"命题择词,曲引旁达、横见侧出者,皆运笔之宕折、文情之纵逸也。"③陈师道《后山诗话》说:"文正为《岳阳楼记》,用对语说时景,世以为奇。"④楼昉《崇古文诀》卷一六评论说:"首尾布置与中间状物之妙不可及矣。"⑤浦起龙《古文眉诠》卷七三评论说:"'悲'字逗'忧'。两段大率用韵,得古意。'喜'字逗'乐'。('嗟乎'以下)忽一掉,两段实写化作挑案。"⑥虽是赋景,情已跃然。蔡铸的评价更为直白,"此文篇目是《岳阳楼记》,庸手必从增修说入,然后铺述楼之景物,此常格也。篇中将套语削尽,以一己先忧后乐怀抱揭出,勉子京即以自勉,见地绝高,

① (宋)李曾伯:《可斋杂稿》卷二一,文渊阁《四库全书》本。

② (宋)杨亿口述,黄鉴笔录,宋庠整理:《杨文公谈苑》,《范仲淹全集》附录十,李勇先、王蓉贵校点,四川大学出版社2002年版,第1400页。

③ (清)章懋勋:《古文析观详解》卷六,《范仲淹全集》附录十,李勇先、王蓉贵校点,四川大学出版社2002年版,第1404页。

④ (宋)陈师道:《后山诗话》,文渊阁《四库全书》本。

⑤ (宋)楼昉:《崇古文诀》卷一六,上海古籍出版社1993年版,第121页。

⑥ (清)浦起龙:《古文眉诠》卷七三,《范仲淹全集》附录十,李勇先、王蓉贵校点,四川大学出版社2002年版,第1404页。

洵非常人所及。"①而且分析了范仲淹写作此文的目的。余诚《古文释义新编》卷八中也认为《岳阳楼记》"通体俱在'谪守'上着笔"②。

当然，《岳阳楼记》作为千古文学名篇，其魅力更在于它醍醐灌顶的思想主题和它导出的哲理，正如孙绪《无用闲谈》评述说：

> 谓晴阴忧乐，随景异情，而要之于居庙廊则忧民，处江湖则忧君，极而至于"先天下之忧而忧，后天下之乐而乐"。③

金人瑞《必读才子书》评论说："中间悲喜二段，只是借来翻出后文忧乐耳。"④过珙评论说："尤妙在入后忧乐一段，见得惟贤者而后有真忧，亦惟贤者而后有真乐。乐不以忧而废，忧不以乐而忘，此虽文正自负之词，而期望子京，隐然言外，必如是始得斯文本旨。"⑤而且认为，唯有贤者而后有真忧真乐，并阐明了范仲淹所言忧乐二者之间的关系，"乐不以忧而废，忧不以乐而忘"。章懋勋《古文析观详解》卷六评论云：

> 范文正公之作《岳阳楼记》，总归重"先忧"、"后乐"句，写出平素致君泽民、独以天下为己任之本领。所以借子京说法而平吐自己之怀抱，止借迁客骚人登楼异情。其中有无数点染，转入古仁人之用心，已句句为忧乐写照。⑥

---

① （清）蔡铸：《蔡氏古文评注补正》卷八，《范仲淹全集》附录十，李勇先、王蓉贵校点，四川大学出版社 2002 年版，第 1403 页。

② （清）余诚：《古文释义新编》卷八，《范仲淹全集》附录十，李勇先、王蓉贵校点，四川大学出版社 2002 年版，第 1404 页。

③ （明）孙绪：《无用闲谈》，《范仲淹全集》附录十，李勇先、王蓉贵校点，四川大学出版社 2002 年版，第 1402—1403 页。

④ （清）金人瑞：《必读才子书》，《范仲淹全集》附录十，李勇先、王蓉贵校点，四川大学出版社 2002 年版，第 1403 页。

⑤ （清）蔡铸：《蔡氏古文评注补正》卷八，《范仲淹全集》附录十，李勇先、王蓉贵校点，四川大学出版社 2002 年版，第 1403 页。

⑥ （清）章懋勋：《古文析观详解》卷六，《范仲淹全集》附录十，李勇先、王蓉贵校点，四川大学出版社 2002 年版，第 1403—1404 页。

忧乐侧逼,以起"先"、"后"字。天下、己任,宗旨归结。先忧、后乐两言,先生平生所持诵也。缘情设景,借题引合,想见万物一体胸襟。①

从这些对《岳阳楼记》的评论中不难看出,范仲淹在《岳阳楼记》里抒发的先忧后乐之价值追求,不仅仅是劝勉之语,而且也是作者"平素致君泽民、独以天下为己任"的担当,从中可见范仲淹的胸怀,其"胸襟宇量直与岳阳洞庭同其广大"②。

(二) 范仲淹《岳阳楼记》体现的人生价值观

《岳阳楼记》云:"嗟夫! 予尝求古仁人之心,或异二者之为,何哉? 不以物喜,不以己悲。居庙堂之高,则忧其民;处江湖之远,则忧其君。是进亦忧,退亦忧。然则何时而乐耶? 其必曰:先天下之忧而忧,后天下之乐而乐乎!"这里,高度凝练地表达了范仲淹的人生价值观,其核心是"先天下之忧而忧,后天下之乐而乐"的先忧后乐观。仔细品读,我们不难从中看到范仲淹的人生抱负、先忧后乐的人生价值取向,也不难领悟到范仲淹"先天下之忧而忧,后天下之乐而乐"所透出的以天下为己任的担当精神、先忧后乐的忧患意识和以民为本的民本理念。这是一种奉献的人生观,也是一种积极进取的人生价值取向,它超越了一己之忧乐、一己之喜悲,而以天下为忧乐。

《岳阳楼记》中所体现的范仲淹人生价值观包括"以天下为己任""先忧后乐""不以物喜,不以己悲"等内容。

1. 以天下为己任

《岳阳楼记》中"先天下之忧而忧,后天下之乐而乐"蕴含了范仲淹"以天下为己任"③的人生抱负,也是范仲淹人生观的重要内容。

---

① (清)浦起龙:《古文眉诠》卷七三,《范仲淹全集》附录十,李勇先、王蓉贵校点,四川大学出版社 2002 年版,第 1404 页。

② (宋)王霆震:《古文集成》卷一〇,文渊阁《四库全书》本。

③ (清)范文程:《重修先文正魏国公墓道飨堂碑记》,《范仲淹全集》附录五,李勇先、王蓉贵校点,四川大学出版社 2002 年版,第 1148 页。

"以天下为己任"是儒家积极救世的人生观,其语出自伊尹。《孟子·万章下》:

> 伊尹曰:"何事非君?何使非民?"治亦进,乱亦进,曰:"天之生斯民也,使先知觉后知,使先觉觉后觉。予,天民之先觉者也。予将以此道觉此民也。"思天下之民,匹夫匹妇有不与被尧、舜之泽者,若己推而内之沟中,其自任以天下之重也。①

伊尹乐尧舜之道,并表示将以圣道教化为己任,先觉觉后觉。范仲淹追求"先天下之忧而忧,后天下之乐而乐"的人生价值,必有以天下为己任的胸襟与抱负。南宋朱熹说:"范公平日胸襟豁达,毅然以天下国家为己任。""自做秀才时便以天下为己任,无一事不理会过。一旦仁宗大用之,便做出许多事业。"②清代纪昀评论他"盖行求无愧于圣贤,学求有济于天下"③。

北宋时期国家的积弱不振、内忧外患,使范仲淹早在青年时期就"慨然有志于天下"④,常自诵曰:"'士当先天下之忧而忧,后天下之乐而乐'也。"《宋史·范仲淹传》、明代谢肇淛《五杂俎》卷一四《事部二》、清代范文程《重修先文正魏国公墓道飨堂碑记》等文献都有这样的记载。元代柳贯《跋范文正公与杨处士帖》中说:"所以先忧后乐而系天下国家之重者。"⑤明代邵陛《祭范文正公文》说:"于惟范公,秉道踔卓。天下自任,先忧后乐。始居校理,风裁独持。"⑥王夫之《宋论》卷四《仁宗》评论韩琦、范仲淹二公"忧国有情,谋国有

---

① 万丽华、蓝旭译注:《孟子》,中华书局 2006 年版,第 218 页。

② (宋)黎靖德编:《朱子语类》卷一二九,朱杰人、严佐之、刘永翔主编:《朱子全书》第 18 册,上海古籍出版社、安徽教育出版社 2002 年版,第 4022—4023 页。

③ (清)纪昀等:《四库全书总目》(整理本),中华书局 1997 年版,第 2041 页。

④ (宋)欧阳修:《文忠集》卷二一《资政殿学士户部侍郎文正范公神道碑铭》,文渊阁《四库全书》本。

⑤ (元)柳贯:《待制集》卷一九《跋范文正公与杨处士帖》,文渊阁《四库全书》本。

⑥ (明)邵陛:《祭范文正公文》,《范仲淹全集》附录九,李勇先、王蓉贵校点,四川大学出版社 2002 年版,第 1250 页。

志"，并将韩琦与范仲淹进行比较，认为范仲淹"以天下为己任，其志也。任之力，则忧之亟。"①明代周孔教《万历本范文正公集序》中评论范仲淹"为相则相，为将则将，出入郡邑、谏官，或再起再踬，再踬再起"②。范仲淹以天下为己任体现在：

首先，直言极谏。自称"儒者"的范仲淹在《让观察使第一表》中就说："儒者报国，以言为先。"③步入仕途后"至诚许国"④，"每感激论天下事，奋不顾身"⑤，屡屡忤上，几遭贬谪，即便如此，直到临终上表，其忧君忧民、忧国忧天下的初心不变。即使谏言未被采纳，范仲淹也认为："臣危言孤立，久荷圣知。当此盱昊之忧，岂可循默自守！虽言而无取，亦以尽臣子之心。""臣但忧国家之患，而不暇顾其体也。"⑥"实乃心国家"⑦。如天圣三年（1025）四月，范仲淹上书刘太后和宋仁宗《奏上时务书》："欲倾臣节，以报国恩。耻佞人之名，慕忠臣之节，感激而发，万死无恨。"⑧他提出了救文弊、强武备、选贤俊、抑侥幸等多项建议。天圣五年（1027），范仲淹正值服母丧期间，他向宰相王曾、张知白，参知政事吕夷简、鲁宗道冒哀上《上执政书》："盖闻忠孝者，天下之大本也，其孝不逮矣，忠可忘乎！此所以冒哀上书，言国家事，不以一心之戚，而忘天下之忧，庶乎四海生灵，长见太平。"他直言当时社会状况是中外奢侈，百姓穷困，指出："中外奢侈，则国用无度；百姓困穷，则天下无恩。""国用无度，则

---

① （清）王夫之：《宋论》卷四《仁宗》，舒士彦点校，中华书局1964年版，第93、95页。

② （明）周孔教：《万历本范文正公集序》，《范仲淹全集》附录三，李勇先、王蓉贵校点，四川大学出版社2002年版，第944页。

③ （宋）范仲淹：《让观察使第一表》，《范仲淹全集》，李勇先、王蓉贵校点，四川大学出版社2002年版，第403页。

④ （宋）范仲淹：《谢赐凤茶表》，《范仲淹全集》，李勇先、王蓉贵校点，四川大学出版社2002年版，第422页。

⑤ （元）脱脱等：《宋史》卷三一四《范仲淹传》，中华书局1977年版，第10268页。

⑥ （宋）范仲淹：《乞修京城劄子》，《范仲淹全集》，李勇先、王蓉贵校点，四川大学出版社2002年版，第458、460页。

⑦ 佚名：《国朝二百家名贤文粹》卷八九《上吴中丞书》，《范仲淹全集》附录十，李勇先、王蓉贵校点，四川大学出版社2002年版，第1335页。

⑧ （宋）范仲淹：《奏上时务书》，《范仲淹全集》，李勇先、王蓉贵校点，四川大学出版社2002年版，第199页。

民力已竭矣；天下无恩，则邦本不固矣。"继而提出了"固邦本，厚民力，重名器，备戎狄，杜奸雄，明国听"①六项改革措施，其改革的重点是整顿吏治。对此，苏轼评论说："公在天圣中，居太夫人忧，则已有忧天下、致太平之意，故为万言书以遗宰相，天下传诵。至用为将，擢为执政，考其平生所为，无出此书者。"②范仲淹在服丧期满后，被任命为秘阁校理，十五年后，被擢为执政，遂得以将《上执政书》所言付诸实施。

其次，身体力行。在边防为良将，康定元年（1040）三月，受命于危难之时，戍守西北边防，以其杰出的军事胆略和才能，御敌制胜，威震四方。在政治上，锐意改革，主持庆历新政，提出了"明黜陟""抑侥幸""精贡举""择官长""均公田""厚农桑""减徭役""修武备""覃恩信""重命令"等改革措施，政治方面重在整顿吏治，军事方面重在强兵、消除边患，经济方面重在养民富民。范仲淹不仅提出了"厚农桑""减徭役""宽赋敛"等改革主张，而且躬身实践，他在东南以兴修水利、发展农业与减轻农民差役之苦为主，如主持修复捍海堰、治理苏州水患等。在西北以垦耕荒芜土地，减轻农民差役与支移负担及训练民众备战为其重心。此外，救民之疾、解民之困，如明道二年（1033），东京、江淮一带大旱，相继又遭受严重的蝗灾，大批百姓流亡。范仲淹立即上书，请求仁宗皇帝立即派人到灾区赈济。范仲淹奉命安抚江淮，"所至开仓赈之，且禁民淫祀，奏蠲庐、舒折役茶、江东丁口盐钱"③。关心百姓疾苦，"饥民有食乌昧草者，撷草进御，请示六宫贵戚，以戒侈心"④。

总之，范仲淹所到之处，皆以民为忧，因而受到民众的尊敬和爱戴。"所至民多立祠画像。其行己临事，自山林处士、里闾田野之人，外至夷狄，莫不知

---

① （宋）范仲淹：《上执政书》，《范仲淹全集》，李勇先、王蓉贵校点，四川大学出版社 2002 年版，第 211—212 页。

② （宋）苏轼：《苏轼文集》卷一〇《范文正公文集叙》，中华书局 1986 年版，第 312 页。

③ （元）脱脱等：《宋史》卷三一四《范仲淹传》，中华书局 1977 年版，第 10268 页。

④ （宋）楼钥：《范文正公年谱》，《范仲淹全集》附录二，李勇先、王蓉贵校点，四川大学出版社 2002 年版，第 877 页。

其名字,而乐道其事者甚众"①。明代周孔教《万历本范文正公集序》亦说:
"昔者文正公之在宋也,宦辙所至,多立祠画像,自山林处士、里闾田野之人,
外至夷狄,莫不震其姓名而乐道其事。"②

2. 先忧后乐

首先,先天下之忧而忧。在儒家的传统中,孔子主张"君子忧道不忧
贫"③,孟子提出"生于忧患而死于安乐"④,而范仲淹则强调"先天下之忧而
忧,后天下之乐而乐"。虽然范仲淹的忧乐观可溯源自《孟子·梁惠王下》:

> 乐民之乐者,民亦乐其乐;忧民之忧者,民亦忧其忧。乐以天下,忧以
> 天下,然而不王者,未之有也。⑤

但范仲淹追求的"先忧后乐"显然又与之不同,人人皆可尽己责,人人皆可尽
本分担当。

范仲淹的"先天下之忧而忧"包括"居庙堂之高,则忧其民"和"处江湖之
远,则忧其君"两个方面。这种忧民、忧君、忧天下的强烈忧患意识深深地影
响了他对待人生的态度,而且表现为忧国忧民忧天下的"先忧"情怀和人生价
值取向。

在范仲淹看来,"居庙堂之高"就应"忧其民",否则,"百姓困穷,则天下无
恩","天下无恩,则邦本不固"⑥,显然,是否"忧其民"关系到国家兴亡。而
"处江湖之远,则忧其君"。因为,君主"至明在上,无远弗宾"。"当其治国牧

---

① (宋)欧阳修:《文忠集》卷二一《资政殿学士户部侍郎文正范公神道碑铭》,文渊阁《四
库全书》本。
② (明)周孔教:《万历本范文正公集序》,《范仲淹全集》附录三,李勇先、王蓉贵校点,四川
大学出版社 2002 年版,第 944 页。
③ 杨伯峻:《论语译注》,中华书局 1980 年版,第 168 页。
④ 万丽华、蓝旭译注:《孟子》卷一二《告子下》,中华书局 2006 年版,第 285 页。
⑤ 万丽华、蓝旭译注:《孟子》卷二《梁惠王下》,中华书局 2006 年版,第 29 页。
⑥ (宋)范仲淹:《上执政书》,《范仲淹全集》,李勇先、王蓉贵校点,四川大学出版社 2002
年版,第 212 页。

民,代天作主。敷至治于四海,遂群生于九土"①,是否明治,"是则系国家之安危,生民之性命"②。因此,即使不在朝廷任官仍不忘忧君忧国,虽处江湖之远,仍应替君主"求民疾于一方,分国忧于千里"③。范仲淹《苏幕遮·怀旧》云:"碧云天,黄叶地。秋色连波,波上寒烟翠。山映斜阳天接水。芳草无情,更在斜阳外。黯乡魂,追旅思。夜夜除非,好梦留人睡。明月楼高休独倚,酒入愁肠,化作相思泪。"④对此,黄氏《蓼园词评·苏幕遮》评论说:"开首四句,不过借秋色苍茫,以隐抒其忧国之意。"⑤

"是进亦忧,退亦忧。"这里的"进"与"退"也是范仲淹一生坎坷沉浮的反映。范仲淹"进亦忧"。他"爱君忧国"⑥"不忘忧国"⑦"自言不敢以一身之戚而忘天下之忧"⑧。常常为国事直言极谏,"居庙堂之高,则忧其民"。如庆历三年(1043)八月范仲淹出任参知政事,九月即上《答手诏条陈十事》。当被贬官到地方,"退亦忧","处江湖之远,则忧其君"。如庆历五年(1045)正月,范仲淹罢参知政事,以右谏议大夫、资政殿学士知邠州,兼陕西四路沿边安抚使。他在《谢授知邠州表》中说:"臣敢不即日首途,奉诏行事,生民疾苦,可得询求,边塞机宜,更当筹虑。"⑨范仲淹在《邓州谢上表》中也说:"敢不孜孜于善,

① (宋)范仲淹:《用天下心为心赋》,《范仲淹全集》,李勇先、王蓉贵校点,四川大学出版社2002年版,第20页。
② (宋)范仲淹:《上吕相公书》,《范仲淹全集》,李勇先、王蓉贵校点,四川大学出版社2002年版,第259页。
③ (宋)范仲淹:《邓州谢上表》,《范仲淹全集》,李勇先、王蓉贵校点,四川大学出版社2002年版,第419页。
④ (宋)范仲淹:《苏幕遮·怀旧》,《范仲淹全集》,李勇先、王蓉贵校点,四川大学出版社2002年版,第734页。
⑤ (清)黄氏:《蓼园词评·苏幕遮》,《范仲淹全集》附录十,李勇先、王蓉贵校点,四川大学出版社2002年版,第1388页。
⑥ (宋)尤袤:《跋范文正公与尹师鲁手启墨迹》,(清)张照等编:《石渠宝笈》卷二九,文渊阁《四库全书》本。
⑦ (宋)富弼:《范文正公仲淹墓志铭》,《范仲淹全集》附录一,李勇先、王蓉贵校点,四川大学出版社2002年版,第819页。
⑧ (宋)王称:《东都事略》卷五九上《范仲淹传》,文渊阁《四库全书》本。
⑨ (宋)范仲淹:《谢授知邠州表》,《范仲淹全集》,李勇先、王蓉贵校点,四川大学出版社2002年版,第415页。

战战厥心,求民疾于一方,分国忧于千里。上酬圣造,少罄臣诚。"①皇祐三年（1051）,上书朝廷反映地方官"其间纵有良吏,百无一二。是使天下赋税不得均,狱讼不得平,水旱不得救,盗贼不得除。民既无所告诉,必生愁怨,而不思叛者未之有也。民既怨叛,奸雄起而收揽之,则天下必将危矣。"②希望朝廷慎择州县官长,救民于水火。皇祐四年（1052）,范仲淹在临终前上的《遗表》中还说:"生必尽忠,乃臣节之常守;没犹有恋,盖主恩之难忘。"直至生命垂危,还不忘"忧其君":"敢惮陈于绪言,庶无负于没齿。伏望陛下调和六气,会聚百祥。上承天心,下徇人欲。明慎刑赏,而使之必当;精审号令,而期于必行。尊崇贤良,裁抑侥幸。制治于未乱,纳民于大中。如此,则不独微臣甘从于异物,庶令率土永寝于淳风。"③如此进退皆忧,其忧国忧民之情溢于言表,这也是范仲淹的人生境界超越孟子所言"穷则独善其身,达则兼善天下"④之处。

范仲淹这种忧国忧民的思想在他的其他作品,如《奏上时务书》《上执政书》《君以民为体赋》《用天下心为心赋》《政在顺民心赋》里也有深刻阐述。范仲淹根据当时民情,将民众之忧分为两个方面:一为贫穷;二为苛政。他还针对当时时弊提出"彼惧烦苛,我则崇简易之道;彼患穷夭,我则修富寿之方"⑤、"彼患困穷,我则跻之以富庶;彼忧苛虐,我则抚之以仁慈"⑥等具体改革之方。

其次,后天下之乐而乐。众多文献记载范仲淹有"先忧后乐之志"⑦"先

---

① （宋）范仲淹:《邓州谢上表》,《范仲淹全集》,李勇先、王蓉贵校点,四川大学出版社2002年版,第419—420页。

② （宋）范仲淹:《论转运得人许自择知州奏》,《范仲淹全集》,李勇先、王蓉贵校点,四川大学出版社2002年版,第729页。

③ （宋）范仲淹:《遗表》,《范仲淹全集》,李勇先、王蓉贵校点,四川大学出版社2002年版,第426—428页。

④ 万丽华、蓝旭译注:《孟子》卷一三《尽心上》,中华书局2006年版,第291—292页。

⑤ （宋）范仲淹:《用天下心为心赋》,《范仲淹全集》,李勇先、王蓉贵校点,四川大学出版社2002年版,第21页。

⑥ （宋）范仲淹:《政在顺民心赋》,《范仲淹全集》,李勇先、王蓉贵校点,四川大学出版社2002年版,第503页。

⑦ （清）觉罗雅尔哈善:《重修文正书院兴复义庄记》,《范仲淹全集》附录六,李勇先、王蓉贵校点,四川大学出版社2002年版,第1177页。

忧后乐心""存先忧后乐之怀","是进亦忧,退亦忧。然则何时而乐耶?"范仲淹的回答是"后天下之乐而乐"。在这里,范仲淹强调"后乐"。"后乐"即将个人的逸乐、安乐置于"天下乐"之后考虑,以天下之乐而乐,这种"乐"是一种"道义之乐"。范仲淹认为,"人苟有道义之乐,形骸可外",这种"道义之乐"在范仲淹那里,一方面是"上诚于君",以忠孝奉上,以"理或当言,死无所避"①的忠心效忠君主,谋虑国家太平,其乐在其中;另一方面是"下诚于民"②,以"先天下之忧而忧"的诚心为民众的疾苦而呼吁请命,兴利除弊,使民安居乐业。他自谓:"夫不能利泽生民,非大丈夫平生之志。"③"吏民可安,自且恬泰"④,其乐在其中。不难看出,范仲淹所谓"道义之乐"实际上是一种精神之乐,它重义轻利,淡泊物质享受。

范仲淹言行一致,不仅如此说,也如此行。他为官三十余年,不为富贵腾达,正如他在贬守饶州时所作《鄱阳酬泉州曹使君见寄》诗云:"吾生岂不幸,所禀多刚肠。身甘一枝巢,心苦千仞翔。志意苟天命,富贵非我望。……寸怀如春风,思与天下芳。"⑤陆树声《重修文正书院记》说:"度公平生,殆未尝享有一日士大夫之奉者。"⑥富弼在长达万言的《范文正公仲淹墓志铭》中谈到了他个人和家庭生活时说:"既显,门中如贱贫时,家人不识富贵之乐。每抚边,赐金良厚,而悉以遗将佐。在杭,尽余俸买田于苏州,号义庄,以聚疏属。而殁无新衣,友人醵赀以奉葬。诸孤亡所处,官为假屋韩城以居之。遗奏不干私泽,……。"按富弼的记述,范仲淹生前俭朴,没有享受荣华富贵,死后没有

---

①　(宋)范仲淹:《睦州谢上表》,《范仲淹全集》,李勇先、王蓉贵校点,四川大学出版社2002年版,第386页。

②　(宋)范仲淹:《上资政晏侍郎书》,《范仲淹全集》,李勇先、王蓉贵校点,四川大学出版社2002年版,第231页。

③　(宋)吴曾:《能改斋漫录》卷一三,上海古籍出版社1979年版,第381页。

④　(宋)范仲淹:《韩魏公》,《范仲淹全集》,李勇先、王蓉贵校点,四川大学出版社2002年版,第676页。

⑤　(宋)范仲淹:《鄱阳酬泉州曹使君见寄》,《范仲淹全集》,李勇先、王蓉贵校点,四川大学出版社2002年版,第49页。

⑥　(明)陆树声:《重修文正书院记》,《范仲淹全集》附录七,李勇先、王蓉贵校点,四川大学出版社2002年版,第1208页。

余财。即使在临终前给皇帝上的《遗表》中,也没有向皇帝提出任何个人要求,其"遗奏不干私泽"。① 就此而论,没有以天下为己任的人生追求,就没有范仲淹这种"先忧后乐"的人生价值取向。

皇祐元年(1049)范仲淹由邓州徙知杭州,按《五朝名臣言行录》云:"公在杭,子弟以公有退志,乘间请治第洛阳,树园圃以为逸老之地。"已过花甲之年的范仲淹回答说:

> 人苟有道义之乐,形骸可外,况居室乎? 吾今年踰六十,生且无几,乃谋治第树园圃,顾何待而居乎? 吾之所患在位高而艰退,不患退而无居也。②

在范仲淹看来,"道义之乐"已经远远超出"形骸""居室",因此,又何须营建"逸老"之宅? 范仲淹一生先忧后乐,"忻然"而"不悔",只因为他一生追求的是"道义之乐",对他而言,忧中有乐,"忧"也成为他的人生价值取向。

从范仲淹的一生来看,无论"居庙堂之高",还是"处江湖之远","先忧后乐"成为无论身在何处,也不论身处何境的范仲淹的人生追求,上诚于君,下诚于民,忧国忧民,既是责任,也是担当。

3. 不以物喜,不以己悲

范仲淹认为,自己"求古仁人之心",与其不同之处在于"不以物喜,不以己悲"。范仲淹一生为官 37 年,能进能退。明代周孔教《万历本范文正公集序》评论他:"公为相则相,为将则将,出入郡邑、谏官,或再起再踬,再踬再起。"③富弼评价他:"自始仕,慨然已有康济之志。……故屡亦见用,然每用必

---

① (宋)富弼:《范文正公仲淹墓志铭》,《范仲淹全集》附录一,李勇先、王蓉贵校点,四川大学出版社 2002 年版,第 824 页。

② (宋)楼钥:《范文正公年谱》,《范仲淹全集》附录二,李勇先、王蓉贵校点,四川大学出版社 2002 年版,第 907 页。

③ (明)周孔教:《万历本范文正公集序》,《范仲淹全集》附录三,李勇先、王蓉贵校点,四川大学出版社 2002 年版,第 944 页。

黜之。黜则欣然而去,人未始见其有悔色。"①欧阳修评价说:"公少有大节,于富贵、贫贱、毁誉、欢戚,不一动其心。"②仍然"惟精惟一,死生以之"③。

范仲淹之所以能超越一己之忧乐,去追求更高的人生境界,以宁静淡泊之心去面对各种境遇,笔者认为正是"不以物喜,不以己悲"这种超然的人生态度和人生价值取向熔铸了他至高的人生境界。

儒家把"济世"作为人生追求的最终归趣。《礼记·大学》阐述"大学之道"云:

> 古之欲明明德于天下者,先治其国。欲治其国者,先齐其家。欲齐其家者,先修其身。欲修其身者,先正其心。欲正其心者,先诚其意。欲诚其意者,先致其知。……身修而后家齐,家齐而后国治,国治而后天下平。④

修身、齐家、治国、平天下,既是君子治国之道,也是儒家思想传统中士人的人生理想。范仲淹的思想以儒学为宗,一生"游心儒术"⑤,"泛通六经"⑥,一生"信圣人之书,师古人之行"⑦,其为官、治边、兴学均以儒家思想为指导。不过,范仲淹生活在倡导儒、释、道三教合一的时代,其思想、行为、心境不可避免地会受到佛道思想的影响。这既是范仲淹忧乐观的思想来源,同时也是他的忧乐观能超越前人之所在。范仲淹既能兼济天下,又能不为个人得失、荣辱所

① (宋)富弼:《范文正公仲淹墓志铭》,《范仲淹全集》附录一,李勇先、王蓉贵校点,四川大学出版社 2002 年版,第 823 页。

② (宋)欧阳修:《文忠集》卷二一《资政殿学士户部侍郎文正范公神道碑铭》,文渊阁《四库全书》本。

③ (明)袁洪愈:《重修文正书院记》,《范仲淹全集》附录七,李勇先、王蓉贵校点,四川大学出版社 2002 年版,第 1204 页。

④ 李学勤主编:《十三经注疏·礼记正义》卷六〇《大学》,北京大学出版社 1999 年版,第 1592 页。

⑤ (宋)范仲淹:《范文正公文集》卷一八《遗表》,《范仲淹全集》,李勇先、王蓉贵校点,四川大学出版社 2002 年版,第 426 页。

⑥ (元)脱脱等:《宋史》卷三一四《范仲淹传》,中华书局 1977 年版,第 10267 页。

⑦ (宋)范仲淹:《上资政晏侍郎书》,《范仲淹全集》,李勇先、王蓉贵校点,四川大学出版社 2002 年版,第 231 页。

扰,知去就之分,得进退之理,胸襟宽广。南宋著名理学家朱熹评论范仲淹:
"尤足以见其心量之广大高明,可为百世之师表。"①这种胸怀、境界,体现了范
仲淹不以个人荣辱、喜悲为怀,将名利、安危置之度外。

范仲淹这种"先忧后乐"的人生价值追求,一方面与范仲淹所处时代有
关。范仲淹所处时期的北宋,国家忧患未尝稍减。外有"戎狄"扰边,范仲淹
《第四状》说:"徒怀忧患,罔敢暇逸。"《第五状》说:"伏念臣等自西寇猖獗,久
当戎事";内有"年岁不利""财用方困""积成冗官"。范仲淹在《再奏乞两府
兼判》中谈到当时形势:"今二虏至强,四方多事,兵戈未息,财利己乏,生民久
困,苛政未宽。设有饥馑相仍,盗寇竞起,将何以定,天下可忧。"②范仲淹居母
丧之时,含哀上书执政,以言国家政事,认为"使国家仁不足以及物,义不足以
禁非,官实素飧,民则菜色。有恤鳏寡,则指为近名;有抑权豪,则目为掇祸。
苟且之弊,积习成风。"③范仲淹在《答手诏条陈十事》中指出:

> 我国家革五代之乱,富有四海,垂八十年,纲纪制度,日削月侵,官壅
> 于下,民困于外,夷狄骄盛,寇盗横炽,不可不更张以救之。④

当时的情况是"纲纪寖隳,制度日削,恩赏不节,赋敛无度,人情惨怨,天祸暴起",
并提出了明黜陟、抑侥幸、精贡举、均公田、厚农桑等十条改革措施。正是范仲淹所
处时代"兵戈未息,财利己乏,生民久困,苛政未宽"的现实处境,使范仲淹做秀才
时就有"慨然有志于天下"⑤的抱负,也使范仲淹具有强烈的忧患意识。

---

① (宋)朱熹:《晦庵集》卷三八《答周益公》,文渊阁《四库全书》本。
② (宋)范仲淹:《再奏乞两府兼判》,《范仲淹全集》,李勇先、王蓉贵校点,四川大学出版社
2002 年版,第 559 页。
③ (宋)范仲淹:《上执政书》,《范仲淹全集》,李勇先、王蓉贵校点,四川大学出版社 2002
年版,第 214 页。
④ (宋)范仲淹:《韩魏公》,《范仲淹全集》,李勇先、王蓉贵校点,四川大学出版社 2002 年
版,第 524 页。
⑤ (宋)欧阳修:《文忠集》卷二一《资政殿学士户部侍郎文正范公神道碑铭》,文渊阁《四
库全书》本。

另一方面范仲淹的先忧后乐观也植根于他的民本思想。透过范仲淹《岳阳楼记》表达的"先忧后乐"的人生价值观,不难看到范仲淹"以民为本"的思想,其核心是爱民、顺民、养民。

(三) 范仲淹人生价值观的当代意义

1. 增强忧患意识,居安思危

忧患意识作为一种人生价值观、哲学智慧,"它通常是知识分子基于其历史使命感与紧迫感,自觉承担民族大义与社会责任的思想观念及其实践活动的概括与总结"①。当前的中国正在为实现第二个百年奋斗目标、为实现中华民族伟大复兴的中国梦而不懈奋斗。与此同时也要看到,"世界面临的不稳定性不确定性突出,世界经济增长动能不足,贫富分化日益严重,地区热点问题此起彼伏,恐怖主义、网络安全、重大传染性疾病、气候变化等非传统安全威胁持续蔓延,人类面临许多共同挑战"②。和平与发展仍然是时代主题。范仲淹"先忧后乐"体现的强烈忧患意识直到今天依然具有现实意义。

习近平总书记说:"党的十八大指出,坚持和发展中国特色社会主义是一项长期而艰巨的历史任务,必须准备进行具有许多新的历史特点的伟大斗争。这就告诫全党,要时刻准备应对重大挑战、抵御重大风险、克服重大阻力、解决重大矛盾"③。在党的十九大报告中,习近平总书记指出:"当前,国内外形势正在发生深刻复杂变化,我国发展仍处于重要战略机遇期,前景十分光明,挑战也十分严峻。全党同志一定要登高望远、居安思危。"④党的二十大报告指出:"当前,世界百年未有之大变局加速演进,⋯⋯我国发展进入战略机遇和

---

① 牟永生:《范仲淹忧患意识探析》,《湖南社会科学》2011 年第 1 期。

② 习近平:《决胜全面建成小康社会　夺取新时代中国特色社会主义伟大胜利——在中国共产党第十九次全国代表大会上的报告》,人民出版社 2017 年版,第 58 页。

③ 习近平:《在庆祝中国共产党成立 95 周年大会上的讲话》,人民出版社 2018 年版,第 7 页。

④ 习近平:《决胜全面建成小康社会　夺取新时代中国特色社会主义伟大胜利——在中国共产党第十九次全国代表大会上的报告》,人民出版社 2017 年版,第 2 页。

风险挑战并存、不确定难预料因素增多的时期,各种'黑天鹅'、'灰犀牛'事件随时可能发生。我们必须增强忧患意识,坚持底线思维,做到居安思危、未雨绸缪,准备经受风高浪急甚至惊涛骇浪的重大考验。"①

范仲淹的忧患意识蕴含的进取精神、担当精神和超前精神,对于同样特别需要忧患意识的今天,将有助于增强国人的忧患意识、责任意识,居安思危,以便能及时化解各种潜在的危机与风险。

清代蔡铸《蔡氏古文评注补正》卷八引过珙评论《岳阳楼记》,认为范仲淹"乐不以忧而废,忧不以乐而忘"②。无论"居庙堂之高",还是"处江湖之远","是进亦忧,退亦忧"。"先忧后乐"成为无论身在何处,也不论身处何境的范仲淹的人生追求,忧国忧民忧天下,既是责任,更是担当。范仲淹的先忧后乐的人生价值取向不仅影响了他所处时代的士风,故"一时士大夫矫厉尚风节,自公倡之"③;而且在今天为促进我国科学发展、社会和谐以及为实现中华民族伟大复兴而努力奋斗的征程中依然具有价值导向的意义。明代谭昌言在《金山建范文正公祠记》中认为,"斯时也,念先忧后乐之怀,则恢狭小为广大,可以劝志"④。

2. 弘扬"以天下为己任"的担当精神

范仲淹生活时代国家的积弱不振、内忧外患,使范仲淹不仅具有强烈的忧患意识,而且他一生身体力行,"以天下为己任"⑤。"居届堂之高"则忠君勤政,举贤荐能,推行新政,整顿吏治,于是"朝廷无忧有范君,京师无事有希文"⑥;任地方官"处江湖之远"则能造福一方百姓,固守边塞,兴修水利,发展

---

① 习近平:《高举中国特色社会主义伟大旗帜 为全面建设社会主义现代化国家而团结奋斗——在中国共产党第二十次全国代表大会上的报告》,人民出版社2022年版,第26页。

② (清)蔡铸:《蔡氏古文评注补正》卷八,《范仲淹全集》附录十,李勇先、王蓉贵校点,四川大学出版社2002年版,第1403页。

③ 《宋太师中书令兼尚书令魏国公文正公传》,《范仲淹全集》附录一,李勇先、王蓉贵校点,四川大学出版社2002年版,第851页。

④ (明)谭昌言:《金山建范文正公祠记》,《范仲淹全集》附录五,李勇先、王蓉贵校点,四川大学出版社2002年版,第1146页。

⑤ (清)范文程:《重修先文正魏国公墓道缮堂碑记》,《范仲淹全集》附录五,李勇先、王蓉贵校点,四川大学出版社2002年版,第1148页。

⑥ (宋)王稱:《东都事略》卷五九上《范仲淹传》,文渊阁《四库全书》本。

农桑,兴学育才。"进则尽忧国忧民之诚,退则处乐天乐道之分"①。这种"以天下为己任"的担当精神直到今天依然是时代需要的。范仲淹"先忧后乐"的人生价值观,必将激励一代又一代的仁人志士永不懈怠、砥砺前行。

三、范仲淹与儒家道统

目前,学术界对范仲淹的政治思想、经济思想、教育思想、军事思想、文学思想、庆历新政、人才观、忧乐观等多有论及,但对实为宋代新儒学(又称道学或理学)开创者的范仲淹在儒家道统史上的地位关注不够。明末清初孙奇逢《理学宗传》未曾提及范仲淹,至黄宗羲《宋元学案》深入探论宋元学术时,才溯到范仲淹、胡瑗、石介、孙复、李觏等人,并为范仲淹专门立了《高平学案》。通过探讨范仲淹与儒家道统的关系,我们不难看到范仲淹对儒家道统发展的贡献。

(一) 儒家道统

过去一般认为,"道统"一词是由南宋理学家朱熹最先提出,近年来学术界已有不同看法。② 朱熹说:"子贡虽未得承道统,然其所知似亦不在今人之后。"③"若谓只'言忠信,行笃敬'便可,则自汉唐以来,岂是无此等人,因甚道统之传却不曾得? 亦可见矣。"④《中庸》何为而作也? 子思子忧道学之失其传而作也。盖自上古圣神继天立极,而道统之传有自来矣"⑤。但最早提出道

---

① (宋)范仲淹:《范文正公文集》卷一八《谢转礼部侍郎表》,《范仲淹全集》,李勇先、王蓉贵校点,四川大学出版社 2002 年版,第 423 页。

② 参见本书第六章《张栻道统思想及其贡献》。

③ (宋)朱熹:《晦庵先生朱文公文集》卷三六《答陆子静》,朱杰人、严佐之、刘永翔主编:《朱子全书》第 21 册,上海古籍出版社、安徽教育出版社 2002 年版,第 1576 页。

④ (宋)黎靖德编:《朱子语类》卷一九,朱杰人、严佐之、刘永翔主编:《朱子全书》第 14 册,上海古籍出版社、安徽教育出版社 2002 年版,第 652 页。

⑤ (宋)朱熹:《四书章句集注·中庸章句序》,上海古籍出版社 2006 年版,第 21 页。

统说的人却并非朱熹，而是唐代的韩愈。他在《原道》中，论自己所弘之"道"时说：

> 斯道也，何道也？曰：斯吾所谓道也，非向所谓老与佛之道也。尧以是传之舜，舜以是传之禹，禹以是传之汤，汤以是传之文、武、周公，文、武、周公传之孔子，孔子传之孟轲，轲之死不得其传焉。①

实际上，自孔孟始，儒家思想中便有了道统意识。后世列为儒家道统之传道谱系中的"尧、舜、禹、汤、文、武、周公"，孔子也大都以崇敬的语言提到，孟子认为孔子的学说是上接尧、舜、汤、周文王，并自命是继承孔子的正统。可以说，道统意识在儒家思想中是一直存在的。但为什么又以道统说的正式提出者为韩愈呢？彭永捷《论儒家道统及宋代理学的道统之争》一文②认为，主要是韩愈首次明确地提出了一个具体的传授谱系。

韩愈明确提出儒家有一个始终一贯的有异于佛老的"道"。他说："斯吾所谓道也，非向所谓老与佛之道也。"③他所说的儒者之道，即是：

> 博爱之谓仁，行而宜之之谓义，由是而之焉之谓道，足乎己无待于外之谓德。仁与义为定名，道与德为虚位。④

"道"，概括地说，也就是指作为儒家思想核心的"仁义道德"。传承儒家此道者在历史上形成了一个传承系统，这个系统即是尧—舜—禹—商汤—文王—武王—周公—孔子—孟子，这个传承儒家之"道"的谱系也即是朱熹所说的"道统"。

---

① （唐）韩愈：《韩昌黎全集》卷——《原道》，世界书局1935年版，第174页。
② 彭永捷：《论儒家道统及宋代理学的道统之争》，《文史哲》2001年第2期。
③ （唐）韩愈：《韩昌黎全集》卷——《原道》，世界书局1935年版，第174页。
④ （唐）韩愈：《韩昌黎全集》卷——《原道》，世界书局1935年版，第172页。

自从韩愈提出道统说以来,历来论说道统者都从"道"与"统"两个方面来理解。朱熹在《伊洛渊源录》中定周敦颐为道学开山,认为儒家道统是以周敦颐、二程(程颢、程颐)上承孟子的,而自己又继周、程为儒家正统,但又认为"本朝道学之盛","亦有其渐。自范文正以来,已有好议论,如山东有孙明复,徂徕有石守道,湖州有胡安定,到后来遂有周子、程子、张子出。故程子平生不敢忘此数公,依旧尊他。"①这里谈及了宋代道学的源流,在周子之前,上溯到了范仲淹、宋初三先生(胡瑗、孙复、石介)。不过,一方面由于胡瑗是程颐的老师,在"数公"中,最尊胡瑗,即所谓"程子平生不敢忘此数公,依旧尊他";另一方面,《宋元学案》"托始于安定、泰山","高平学案"又列在二学案之后,这样,范仲淹作为宋代道学开创者的地位就为"宋初三先生"所遮掩。

自唐代韩愈明确提出"道统"说以来,儒家学者在思考儒家与佛、道两家的关系时,道统起着自我认同的作用;在儒家内部,道统则起着划分学术与学派的作用。道统表现了儒家追求的核心价值和每一代儒者继承与弘扬道统的历史责任。由于孟子对于儒学的影响,同时也由于道家以"仁义"为标志对儒家进行批判,使得韩愈在《原道》中把仁义定位为儒家的核心价值和学派标志。《原道》一文解决了古文运动"文以载道"究竟载什么道的问题,高举了儒家仁义之道的思想旗帜。当代的儒学复兴也必然从重树仁义之道开始,以此为出发点来探讨仁义之道在当代的最佳展开方式。继张立文先生创立的"和合学"作为一种新仁学在20世纪90年代面世之后,牟钟鉴先生也完成了他关于"新仁学"体系的初步构想,这些都成为当代儒学如何通过弘扬道统而重构儒学之当代形式的典范。

(二)　范仲淹与儒家道统

关于范仲淹与儒家道统的关系,元代李祁在《文正书院记》中其实已肯定

---

① 　(宋)黎靖德编:《朱子语类》卷一二九,朱杰人、严佐之、刘永翔主编:《朱子全书》第18册,上海古籍出版社、安徽教育出版社2002年版,第4026页。

了范仲淹开宋代儒家道统之传的贡献,认为范仲淹"开学校,隆师儒,诱掖奖劝,以成就天下之士,且以开万世道统之传,则公之有功名教夫岂少哉!"①元代郑元祐《文正书院记》评论范仲淹亦说:"作而言曰:'文正公以德以功,既无忝伊、傅之为辅相;以学以识,则有功于洙泗道统之传。'"②这些都表明范仲淹是有功于儒家道统传承的。

《宋元学案》把胡瑗列为第一学案(《安定学案》),清代学者全祖望说:"宋世学术之盛,安定、泰山为之先河,程、朱皆以为然。安定沉潜,泰山高明;安定笃实,泰山刚健,各得其性禀之所近,要其力肩斯道之传,则一也。"又说:"晦翁推原学术,安定、泰山而外,高平范魏公其一也。高平一生粹然无疵,而导横渠以入圣人之室,尤为有功。"虽然从这里看不出范仲淹与"宋初三先生"的关系,实际上,范仲淹不仅"导横渠以入圣人之室",而且也是"宋初三先生"的引路者。朱熹《三朝名臣言行录》卷十一说:"文正公门下多延贤士,如胡瑗、孙复、石介、李觏之徒,与公从游,昼夜肄业。"《宋史·范纯仁传》亦说:"仲淹门下多贤士,如胡瑗、孙复、石介、李觏之徒,纯仁皆与从游。"很明显,胡瑗、孙复、石介、李觏等人都是范仲淹门下的贤士。天圣五年(1027),范仲淹寓南都,受晏殊之请掌教应天府书院。据范仲淹《年谱》载:"公常宿学中,训督学者,皆有法度,勤劳恭谨,以身先之。由是四方从学者辐辏,其后以文学有声名于场屋朝廷者,多其所教也。"

要探讨范仲淹与宋代儒家道统的关系,必然要涉及范仲淹与宋初三先生、张载、周敦颐等人的关系。

1. 范仲淹与宋初三先生

胡瑗(993—1059)、孙复(992—1057)、石介(1005—1045)被称为"宋初三先生",亦称理学先驱宋初三先生。《宋元学案·高平学案》列胡瑗、孙复为其

---

① (元)李祁:《文正书院记》,《范仲淹全集》附录七,李勇先、王蓉贵校点,四川大学出版社2002年版,第1191页。

② (元)郑元祐:《文正书院记》,《范仲淹全集》附录七,李勇先、王蓉贵校点,四川大学出版社2002年版,第1192页。

"讲友"、石介为其"门人"。

据《宋元学案·安定学案》载:胡瑗"七岁善属文,十三通五经,即以圣贤自期许"。"家贫无以自给,往泰山与孙明复、石守道同学"。《安定学案》记载他在泰山苦学的情况:"攻苦食淡,终夜不寝,一坐十年不归;得家书,见上有'平安'二字,即投之涧中,不复展,恐扰心也。"在此期间,范仲淹"慎选举,敦教育"的思想当通过孙复①而传达了胡瑗和石介。

《宋元学案》列胡瑗、孙复为宋学开宗,不过在《胡安定传》与《孙泰山传》之前,都冠以"高平讲友"②。胡瑗、孙复两人与范仲淹关系密切。范仲淹对于二人敬而爱之,多方予以扶持,使其弘道益宏。

景祐元年(1034),范仲淹知苏州。次年建郡学,并把自己所得南园之地建为"义学",希望"天下之士咸教育于此"。范仲淹聘胡瑗为"苏州教授",并命诸子从学。其教学施行其独到的方式,即设立经义和治事二斋,并以生徒不同的性向才能而施与适切的启发。同时范仲淹亦给孙复写信,希望他到苏州"讲贯经籍,教育人材"③。是年末,范仲淹召还判国子监,朝廷更定雅乐,诏求知音,范仲淹推荐胡瑗,"以白衣对崇政殿。授试秘书省校书郎"④。此时的胡瑗42岁,经范仲淹的推荐,以"白衣"被授学官之职。后经略西北时,宝元二年(1039),举胡瑗为丹州(今陕西宜川)军事推官,成为范仲淹幕府中的人物⑤。庆历二年(1042),荐胡瑗至湖州其好友滕宗谅处掌府学;庆历四年(1044)通过有司取胡瑗苏湖学规为太学法。范仲淹对胡瑗有知遇之恩,两人关系一直很好。

皇祐二年(1050)胡瑗再次被召,参与"作乐事",受到朝廷的嘉奖。嘉祐

①　《寄范天章书》,(宋)孙复:《孙明复小集》,清光绪十五年荣成孙氏问经精舍刻本。

②　(清)黄宗羲原著,全祖望补修:《宋元学案》卷一《安定学案》、卷二《泰山学案》,中华书局1986年版,第1册第24、72页。

③　(宋)楼钥:《范文正公年谱》,《范仲淹全集》附录二,李勇先、王蓉贵校点,四川大学出版社2002年版,第880页。

④　(清)黄宗羲原著,全祖望补修:《宋元学案》卷一《安定学案》,中华书局1986年版,第1册第24页。

⑤　(宋)朱熹:《五朝名臣言行录》卷一二,《四部丛刊》初编本。

元年(1056)，胡瑗"擢太子中允、天章阁侍讲，仍专管句太学。四方之士归之，至庠序不能容，旁拓军居以广之。既而疾作，以太常博士致仕。"①程颐"始冠，游太学"。胡瑗试诸生以"颜子所好何学论"，这个题目的应有之义"明体达用之学"也正是在范仲淹的"慎选举，敦教育"思想中形成的。胡瑗得程颐文，大惊，授以学职，为之延誉，卒成其学。程颐得到胡瑗的赏识，是在皇祐或嘉祐年间。② 胡瑗著《周易口义》一书，对程颐《易传》的影响深远。

虽然庆历新政改革失败了，但范仲淹"慎选举，敦教育"的思想因胡瑗执掌太学而得以发扬光大。《安定学案》说："是时礼部所得士，先生弟子，十常居四五，随才高下而修饰之。人遇之虽不识，皆知为先生弟子也。在湖学时，福堂刘彝往从之，称为高弟。"不过，认为"故今学者明夫圣人体用，以为政教之本，皆臣师之功"，则忽略了范仲淹的重要作用。"今学者明夫圣人体用，以为政教之本"，除了胡瑗的教授之功外，还应归功于范仲淹首倡敦教育、立郡学。若无范仲淹的延聘和推荐，胡瑗也难以始于苏湖，终于太学，并聘其管勾太学，前后有一千七百余人出其门下。

范仲淹与孙复的关系，可溯至范仲淹掌学睢阳府学之时。天圣五年(1027)范仲淹掌应天府书院时结识了孙复，并给予经济帮助，补以学职，授以《春秋》，鼓励他"安于学"。《宋元学案·泰山学案》附录说："范文正在睢阳掌学，有孙秀才者索游，上谒文正，赠钱一千。明年，孙生复过睢阳，谒文正，又赠一千。因问：'何为汲汲于道路？'生戚然动色曰：'母老，无以为养。若日得百钱，甘旨足矣。'文正曰：'吾观子辞气，非乞客也。二年仆仆，所得几何，而废学多矣！吾今补子学职，月可得三千以供养，子能安于学乎？'生大喜。于是授以《春秋》，而孙生笃学，不舍昼夜。明年，文正去睢阳，孙生亦辞归。后十年，闻泰山下有孙明复先生以《春秋》教授学者，道德高迈。朝廷召至，乃昔日索游孙秀才也。"又载：孙复"四举开封府籍进士不第，退居泰山，学《春秋》，

---

① （清）黄宗羲原著，全祖望补修：《宋元学案》卷一《安定学案》，中华书局1986年版，第1册第25页。

② 参见蔡方鹿：《程颢程颐与中国文化》，贵州人民出版社1996年版，第19—20页。

著《尊王发微》十二篇"①。孙复在睢阳两次谒范仲淹,当即孙复四举进士不第之时。他在泰山"学《春秋》",当始于范仲淹在睢阳"授以《春秋》",乃研《春秋》而有大成。孙复之学严于正统与异端之辨。孙复不负范仲淹所望,在泰山苦学十年,成为"宋初三先生"之一。康定元年(1040),范仲淹任陕西经略安抚副使。在此期间,他写有《举张问孙复状》,说孙复"素负词业,深明经术。今退隐泰山,著书不仕。心通圣奥,迹在穷谷",望朝廷"赐召试,特加甄奖"②。正因为范仲淹、富弼的推荐,庆历二年(1042),朝廷"以处士孙复为国子监直讲"③,此时孙复50岁。孙复门人也多,并有石守道、刘长民、文彦博、祖无择诸人传其道,北方之学亦奠定基础。可以说,范仲淹与孙复兼有师友之谊。④ 孙复从一个穷秀才到一代名儒,与范仲淹的帮助、激励、举荐分不开。

石介为孙复的学生,清代石键说:徂徕先生当宋仁宗时期的"正君子小人互为消长之时,挺然以斯道为己任,师事孙明复先生,受经侍立,执弟子礼唯谨。一时鲁人骎骎然知师儒德义之尊者,先生风化之力为多。至作为文章,皇皇炎炎,尊孔、孟,辟异端,阐仁义,明目张胆,掉臂游行于范、韩、富、欧之间,为濂洛关闽诸儒嚆矢。"⑤景祐元年(1034),孙复向范仲淹推荐石介说:

> 今有大名府魏县校书郎王建忠、南京留守推官石介二人者,其能知舜禹文武周公孔子之道者也。非止知之,又能揭而行之者也。⑥

石介为学官得之于范仲淹的推荐。"庆历二年(1042)夏,石介服除,因杜衍之

① (清)黄宗羲原著,全祖望补修:《宋元学案》卷二《泰山学案》,中华书局1986年版,第1册第100—101、72页。

② (宋)范仲淹:《范文正公文集》卷一九《举张问孙复状》,《范仲淹全集》,李勇先、王蓉贵校点,四川大学出版社2002年版,第438页。

③ (宋)范之柔:《范文正公年谱补遗》,《范仲淹全集》附录二,李勇先、王蓉贵校点,四川大学出版社2002年版,第927页。

④ 参见徐洪兴:《孙复论》,《孔子研究》1990年第3期。

⑤ (清)石键:《徂徕石先生全集序》,清彭氏知圣道斋刻本。

⑥ 《寄范天章书》,(宋)孙复:《孙明复小集》,清光绪十五年荣成孙氏问经精舍刻本。

荐,召入为国子监直讲。同年十一月,孙复亦因范仲淹、富弼之荐,由布衣超拜
试校书郎、国子监直讲。当时,正处于庆历新政前夕,范仲淹、欧阳修等亟思振
兴教育,为政治改革培养人才。于是太学大兴,生徒由原来二三十人光景骤增
至数千名。"①孙复、石介并为国子监直讲。

郭绍虞说:"宋初之文与道的运动,可以视作韩愈之再生。一切论调主张
与态度无一不是韩愈精神之复现。"②石介的《尊韩》一文,颂扬自周公、孔子、
孟轲、扬雄到韩愈的道统。③ 庆历三年(1043),范仲淹、欧阳修之改革派掌政
之时,石介曾写《庆历圣德颂》赞誉范仲淹、富弼贤能,"惟仲淹、弼,一夔一
契。……众贤之进,如茅斯拔。大奸之去,如距斯脱。"④其中有"大奸"云云
而惹起争议,其后引发君子、小人的朋党论争,对范仲淹、欧阳修影响甚大。后
世评论甚多,毁誉不一。庆历新政失败,石介被诬陷而死⑤,孙复亦被罢贬。
后来,孙复得以复职,"稍迁殿中丞,年六十六卒"。范仲淹《奏为荐胡瑗李觏
充学官》说:"臣窃见前密州观察推官胡瑗,志穷坟典,力行礼义。见在湖州郡
学教授,聚徒百余人,不惟讲论经旨,著撰词业,而常教以孝弟,习以礼法,人人
向善,闾里叹伏。此实助陛下之声教,为一代美事。伏望圣慈特加恩奖,升之
太学,可为师法。"⑥此时,胡瑗的"苏湖之法"得到朝廷的肯定和推广,胡瑗本
人也被召为诸王宫教授(辞疾未行)。"宋初三先生"与范仲淹及庆历新政的
关系,在此得到充分展现。

正是范仲淹和"宋初三先生"等人的共同努力,庆历新政确立了"明体达
用之学"。虽然南宋黄震说:"宋兴八十年,安定胡先生、泰山孙先生、徂徕石

---

① (宋)石介:《徂徕石先生文集》,陈植锷点校,中华书局1984年版,"前言"第6—7页。

② 郭绍虞:《中国文学批评史》上册,商务印书馆2010年版,第333页。

③ 参见(宋)石介:《徂徕石先生文集》卷七《尊韩》,陈植锷点校,中华书局1984年版,第79页。

④ (宋)石介:《徂徕石先生文集》卷一《庆历圣德颂并序》,陈植锷点校,中华书局1984年版,第9页。

⑤ (宋)吕中:《宋大事记讲义》卷一〇,文渊阁《四库全书》本。

⑥ (宋)范仲淹:《范文正公政府奏议》卷下《奏为荐胡瑗李觏充学官》,《范仲淹全集》,李勇先、王蓉贵校点,四川大学出版社2002年版,第615页。

先生始以其学教授,而安定之徒最盛,继而伊洛之学兴矣。故本朝理学虽至伊洛而精,实自三先生而始,故晦庵有'伊川不敢忘三先生之语'。"①然而值得注意的是,当时奖掖推崇"三先生"的就是范仲淹,"宋初三先生"正是因有范仲淹的激励、延聘和推荐,才在宋代学术思想上发挥了重要的作用。正如全祖望所说:

> 有宋真、仁二宗之际,儒林之草昧也。当时濂、洛之徒方萌芽而未出,而睢阳戚氏在宋,泰山孙氏在齐,安定胡氏在吴,相与讲明正学,自拔于尘俗之中。亦会值贤者在朝,安阳韩忠献公、高平范文正公、乐安欧阳文忠公皆卓然有见于道之大概,左提右挈,于是学校遍于四方,师儒之道以立。②

清代刘谦吉也看到了宋学复兴中范仲淹等人的作用:

> 夫圣人之道,得宋儒而复显。宋儒之学,得孙、石而始倡,得范、韩、欧阳而后大,得周、程、张、朱而后成。后人止知有范、韩、欧阳、周、程、张、朱,而不知有孙、石,岂不惑哉!③

实是宋代道学得范仲淹、欧阳修、胡瑗、孙复、石介等人而始倡。因为,宋代道学的兴起与发展,与宋代十分繁荣的讲学活动分不开,而讲学又与当时兴办学校密切相关。范仲淹在宋代学术思想史上的一大贡献是兴办教育,培养和发现了大批人才。

---

① （宋）黄震:《黄氏日钞》卷四五,文渊阁《四库全书》本。
② （清）全祖望:《鲒埼亭集外编》卷六《庆历五先生书院记》,《四部丛刊》初编本;又见（清）黄宗羲原著,全祖望补修:《宋元学案》卷三《高平学案》,中华书局 1986 年版,第 1 册第 134 页。
③ （清）刘谦吉:《重修鲁雨先生祠堂记》,（宋）石介:《徂徕石先生文集》附录三,中华书局 1984 年版,第 293 页。

2. 范仲淹与张载

朱熹集宋代理学之大成,而受张、程两家影响为多。故朱、陆出于张、程,张、程导源于范仲淹,非张、程无以树宋学之中坚,非仲淹无以开宋学之先路。

"关学"开山张载(1020—1077),字子厚,眉县横渠镇人。少孤,志气不群,喜谈兵,因与邠人焦寅游。当康定用兵时,年十八,慨然以功名自许,欲结客取洮西之地,上书谒范仲淹。《宋元学案·横渠学案》说:"公知其远器,责之曰:'儒者自有名教可乐,何事于兵!'手《中庸》一编授焉,遂幡然志于道。"全祖望谓范文正引导横渠入圣人之室,尤为有功,大概就是指此事。《宋元学案·高平学案》列张载为范仲淹门人。这里所言"名教可乐",即是儒家的"道义之乐",后来张载说"君子乐得其道"①,当是受到范仲淹思想的影响。张载有"为天地立心,为生民立命,为往圣继绝学,为万世开太平"之志,著有《西铭》《正蒙》等书若干卷。《高平学案序录》论之曰:

> 晦翁推原学术,安定、泰山而外,高平范魏公其一也。高平一生粹然无疵,而导横渠以入圣人之室,尤为有功。②

范仲淹授以张载《中庸》,对张载等人的学术思想有很大影响,当然,也可见范仲淹平日之熟于是书。其后二程表章《中庸》,朱熹以之与《大学》《论语》《孟子》,合为"四书"。

张、程互相讲贯,程之得于张者必多,考二程遗书,熙宁十年(1077),张载过洛,与二程晤谈,张载訾其失于太快,时二程之学,尚未尽醇,来学者亦不多,而张载则已于这年去世。张载之书,绝少称道二程,二程之于张载,则推崇备至,函札中常称小子,且谓"西铭之言,极纯无杂","孟子以后,未有人及此"。二程之重视《西铭》,胜于《通书》。程颢之《识仁篇》,只教人识《西铭》,由此

---

① (宋)张载:《正蒙·至当篇第九》,清康熙四十六年刻本。

② (清)黄宗羲原著,全祖望补修:《宋元学案》卷三《高平学案》,中华书局1986年版,第1册第133页。

中信息当可推知一二。然而,张载之学,由范仲淹授《中庸》之启示而来,绝非从二程转手,当无疑。

从范仲淹与张载的关系可知,张载之成为大儒与范仲淹的指导有关。张载之学的思想渊源虽非来自一人,但范仲淹对他的影响是不应忽视的,故王梓材说:"横渠之于高平,虽非从学,然论其学之所自,不能不追溯高平也。"

3. 范仲淹与周敦颐

《宋元学案》卷三《高平学案》,列讲友三人,一是安定,二是泰山,三是濂溪,而卷十一《濂溪学案》,亦列范仲淹为讲友。考周敦颐与范仲淹的交游,在范仲淹知润州时,周敦颐曾从游于范仲淹,时胡瑗亦同在,讲贯之益必多,程颢师周敦颐,也间接受范仲淹之影响。

周敦颐在康定元年(1040)担任洪州分宁县(今江西修水)主簿,在庆历四年(1044)调任南安军(今江西大庾)司理参军。二程说:"昔受学于周茂叔,每令寻颜子、仲尼乐处,所乐何事。"[1]不过,程子之学,实非濂溪所能限,而"少时师之",又确系事实。二程受学于周敦颐是在庆历六年(1046)。程颐作《明道先生行状》说:"先生为学,自十五六时,闻汝南周茂叔论道,遂厌科举之业,慨然有求道之志。"[2]朱熹作《伊川先生年谱》亦说:"(先生)年十四五,与明道同受学于舂陵周茂叔先生。"[3]此时正是庆历六年周敦颐在南安军司理参军任上。从时间顺序以及范仲淹在当时居于士人领袖的地位来说,不难看到周敦颐所受范仲淹及其庆历新政的影响。[4]

4. 范仲淹与李觏

《宋元学案·高平学案》列李觏(1009—1059)为范仲淹门人。景祐三年(1036),范仲淹知饶州(今江西鄱阳),李觏亲谒范仲淹,两人一见如故。范仲淹在此建郡学,"生徒浸盛",邀李觏到此讲学。景祐四年(1037),范仲淹徙知

---

① (宋)朱熹:《河南程氏遗书》卷二,清光绪十八年传经堂刻本。

② 《河南程氏文集》卷一一《明道先生行状》,明刻本。

③ (宋)朱熹:《河南程氏遗书》附录,清光绪十八年传经堂刻本。

④ 参见李存山:《范仲淹与宋代新儒学》,张希清、范国强主编:《范仲淹研究文集》(五),北京大学出版社 2009 年版,第 160 页。

润州(今江苏镇江),又在此建郡学,再邀李觏。宝元元年(1038),范仲淹徙知越州(今浙江绍兴),李觏应邀到越州讲学。庆历三、四年(1043、1044),推行庆历新政,在京师立太学,诏各州县皆立学,取苏湖之法著为令,奏请胡瑗、李觏入太学。庆历五年(1045),范仲淹知邠州(今陕西邠县),在此作《邠州建学记》云:"国家之患,莫大于乏人。……庠序可不兴乎!"①皇祐元年(1049),范仲淹知杭州,两次推荐李觏入太学,在范仲淹的荐举下,李觏出任太学助教。②他在荐表中说:李觏"以母老,不愿仕宦,伏乞朝廷优赐,就除一官,许令侍养。"③后嘉祐四年(1059),胡瑗以病告假,李觏入京管勾太学。李觏聚徒讲学,从学者常数十百人,他善论"六经",也因范仲淹的荐举,入太学任助教,后为直讲,其有关经术文章亦因范仲淹的赞许而推广。

此外,当时名儒刘牧、名臣如欧阳修、富弼、张方平等皆得范仲淹的举荐。可见,范仲淹当时望从士林,扶持贤士不遗余力,或受其人格之感召,或受其思想之启发。

由此看来,"安阳韩忠献公、高平范文正公、乐安欧阳文忠公皆卓然有见于道之概,左提右挈,于是学校遍于四方,师儒之道以立"④。说明濂、洛、关、闽之宋代道学的主流勃兴以前,有先驱诸贤为其前导,"左提右挈",立"师儒之道",广设学校,传播斯理,道学乃得兴盛。范仲淹身体力行儒学之道,在振兴儒学传统方面起了重要作用。晁公武《读书志》说,范仲淹"为学明经术,慕古人事业,慨然有康济之志,做文章尤以传道为任"。其中的"传道"把范仲淹学术思想的基本特征概括了出来。后来理学集大成者朱熹说得更加明确,他认为,宋代道学发展"亦有其渐。自范文正以来,已有好议论,如山东有孙明

① (宋)范仲淹:《范文正公文集》卷八《邠州建学记》,《范仲淹全集》,李勇先、王蓉贵校点,四川大学出版社 2002 年版,第 195 页。

② 参见(元)脱脱等:《宋史》卷四三二《李觏传》,中华书局 1977 年版,第 12839 页。

③ (宋)范仲淹:《范文正公文集》卷二〇《荐李觏并录进礼论等状》,《范仲淹全集》,李勇先、王蓉贵校点,四川大学出版社 2002 年版,第 452 页。

④ (清)全祖望:《鲒埼亭集外编》卷六《庆历五先生书院记》,《四部丛刊》初编本;又见(清)黄宗羲原著,全祖望补修:《宋元学案》卷三《高平学案》,中华书局 1986 年版,第 1 册第 134 页。

复,徂徕有石守道,湖州有胡安定,到后来遂有周子、程子、张子出。故程子平生不敢忘此数公。"①所谓"自范文正以来",显然是把范仲淹放在开创者的地位。所谓"此数公"是范仲淹、胡瑗、孙复、石介等人。《宋元学案》中为范仲淹专立《高平学案》以记其学术功绩也绝非偶然,从全祖望《庆历五先生书院记》一段话可以看出,《宋元学案》是把范仲淹作为"濂、洛之前茅"看待的。二程始终不忘范仲淹等人在宋初提倡儒家学术的功绩,朱熹所说,也是实事求是的。总之,范仲淹积极兴学育才,奖掖贤士,对推动当时士风、学风的转变,从而推进宋代道学的发展,均有先导之功。朱熹在谈论振作士气时说:"至范文正方厉廉耻,振作士气","范文正公振作士大夫之功为多"②。《宋史·范仲淹传》说范仲淹"每感激论天下事,奋不顾身,一时士大夫矫厉尚风节,自仲淹倡之"③。

(三)范仲淹与儒家道统思想

儒家道统思想的核心是仁义道德。富弼在《范文正公仲淹墓志铭》中谈到范仲淹:"自始仕,慨然已有康济之志。凡所设施,必本仁义而将之以刚决,未尝为人屈挠。"欧阳修撰范仲淹神道碑说:范仲淹在南都"居五年,大通六经之旨,为文章论说必本于仁义"④。在他看来,要实现天下大治的目的,必须首先兴办学校,养育群才。在教学内容上,范仲淹提倡"宗经"。他说:

> 劝学之要,莫尚宗经。宗经则道大,道大则才大,才大则功大。盖圣人法度之言存乎《书》,安危之几存乎《易》,得失之鉴存乎《诗》,是非之

---

① (宋)黎靖德编:《朱子语类》卷一二九,朱杰人、严佐之、刘永翔主编:《朱子全书》第18册,上海古籍出版社、安徽教育出版社2002年版,第4026页。
② (宋)黎靖德编:《朱子语类》卷一二九,朱杰人、严佐之、刘永翔主编:《朱子全书》第18册,上海古籍出版社、安徽教育出版社2002年版,第4021、4022页。
③ (元)脱脱等:《宋史》卷三一四《范仲淹传》,中华书局1977年版,第10268页。
④ (宋)欧阳修:《文忠集》卷二一《资政殿学士户部侍郎文正公神道碑铭》,文渊阁《四库全书》本。

辩存乎《春秋》,天下之制存乎《礼》,万物之情存乎《乐》。故俊哲之人,
入乎六经,则能服法度之言,察安危之几,陈得失之鉴,析是非之辨,明天
下之制,尽万物之情。使斯人之徒辅成王道,复何求哉!①

范仲淹在教学内容上提倡以儒家传统经典为主要科目,其目的正在于通过兴
办学校来重振儒学权威。他在《答手诏条陈十事》中,明确提出"精贡举"的教
育改革主张,指出:"今诸道学校,如得明师,尚可教人六经,传治国治人之
道。"因此,"臣请诸路州郡有学校处,奏举通经有道之士,专于教授,务在兴
行"②。范仲淹还下令推行胡瑗的"分斋教法",即在学校设立"经义"和"治
事"二斋。"经义则选择其心性疏通、有器局、可任大事者,使之讲明《六经》。
治事则一人各治一事,又兼摄一事,如治民以安其生,讲武以御其寇,堰水以利
田,算历以明数是也。"③以此培养经世致用的人才。

范仲淹不仅提挈奖掖人才,而且他本人在学术思想方面也颇有造诣,其思
想对宋代道学之勃兴实有开创之功。《宋元学案·高平学案》传授表中,除其
四个儿子外,列富弼、张方平、张载、石介、李觏、刘牧、吕希哲等为其门人,胡
瑗、孙复、周敦颐为"讲友",韩琦、欧阳修为"同调"④。当时在范仲淹的周围
聚集了欧阳修、胡瑗、孙复、石介、李觏、张载等一批教育家、思想家,他们研究
《易》《春秋》《中庸》等经典,实开濂、洛、关学之先导。因此,范仲淹与宋代道
学在思想上也有着密切的联系。

1. 重视义理

《宋元学案·高平学案》说:"先生泛通六经,尤长于《易》,学者多从质问,

---

① (宋)范仲淹:《范文正公文集》卷一〇《上时相议制举书》,《范仲淹全集》,李勇先、王蓉
贵校点,四川大学出版社 2002 年版,第 237—238 页。

② (宋)范仲淹:《范文正公政府奏议》卷上《答手诏条陈十事》,《范仲淹全集》,李勇先、王
蓉贵校点,四川大学出版社 2002 年版,第 529 页。

③ (清)黄宗羲原著,全祖望补修:《宋元学案》卷一《安定学案》,中华书局 1986 年版,第 1
册第 24 页。

④ 参见(清)黄宗羲原著,全祖望补修:《宋元学案》卷三《高平学案》,中华书局 1986 年版,
第 1 册第 131—142 页。

为执经讲解亡所倦。并推其俸以食四方游士，士多出其门下。"①《宋史·范仲淹传》亦说："仲淹泛通六经，长于《易》。学者多从质问，为执经讲解，亡所倦。……每感激论天下事，奋不顾身，一时士大夫矫厉尚风节，自仲淹倡之。"②表明范仲淹毕生之学术皆宗"六经"、行仁义。范仲淹的"泛通六经"，就是领会"六经"之大旨，而不重视经书的章句训诂，"使人不专辞藻，必明理道"。他改变了"修辞者不求大才，明经者不问大旨"的学风，将发明"经旨""理道"置于"墨义""辞藻"之上，从而开辟了经学史上的"变古时代"。这一重大转变始自庆历新政。

范仲淹开始了以义理解经的新风气。宋以后，人们把讲求儒家经义、探究名理的学问叫义理之学。一般认为，在这一意义上使用"义理"一词始于北宋张载③，他在《经学理窟·义理》中说："义理之学，亦须深沉方有造，非浅易轻浮之可得也。"④但指导过张载的范仲淹已经在这一意义上阐发义理，提倡发挥儒家经典的微言大义。范仲淹在《易兼三材赋》中说："昔者有圣人之生，建大《易》之旨。观天之道，察地之纪。取人于斯，成卦于彼。将以尽变化云为之义，将以存洁静精微之理。"⑤因此，全祖望在《宋元学案·高平学案》案语中说："晦翁推原学术，安定、泰山而外，高平范魏公其一也"。范仲淹发挥儒家经典的微言大义，主要表现在：

一是阐发《易》义。范仲淹著《易义》一篇，解释了《乾》《坤》《损》《益》《艮》《兑》《震》《巽》《咸》《恒》《遁》等二十七卦的卦义。此外，《四德说》《蒙以养正赋》《易兼三材赋》《乾为金赋》《水火不相入而相资赋》《天道益谦赋》等⑥，都是

---

① （清）黄宗羲原著，全祖望补修：《宋元学案》卷三《高平学案》，中华书局 1986 年版，第 1 册第 137 页。

② （元）脱脱等：《宋史》卷三一四《范仲淹传》，中华书局 1977 年版，第 10267—10268 页。

③ 参见赵宗正、蔡德贵：《范仲淹在宋代学术思想史上的地位》，《中州学刊》1992 年第 3 期。

④ （宋）张载：《张子全书》卷六，文渊阁《四库全书》本。

⑤ （宋）范仲淹：《范文正公别集》卷三《易兼三材赋》，《范仲淹全集》，李勇先、王蓉贵校点，四川大学出版社 2002 年版，第 491 页。

⑥ 参见杨渭生：《范仲淹与宋学之勃兴》，《浙江大学学报（人文社会科学版）》1999 年第 1 期。

其解《易》或发挥《易》义理之作。如他的《易兼三材赋》解"易"为"通彼天地人谓之易"。他说:

> 岂不以《易》之为书也,范彼二仪;《易》之为教也,达乎四维。观其象则区以别矣,思其道则变而通之。上以统百王之业,下以断万物之疑。变动不居,适内外而无滞;广大悉备,包上下而弗遗。至矣哉! 无幽不通,唯变所适。准天地而容日月,畜风雷而列山泽。鼓之舞之以尽神,统三才而成《易》。①

由于范仲淹的影响,胡瑗、孙复、李觏等人也注重阐发义理。胡瑗在太学讲授《周易》,当与范仲淹"长于《易》"有密切的关系。胡瑗著有《周易口义》十二卷、《中庸义》一卷、《春秋口义》五卷、《洪范口义》一卷。胡瑗的《周易口义》受到程颐的重视,在《伊川易传》中也有"予闻之胡先生曰"。他"遂以明体达用之学授诸生"②,对程颐影响很大。刘牧在任饶州军事推官时以范仲淹为师。③ 李觏景祐三年(1036)结识范仲淹,著有《易论》《删定易图序论》,《易论》约作于此时,《删定易图序论》作于庆历七年(1047)。李觏更重视义理,重视经世致用,提倡"为学必欲见根本,为文必欲先义理"④。

二是从天地之道推演人类社会之理。范仲淹的《易义》与胡瑗的《周易口义》、欧阳修的《易童子问》、李觏的《易论》一样,都是把自然界和人类社会及其相互关系作为研究对象;以自然比附人类社会,用以论证伦理纲常;轻"天

---

① (宋)范仲淹:《范文正公别集》卷三《易兼三材赋》,《范仲淹全集》,李勇先、王蓉贵校点,四川大学出版社 2002 年版,第 492 页。

② (清)黄宗羲原著,全祖望补修:《宋元学案》卷一《安定学案》,中华书局 1986 年版,第 1册第 25 页。

③ 刘牧是宋代易学图书学派的代表人物之一,"起家饶州军事推官。与州将争公事,为所挤,几不免。及后将范正公至,君大喜,曰:'此吾师也。'遂以为师。"(王安石:《临川先生文集》卷九七《荆湖北路转运判官尚书屯田郎中刘君墓志铭并序》,中华书局 1959 年版,第 1001 页。)

④ (宋)李觏:《李觏集》,王国轩校点,中华书局 1981 年版,第 288 页。

命",重"人事"。① 如他在给仁宗皇帝讲《周易》时,他在解释《易·损》时说:

> 《损》,山泽通气,《艮》为山,《兑》为泽。其润上行,取下资上之时也。夫阳,实也;阴,虚也。下卦二阳,上卦二阴,取阳资阴,以实益虚者也。虚者反实,则实者反虚矣。然则下者上之本,本固则邦宁。今务于取下,乃伤其本矣,危之道也。损之有时,民犹说也。《兑》为说。损之无时,泽将竭焉。《兑》为泽。故曰"川竭必山崩",此之象也。无他,下涸而上枯也。"百姓不足,君孰与足",其斯之谓欤!②

以此论证损下而惠上的严重后果。范仲淹利用讲解《周易》之机,强调高以下为基,邦以民为本的理念。他以人事解《周易》阐述自己的政治理念,贯穿的是以民为本的思想。在范仲淹和胡瑗等人的倡导下,学者们治经都注重探索本义,不惑传注,以义理来解释经典从此蔚然成风。

范仲淹的《易义》不重传注,不宗训诂,而且藉阐述《周易》之义理,提供了宇宙本体论之基础。他以乾坤二仪,一气无私,往复周流,生成反复,为宇宙万物之根源;又以阴阳虚实相资、二体合一,为天地自然之常则;且以乾阳之气为宇宙之本体,是造化之"真宰",造化之内在动因为"神化",造化之普遍规则为"常理",为乾元之德、天人之"道"。他以乾坤为宇宙本体,为"真宰"和"造物"者③,并由此贯通天人,提出性命之理的道德形上学。在方法上,他主张《易》以象设,象由意通"的"穷理尽性"之学④,主张体用统一、言意统一,把直觉体悟和理性认识、道德实践结合起来,以提倡道德理性为主要特点,这一

---

① 参见杨渭生:《范仲淹与宋学之勃兴》,《浙江大学学报(人文社会科学版)》1999 年第 1 期。

② (宋)范仲淹:《范文正公文集》卷七《易义》,《范仲淹全集》,李勇先、王蓉贵校点,四川大学出版社 2002 年版,第 145—146 页。

③ 参见(宋)范仲淹:《范文正公别集》卷二《乾为金赋》,《范仲淹全集》,李勇先、王蓉贵校点,四川大学出版社 2002 年版,第 488 页。

④ 参见(宋)范仲淹:《范文正公别集》卷三《易兼三才赋》,《范仲淹全集》,李勇先、王蓉贵校点,四川大学出版社 2002 年版,第 491 页。

点为后来的理学家所发展。对范仲淹来说,建立宇宙本体论只是一个基本前提,他的真正目的是建立人学本体论,为此,他进一步提出天人"四德说"①,建立了道德本体论的心性之学。在传统《易》学中,有所谓《乾》之四德说,主要是指天道而言。但是经过范仲淹的解释,《乾》之四德,不仅是天德,而且是人德,不仅是天道,而且是人道。② 所谓德,即是道的属性。元者,"道之纯者也";亨者,"道之通者也";利者,"道之用者也";贞者,"道之守者也"。所谓道,既是天地之道,又是性命之道,即内在于人而存在,"行此四者谓之道,述此四者谓之教,四者之用,天所不能违,而况于人乎!"四德作为天德,就是人的自在自为的存在,在道德实践中得到实施,就是所谓道。他还用易义释《中庸》之"自诚明谓之性"。如此等等,实际影响了胡瑗、张载,从而开关学之先河,为洛学之先驱。此外,穷神知化、至诚尽性、明诚相须、性命合一之说,亦于范仲淹思想中可见端倪。

2. 重视《中庸》

范仲淹很重视《中庸》。天圣六年(1028)他在南都掌天府书院时作《南京府学生朱从道名述》,其中说:

> 然则道者何? 率性之谓也。从者何? 由道之谓也。臣则由乎忠,子则由乎孝,行己由乎礼,制事由乎义,保民由乎信,待物由乎仁,此道之端也。子将从之乎,然后可以言国,可以言家,可以言民,可以言物,岂不大哉! 若乃诚而明之,中而和之,揖让乎圣贤,蟠极乎天地,此道之致也。必大成于心,而后可言焉。③

---

① 认为元者,"道之纯者也";亨者,"道之通者也";利者,"道之用者也";贞者,"道之守者也"。"行此四者之谓道,述此四者之谓教。四者之用,天所不能违,而况于人乎!"[(宋)范仲淹:《范文正公文集》卷八《四德说》,《范仲淹全集》,李勇先、王蓉贵校点,四川大学出版社 2002 年版,第 187—188 页。]

② 蒙培元:《范仲淹的哲学与理学的兴起》,《北京社会科学》1992 年第 4 期。

③ (宋)范仲淹:《范文正公文集》卷八《南京府学生朱从道名述》,《范仲淹全集》,李勇先、王蓉贵校点,四川大学出版社 2002 年版,第 176 页。

正如余英时所说:"此文全就《中庸》发挥,充分表达了由修身、齐家而建立理想秩序的意识,而且也含有'内圣'与'外王'相贯通的观念。"①康定元年(1040),范仲淹任陕西经略安抚副使,张载来拜,《宋史·张载传》云:张载"少喜谈兵,至欲结客取洮西之地,年二十一,以书谒范仲淹,一见知其远器,乃警之曰:'儒者自有名教可乐,何事于兵!'因劝读《中庸》"。这也就是《宋元学案·序录》所说"导横渠以入圣人之室,尤为有功"。

3. 重视《春秋》

范仲淹也重视《春秋》。他作《说春秋序》,其中云:

> 圣人之为《春秋》也,因东鲁之文,追西周之制,褒贬大举,赏罚尽在。谨圣帝明皇之法,峻乱臣贼子之防。……游、夏既无补于前,公、谷盖有失于后。虽丘明之《传》,颇多冰释,而素王之言,尚或天远,不讲不议,其无津涯。今褒博者流,咸志于道。以天命之正性,修王佐之异材,不深《春秋》,吾未信也。……吾辈方扣圣门,宜循师道,粹属词比事之教,洞尊王黜霸之经。由此登太山而知高,入宗庙而见美,升堂覩奥,必有人焉,君子哉无废!②

范仲淹在南都掌府学时收留孙复,即"授以《春秋》"。以后孙复著《春秋尊王发微》十二篇,强调尊王以正名分是《春秋》之大义,并作有《儒辱》一文。欧阳修评论说:"先生治《春秋》,不惑传注,不为曲说以乱经,其言简易,明于诸侯大夫功罪,以考时之盛衰,而推见王道之治乱,得于经之本义为多。"③朱熹评论孙复《春秋尊王发微》说:"虽未能深于圣经,然观其推言治道,凛凛然可畏,终得圣人意思。"④程

---

① 余英时:《朱熹的历史世界:宋代士大夫政治文化的研究》,生活·读书·新知三联书店2004年版,第89页。
② (宋)范仲淹:《范文正公文集》卷八《说春秋序》,《范仲淹全集》,李勇先、王蓉贵校点,四川大学出版社2002年版,第189页。
③ (宋)欧阳修:《居士集》卷二七《孙明复先生墓志铭》,文渊阁《四库全书》本。
④ (清)黄宗羲原著,全祖望补修:《宋元学案》卷二《泰山学案》,中华书局1986年版,第1册第101页。

门弟子中胡安国著《春秋传》三十卷，强调尊王之义、华夷之辨和义利之辨。胡氏的春秋学除了受二程的影响外，亦受到范仲淹、孙复的春秋学影响。

4. 提出"必大成于心"命题

范仲淹接受《孟子》和《中庸》中关于诚和明的思想，试图重建儒家的心性之学。在范仲淹看来，诚是存在范畴，指人性；明是功能范畴，指认识。"道者何？率性之谓也"，何以"率性"？则在"诚而明之，中而和之"①。"诚而明之"是从性上说，但离不开心；"明而诚之"是从心上说，但离不开性。总之，诚与明，既是德性，亦是德心，心性不可能分离，但其实现者只能是心。这就是"必大成于心"的直接意义，即是说，天道之诚需要心去实现，道德法则需要人去完成。范仲淹提出"必大成于心"的重要命题，不仅向理学心性论走出了重要的一步，而且使儒家的天人合一之学具有明显的形上学的性质。范仲淹解释诚与明的关系说："性以诚著，德由明发。其诚也感于乾坤，其明也配乎日月。"②按其说法，性与德、诚与明，具有体用性质，是一种体用关系。诚性是本体存在，而明德是其发用，诚性与宇宙本体相通，而明德则有功于万物。人有至诚之性，发而为明德，便能产生实际作用，这是"自诚而明"；经过努力进入诚的境界，便能实现理想人格，这是"自明而诚"。这种本末、体用关系，正是道德形上论的根本特点，也是汉唐儒学所缺乏的。他进而指出："究其本也，盖钟纯粹之精；及其显焉，乃著文明之德。"③这就明确提出本体与显现的关系问题。所谓"本"者指性本体亦即诚体，所谓"显"者指其显现亦即作用，诚体源于宇宙本体，即"纯粹之精"，明德则是它的发用和显现。虽然李翱已提出诚性之学，努力构建心性合一的道德形上学，但李翱毕竟没有明确提出"心"的问题，还没有把"心"这一范畴纳入他的心性之学。范仲淹则发展了这一

---

① （宋）范仲淹：《范文正公文集》卷八《南京府学生朱从道名述》，《范仲淹全集》，李勇先、王蓉贵校点，四川大学出版社 2002 年版，第 176 页。

② （宋）范仲淹：《范文正公文集》卷一《省试自诚而明谓之性赋》，《范仲淹全集》，李勇先、王蓉贵校点，四川大学出版社 2002 年版，第 16 页。

③ （宋）范仲淹：《范文正公文集》卷一《省试自诚而明谓之性赋》，《范仲淹全集》，李勇先、王蓉贵校点，四川大学出版社 2002 年版，第 16 页。

点,明确提出"心"的问题,从而使儒家性理之学的重建有了主体性保证,而他提出的初步的宇宙本体论,则使其心性论有了形上学的依据。①

儒学重实践,尧、舜、禹、汤、文、武、周公列圣相承,皆为行道,而孔孟集其大成。孔子亦谓:"我欲载之空言,不如见之于行事之深切著明也。"但至两汉隋唐,对于经学虽重名物章句,难免有忽力行,因此,韩愈谓:"自轲之死,斯道不传。"再经唐末五代,儒学益衰。范仲淹对此情形在《上时相议制举书》中已明确言之,并说明儒家经学致用之要。"故俊哲之人,入乎六经,则能服法度之言,察安危之几,陈得失之鉴,析是非之辨,明天下之制,尽万物之情。使斯人之徒辅成王道,复何求哉!"②范仲淹不仅言其道,而且对儒家正心、诚意、修身、齐家、治国、平天下之道,身体力行,乃使儒学之核心价值又深明于世人。此后,儒学重振,并能致广大,尽精微,出现理学之盛,范仲淹的开创之功不可没。范仲淹的思想对张载、周敦颐、二程等人都有直接或间接的影响,就此而言,儒家道统的传承与范仲淹的努力分不开。

四、范仲淹的仁义之道及其贡献

学界对范仲淹在儒家道统史上的地位关注不够。目前,相关研究主要涉及范仲淹与宋代学术、宋代新儒学(理学)的关系探讨,如徐洪兴论及范仲淹与北宋理学兴起的关系;赵宗正、蔡德贵探讨作为思想家和儒学家,特别是作为理学先驱者范仲淹的学术影响;蒙培元从理学形成的历史过程,认为范仲淹是理学思潮的重要开创者之一,其哲学思想为理学即新儒学的兴起创造了理论条件;杨渭生则从兴学育才、推进儒学发展及有关学术思想等方面论证了范仲淹实为宋代新儒学的开创者;郎国华、范立舟认为范仲淹对理想人格的不懈

---

① 参见蒙培元:《范仲淹的哲学与理学的兴起》,《北京社会科学》1992 年第 4 期。

② (宋)范仲淹:《范文正公文集》卷一〇《上时相议制举书》,《范仲淹全集》,李勇先、王蓉贵校点,四川大学出版社 2002 年版,第 237—238 页。

追求与振作士风产生的时代影响和理学思潮存在某种内在的关系；李存山论及范仲淹与"宋初三先生"的关系，认为范仲淹对于宋代道学的发展有重要影响；范仲淹是宋代新儒学的开端，他的教育思想与胡瑗之学对于宋代新儒学的发展有重要意义。① 这些研究肯定了范仲淹作为宋代新儒学（理学）先驱者的地位，涉及对范仲淹学术影响的认识。不过，这些研究的重点并非从儒家道统研究的角度着眼，对范仲淹传承儒家道统之道尚缺乏专门探讨，这使本研究具有重要学术价值。

（一）范仲淹的仁义之道

"仁义"是儒家圣人之道的核心，仁义之道也构成了中国道统思想的基本理论内涵。范仲淹的仁义之道是对儒家圣人之道的传承，其仁义思想也具有自己的特点。

1. 范仲淹的仁义之道是宗奉"六经"的圣人之道

（1）泛通"六经"，尤长于《易》

范仲淹自幼受到儒家思想的教育和熏陶。他"游心儒术"②，"大通六经之旨，文章必本于仁义"③，一生"信圣人之书，师古人之行"④。范仲淹本人也以"儒者"自称，在《让观察使第一表》中就说："臣世专儒素，遭逢盛时，以文艺

---

① 参见徐洪兴：《试论范仲淹与北宋理学的兴起》，《复旦学报（社会科学版）》1992 年第 2 期；赵宗正、蔡德贵：《范仲淹在宋代学术思想史上的地位》，《中州学刊》1992 年第 3 期；蒙培元：《范仲淹的哲学与理学的兴起》，《北京社会科学》1992 年第 4 期；杨渭生：《范仲淹与宋学之勃兴》，《浙江大学学报（人文社会科学版）》1999 年第 1 期；郎国华、范立舟：《略论范仲淹与理学思潮产生的关系》，《广东社会科学》2003 年第 6 期；李存山：《范仲淹与宋代新儒学》，《湖南大学学报（社会科学版）》2008 年第 1 期；邢爽、胡遂：《论范仲淹理学先驱之地位及其对理学的实际贡献》，《求索》2014 年第 2 期；连凡：《〈宋元学案〉中的宋学先驱及地域学派的兴起——以范仲淹、欧阳修、陈襄、士建中等人为例》，《苏州科技大学学报（社会科学版）》2017 年第 6 期；李存山：《宋代的"新儒学"与"理学"》，《中原文化研究》2019 年第 2 期。
② （宋）范仲淹：《范文正公文集》卷一八《遗表》，《范仲淹全集》，李勇先、王蓉贵校点，四川大学出版社 2002 年版，第 426 页。
③ （清）范文程：《重修先文正魏国公墓道飨堂碑记》，《范仲淹全集》附录五，李勇先、王蓉贵校点，四川大学出版社 2002 年版，第 1148 页。
④ （宋）范仲淹：《范文正公文集》卷一〇《上资政晏侍郎书》，《范仲淹全集》，李勇先、王蓉贵校点，四川大学出版社 2002 年版，第 231 页。

登科。陛下擢于秘馆,处之谏司,历天章、龙图之职,可谓清切矣。寒士至此,大逾本望。儒者报国,以言为先"①。

范仲淹对"六经"的重视,从其文集、奏议、诗赋中不难看出。他在《奏乞于陕西河东沿边行赎法》中说:"孔子删《书》,垂于后世,明其可行之法也。历代尝行,今久不用,人或疑之。"②范仲淹在《与欧静书》中论及"六经"的名称。

盖"春秋"以时记事而为名也,优劣不在乎"春秋"二字,而有凡例、变例之文。"书"者载言之名,而优劣不在乎"书"之一字,而有典、谟、誓、命之殊。"诗"者言志之名,而优劣不在乎"诗"之一字,而有国风、雅、颂之议。诸儒拟《春秋》《诗》《书》之名,盖不在乎优劣之地也,未有乱典、谟、训、诰、国风、雅、颂之名者。③

范仲淹不仅重视《易》,有《易义》传世,而且也重视《春秋》。他在《近名论》中说:"孔子作《春秋》,即名教之书也。善者褒之,不善者贬之,使后世君臣爱令名而劝,畏恶名而慎矣。"④范仲淹作《说春秋序》,认为"以天命之正性,修王佐之异材,不深《春秋》,吾未信也。"⑤他在南都掌府学时收留孙复,"授以《春秋》"⑥。以后孙复著《春秋尊王发微》十二篇。⑦

---

① (宋)范仲淹:《范文正公文集》卷一七《让观察使第一表》,《范仲淹全集》,李勇先、王蓉贵校点,四川大学出版社 2002 年版,第 403 页。

② (宋)范仲淹:《范文正公政府奏议》卷上《奏乞于陕西河东沿边行赎法》,《范仲淹全集》,李勇先、王蓉贵校点,四川大学出版社 2002 年版,第 577 页。

③ (宋)范仲淹:《范文正公文集》卷一〇《与欧静书》,《范仲淹全集》,李勇先、王蓉贵校点,四川大学出版社 2002 年版,第 241 页。

④ (宋)范仲淹:《范文正公文集》卷七《近名论》,《范仲淹全集》,李勇先、王蓉贵校点,四川大学出版社 2002 年版,第 155 页。

⑤ (宋)范仲淹:《范文正公文集》卷八《说春秋序》,《范仲淹全集》,李勇先、王蓉贵校点,四川大学出版社 2002 年版,第 189 页。

⑥ (宋)楼钥:《范文正公年谱》,《范仲淹全集》附录二,李勇先、王蓉贵校点,四川大学出版社 2002 年版,第 871 页。

⑦ 参见李存山:《范仲淹与宋代新儒学》,《湖南大学学报(社会科学版)》2008 年第 1 期。

范仲淹通"六经"之旨不断被时人及后人强调。如与范公同时代的欧阳修在《资政殿学士户部侍郎文正公神道碑铭并序》中评论范仲淹"大通六经之旨,为文章论说必本于仁义"①。《宋史·范仲淹传》同样论及范仲淹"泛通六经,长于《易》"②。元代牟巘《义学记》说:"博通六经,尤长于《易》。"③明代蔡增誉《万历本范文正公集序》述及范仲淹"大通六经之旨"④。明代毛一鹭在《万历刊范文正公集序》中说:"大通六经之旨,文章论说,必本于仁义。"⑤《宋元学案·高平学案》说:"先生泛通六经,尤长于《易》。"⑥

(2)劝学之要在于宗经

"六经"是儒家思想的重要载体,在范仲淹看来,"六经"本身蕴含了丰富的治国治人的圣人之道。范仲淹认为"圣人之道也,无幽不通"⑦。范仲淹在《上时相议制举书》中认为善于治国者,莫不先重视育才,而育才的方法,"莫先劝学",而劝学之要在于宗经,即宗奉《诗》《书》《礼》《乐》《易》《春秋》"六经",认为"宗经则道大"⑧。他说:

> 故俊哲之人,入乎六经,则能服法度之言,察安危之几,陈得失之鉴,

---

① (宋)欧阳修:《文忠集》卷二一《资政殿学士户部侍郎文正公神道碑铭》,文渊阁《四库全书》本。

② (元)脱脱等:《宋史》卷三一四《范仲淹传》,中华书局1977年版,第10267页。

③ (元)牟巘:《义学记》,《范仲淹全集》附录七,李勇先、王蓉贵校点,四川大学出版社2002年版,第1189页。

④ (明)蔡增誉:《万历本范文正公集序》,《范仲淹全集》附录三,李勇先、王蓉贵校点,四川大学出版社2002年版,第948页。

⑤ (明)毛一鹭:《万历刊范文正公集序》,《范仲淹全集》附录三,李勇先、王蓉贵校点,四川大学出版社2002年版,第949页。

⑥ (清)黄宗羲原著,全祖望补修:《宋元学案》卷三《高平学案》,中华书局1986年版,第1册第137页。

⑦ (宋)范仲淹:《范文正公文集》卷一《老子犹龙赋》,《范仲淹全集》,李勇先、王蓉贵校点,四川大学出版社2002年版,第11页。

⑧ (宋)范仲淹:《范文正公文集》卷一〇《上时相议制举书》,《范仲淹全集》,李勇先、王蓉贵校点,四川大学出版社2002年版,第237页。范仲淹认为"盖圣人法度之言存乎《书》,安危之几乎《易》,得失之鉴存乎《诗》,是非之辩存乎《春秋》,天下之制存乎《礼》,万物之情存乎《乐》。"(《范文正公文集》卷一〇《上时相议制举书》,《范仲淹全集》,李勇先、王蓉贵校点,四川大学出版社2002年版,第237页。)

析是非之辨,明天下之制,尽万物之情。①

从中可见"六经"的重要。在范仲淹看来,"今文庠不振,师道久缺,为学者不根乎经籍,从政者罕议乎教化,故文章柔靡,风俗巧伪,选用之际,常患才难"。建言"如能命试之际,先之以六经,次之以正史,该之以方略,济之以时务,……十数年间,异人杰士必穆穆于王庭矣"②。范仲淹主张通过兴学校,传治国治人之道,培养经世致用之才,认为"今诸道学校,如得明师,尚可教人六经,传治国治人之道"③。

（3）以通"六经"之旨为选贤任能的标准

范仲淹不仅重视"六经",而且主张以是否通"六经"之旨、能否学以致用作为选贤任能的标准。范仲淹在《与欧静书》中认为:"足下博识之士,当于六经之中,专师圣人之意。"④

范仲淹在《荐李觏并录进礼论等状》中竭力荐举李觏时说:"善讲论六经,辩博明达,释然见圣人之旨。著书立言,有孟轲、扬雄之风义,实无愧于天下之士。"并为"朝廷未赐采收"而甚为遗憾,"臣观李觏于经术文章,实能兼富,今草泽中未见其比,非独臣知此人,朝廷士大夫亦多知之"⑤。"臣今取到本人所业《礼论》七篇,《明堂定制图序》一篇,《平土书》三篇,《易论》十三篇,共二十四篇,编为十卷,谨缮写上进。伏望圣慈当乙夜之勤,一赐御览,则知斯人之才

① （宋）范仲淹:《范文正公文集》卷一〇《上时相议制举书》,《范仲淹全集》,李勇先、王蓉贵校点,四川大学出版社 2002 年版,第 237—238 页。

② （宋）范仲淹:《范文正公文集》卷一〇《上时相议制举书》,《范仲淹全集》,李勇先、王蓉贵校点,四川大学出版社 2002 年版,第 238—239 页。

③ （宋）范仲淹:《范文正公政府奏议》卷上《答手诏条陈十事》,《范仲淹全集》,李勇先、王蓉贵校点,四川大学出版社 2002 年版,第 529 页。

④ （宋）范仲淹:《范文正公文集》卷一〇《与欧静书》,《范仲淹全集》,李勇先、王蓉贵校点,四川大学出版社 2002 年版,第 242 页。

⑤ （宋）范仲淹:《范文正公文集》卷二〇《荐李觏并录进礼论等状》,《范仲淹全集》,李勇先、王蓉贵校点,四川大学出版社 2002 年版,第 451 页。

之学,非常儒也。"①在《奏为荐胡瑗李觏充学官》中荐举李觏"讲贯六经","建昌军应茂才异等李觏,兵园之秀,实负文学,著《平土书》《明堂图》,鸿儒硕学,见之钦爱,讲贯六经,莫不赡通,求于多士,颇出伦辈"②。可见范仲淹对儒家"六经"的重视。推崇胡瑗不仅"讲论经旨,著撰词业",而且"常教以孝弟,习以礼法"③,重视仁义孝弟(悌)的教化。《尹师鲁河南集序》说:"师鲁深于《春秋》,故其文谨严,辞约而理精,章奏疏议,大见风采,士林方耸慕焉。"④

范仲淹针对当时"国家乃专以辞赋取进士,以墨义取诸科,士皆舍大方而趋小道,虽济济盈庭,求有才有识者十无一二。"⑤主张改革科举考试,范仲淹《答手诏条陈十事》中"臣请诸路州郡有学校处,奏举通经有道之士,专于教授,务在兴行。其取士之科,即依贾昌朝等起请,进士先策论而后诗赋;诸科墨义之外,更通经旨。"⑥建议改变选拔人才的方法。

> 臣请进士旧人三举以上者,先策论而后诗赋。许将三场文卷通考,互取其长。……诸科中有通经旨者,至终场,别问经旨十道,如不能命辞而对,则于知举官员前,讲说七通者为合格。不会经旨者,三举已上即逐场所对墨义,依自来通粗施行。两举、初举者,至于终场日,须八通者为合格。⑦

---

① (宋)范仲淹:《范文正公文集》卷二〇《荐李觏并录进礼论等状》,《范仲淹全集》,李勇先、王蓉贵校点,四川大学出版社2002年版,第452页。

② (宋)范仲淹:《范文正公政府奏议》卷下《奏为荐胡瑗李觏充学官》,《范仲淹全集》,李勇先、王蓉贵校点,四川大学出版社2002年版,第615页。

③ (宋)范仲淹:《范文正公政府奏议》卷下《奏为荐胡瑗李觏充学官》,《范仲淹全集》,李勇先、王蓉贵校点,四川大学出版社2002年版,第615页。

④ (宋)范仲淹:《范文正公文集》卷八《尹师鲁河南集序》,《范仲淹全集》,李勇先、王蓉贵校点,四川大学出版社2002年版,第183页。

⑤ (宋)范仲淹:《范文正公政府奏议》卷上《答手诏条陈十事》,《范仲淹全集》,李勇先、王蓉贵校点,四川大学出版社2002年版,第529页。

⑥ (宋)范仲淹:《范文正公政府奏议》卷上《答手诏条陈十事》,《范仲淹全集》,李勇先、王蓉贵校点,四川大学出版社2002年版,第529页。

⑦ (宋)范仲淹:《范文正公政府奏议》卷上《答手诏条陈十事》,《范仲淹全集》,李勇先、王蓉贵校点,四川大学出版社2002年版,第529页。

强调通"六经"要旨,主张"其考校进士,以策论高、词赋次者为优等,策论平、词赋优者为次等。诸科经旨通者为优等,墨义通者为次等。已上进士、诸科,并以优等及第者放选注官,次等及第者守本科选限。……今来选人壅塞,宜有改革,又足以劝学,使其知圣人治身之道,则国家得人,百姓受赐。"①强调培养选拔通"六经"之旨的经世致用人才。

2. 范仲淹的仁义之道是天道与人道统一的经世致用之道

范仲淹主张宗"六经",行仁义,强调领会"六经"要旨,将发明"经旨""理道"置于"墨义""辞藻"②之上,从而开辟了经学史上的"变古时代",这一重大转变始自庆历新政。范仲淹发挥儒家经典的微言大义,主要表现在义理解经上,他从天道讲到人道,以人事解经,强调的是天道与人道的统一,贯穿的是以民为本的思想。如他解释《恒》卦说:

> 《恒》,阳动阴顺,刚上柔下,《震》,阳也,刚动于上。《巽》,阴也,柔顺于下。上下各得其常之时也。天尊地卑,道之常矣。君处上,臣处下,理之常矣。上阳卦,天与君之道也。下阴卦,地与臣之道也。
>
> 是以士之应常也,在于己,不在于人。诸侯之常也,在于政,不在于邻。天子之常也,在于道,不在于权。故曰:"圣人久于其道,而天下化成。"尧舜为仁,终身而已矣,其知常也哉!③

强调天子之常在于道,知常而为仁,天下化成的道理。他还用易义释《中庸》之"自诚明谓之性",这些实际影响了胡瑗、张载。就此而论,范仲淹对宋代道学的影响,就不仅仅是开风气之先,而且也有思想之启迪。

---

① (宋)范仲淹:《范文正公政府奏议》卷上《答手诏条陈十事》,《范仲淹全集》,李勇先、王蓉贵校点,四川大学出版社 2002 年版,第 530 页。
② (宋)范仲淹:《范文正公政府奏议》卷上《答手诏条陈十事》,《范仲淹全集》,李勇先、王蓉贵校点,四川大学出版社 2002 年版,第 529 页。
③ (宋)范仲淹:《范文正公文集》卷七《易义》,《范仲淹全集》,李勇先、王蓉贵校点,四川大学出版社 2002 年版,第 142—143 页。

3. 范仲淹的仁义之道是顺民养民育民的民本之道

范仲淹在《答赵元昊书》中引《易》，阐述君主以"仁义之道"获得国家长治久安的道理。

> 《易》曰："天地之大德曰生，圣人之大宝曰位，何以守位曰仁。"是以天地养万物，故其道不穷；圣人养万民，故其位不倾。又传曰：国家以仁获之，以仁守之者百世。①

范仲淹认为政为民而设，民为邦之本。主张为政必顺应民意，"以见百姓为心"，此谓之"善政"②。范仲淹在《答手诏条陈十事》中引《尚书》说："德惟善政，政在养民。"③范仲淹认为，圣人之德，唯在善政。善政之要，唯在养民。君主要把"民"当作自己的身体一样去爱护。而养民必先务农。他在《答手诏条陈十事》中说："养民之政，必先务农；农政既修，则衣食足；衣食足，则爱肤体；爱肤体，则畏刑罚；畏刑罚，则寇盗自息，祸乱不兴。"④只有搞好农业生产，使百姓丰衣足食，国家才会长治久安。天圣五年（1027），范仲淹正值服母丧期间，冒哀上《上执政书》，直言当时社会状况是"中外奢侈""百姓困穷"，并提出了"固邦本""厚民力"⑤等改革措施。

范仲淹认为要实现天下大治，必须首先兴办学校，养育群才。⑥ 强调通过

---

① （宋）范仲淹：《范文正公文集》卷一〇《答赵元昊书》，《范仲淹全集》，李勇先、王蓉贵校点，四川大学出版社 2002 年版，第 247 页。

② （宋）范仲淹：《范文正公别集》卷三《政在顺民心赋》，《范仲淹全集》，李勇先、王蓉贵校点，四川大学出版社 2002 年版，第 503—504 页。

③ （宋）范仲淹：《范文正公政府奏议》卷上《答手诏条陈十事》，《范仲淹全集》，李勇先、王蓉贵校点，四川大学出版社 2002 年版，第 533 页。

④ （宋）范仲淹：《范文正公政府奏议》卷上《答手诏条陈十事》，《范仲淹全集》，李勇先、王蓉贵校点，四川大学出版社 2002 年版，第 533 页。

⑤ （宋）范仲淹：《范文正公文集》卷九《上执政书》，《范仲淹全集》，李勇先、王蓉贵校点，四川大学出版社 2002 年版，第 212 页。

⑥ 认为"必先崇学校，立师资，聚群材，陈正道。使其服礼乐之风，乐名教之地，精治人之术，蕴致君之方"（《范文正公文集》卷一九《代人奏乞王洙充南京讲书状》，《范仲淹全集》，李勇先、王蓉贵校点，四川大学出版社 2002 年版，第 429 页。）

兴学立师传道,"兴学立师,羽翼斯道"①。范仲淹自入仕后,先后在广德军、泰州、睦州、苏州、饶州、润州、延州、邠州、杭州等地任地方官三十余年,所到之处,都不遗余力地兴学。庆历四年(1044),出任参知政事的范仲淹应诏条陈十事,提出了"精贡举"等十条改革主张。仁宗采纳了范仲淹的建议,下诏全国各州县普遍立学,"诏天下州县立学,更定科举法"②,"诏诸路州、军、监各令立学,学者二百人以上,许更置县学。自是州郡无不有学。"③诏令对州县学校的学生名额、管理、校舍、教师及学生入学资格等作了具体规定。庆历兴学中,各地纷纷奉诏建学,"于是州郡不置学者鲜矣"④。范仲淹重视师资,如景祐元年(1034),他知故乡苏州,第二年就奏请创办苏州郡学,聘请名儒胡瑗为师。范仲淹知润州后,对原来的州学"拓而新之"⑤,并致力整顿学风,加强师资,邀请当时江南名士李觏到润州讲学。在教学内容上,范仲淹提倡"宗经",以儒家传统经典为主要科目,其目的在于通过兴学传道,重振儒学。⑥ 范仲淹还下令推行胡瑗的"分斋"教法,即在学校设立"经义"和"治事"二斋⑦,以此培养经世致用的人才。

(二) 范仲淹对儒家道统之传的贡献

范仲淹开宋代儒家道统之传的贡献主要体现在:一是兴学立师,提挈奖掖

---

① (元)汪泽民:《苏州郡学范文正公祠记》,《范仲淹全集》附录五,李勇先、王蓉贵校点,四川大学出版社 2002 年版,第 1133 页。

② (元)脱脱等:《宋史》,卷一一《仁宗本纪三》,中华书局 1977 年版,第 217 页。

③ (元)脱脱等:《宋史》,卷一六七《职官志七》,中华书局 1977 年版,第 3976 页。

④ 《宋会要辑稿·崇儒二》第 5 册,刘琳、刁忠民、舒大刚、尹波等校点,上海古籍出版社 2014 年版,第 2763 页。

⑤ (清)(乾隆)《江南通志》卷八八,见《中国地方志集成·省志辑·江南④》,凤凰出版社、上海书店出版社、巴蜀书社 2011 年版,第 629 页。

⑥ 范仲淹认为"今诸道学校,如得明师,尚可教人六经,传治国治人之道。"因此,"臣请诸路州郡有学校处,奏举通经有道之士,专于教授,务在兴行。"(《范文正公政府奏议》卷上《答手诏条陈十事》,《范仲淹全集》,李勇先、王蓉贵校点,四川大学出版社 2002 年版,第 529 页。)

⑦ "经义则选择其心性疏通、有器局、可任大事者,使之讲明《六经》。治事则一人各治一事,又兼摄一事,如治民以安其生,讲武以御其寇,堰水以利田,算历以明数是也。"(黄宗羲原著,全祖望补修:《宋元学案》,卷一《安定学案》,中华书局 1986 年版,第 1 册第 24 页。)

人才,重振儒学。宋代道学的兴起与发展,与宋代十分繁荣的讲学活动分不开,而讲学又与当时兴办学校密切相关。"今学者明夫圣人体用,以为政教之本"①。除了胡瑗的教授之功,直接与范仲淹"敦教育"②、首倡"立郡学"③有关。元代李祁《文正书院记》肯定了范仲淹对于儒家道统之传的贡献,认为范仲淹兴办学校,培养人才,开万世道统之传是有功于名教的。④

> 夫以公之有功名教如此,则后世之宗而祀之,为学校以广之,固宜与夫子之道相为无穷。盖夫子之道与天地为无穷,而公之功则与夫子之道为无穷也。⑤

元代郑元祐《文正书院记》同样认为范仲淹"开学校,隆师儒,造就士类"对于道统之传的贡献。"以至于公,而后开学校,隆师儒,造就士类,作成忠义之风,以致道统之传,则公之学识,于名教岂小补哉!"⑥元人牟巘也认为:"至孔子时,犹有以为怨者,而孔子独曰:求仁而得仁,又何怨? 至唐时,犹有以为偏而不通者,而韩子独曰:伯夷者,特立独行,穷天地,亘万世而不顾。韩子之言上继孔子,而公乎天下万世,有功于纲常甚大。"⑦这些

---

① (清)黄宗羲原著,全祖望补修:《宋元学案》卷一《安定学案》,中华书局1986年版,第1册第25页。

② (宋)范仲淹:《范文正公文集》卷九《上执政书》,《范仲淹全集》,李勇先、王蓉贵校点,四川大学出版社2002年版,第212页。

③ (宋)楼钥:《范文正公年谱》,《范仲淹全集》附录二,李勇先、王蓉贵校点,四川大学出版社2002年版,第880页。

④ "公于所在开设学校,以教育多士。……盖自六经晦蚀,圣人之道不传,为治者贸贸焉罔知适从,以至于公,而后开学校,隆师儒,诱掖奖劝,以成就天下之士,且以开万世道统之传,则公之有功名教夫岂少哉!"(李祁:《文正书院记》,《范仲淹全集》附录七,李勇先、王蓉贵校点,四川大学出版社2002年版,第1191页。)

⑤ (元)李祁:《文正书院记》,《范仲淹全集》附录七,李勇先、王蓉贵校点,四川大学出版社2002年版,第1191页。

⑥ (元)郑元祐:《文正书院记》,《范仲淹全集》附录七,李勇先、王蓉贵校点,四川大学出版社2002年版,第1192—1193页。

⑦ (元)牟巘:《跋文正公手书伯夷颂墨迹》,《范仲淹全集》附录三,李勇先、王蓉贵校点,四川大学出版社2002年版,第992页。

评论无不表明范仲淹是有功于儒家道统传承的,"世济忠直,有功名教"①。
王梓材说:"高平行辈不后于安定、泰山。"②《宋元学案·高平学案》传授表
中,除其四个儿子外,列富弼、张方平、张载、石介、李觏、刘牧、吕希哲等为门
人,胡瑗、孙复、周敦颐为"讲友",韩琦、欧阳修为"同调"③。正如全祖望
所说:

> 有宋真、仁二宗之际,儒林之草昧也。当时濂、洛之徒方萌芽而未出,
> 而睢阳戚氏在宋,泰山孙氏在齐,安定胡氏在吴,相与讲明正学,自拔于尘
> 俗之中。亦会值贤者在朝,安阳韩忠献公、高平范文正公、乐安欧阳文忠
> 公皆卓然有见于道之大概,左提右挈,于是学校遍于四方,师儒之道
> 以立。④

表明濂、洛、关、闽之宋代道学的主流勃兴以前,有范仲淹等先驱诸贤为其前
导,"左提右挈"、立"师儒之道",广设学校,传播斯理,道学乃得兴盛。

二是范仲淹的思想直接影响了胡瑗、孙复、张载、李觏等人,对宋代道学
之勃兴实有开创之功。《宋元学案》把胡瑗列为第一学案(《安定学案》),
清代学者全祖望说:"宋世学术之盛,安定、泰山为之先河,程、朱二先生皆
以为然。安定沉潜,泰山高明,安定笃实,泰山刚健,各得其性禀之所近。要
其力肩斯道之传,则一也。"⑤但又说:"晦翁推原学术,安定、泰山而外,高平

---

① (清)范文程:《重修先文正魏国公墓道飨堂碑记》,《范仲淹全集》附录五,李勇先、王蓉
贵校点,四川大学出版社2002年版,第1148页。

② (清)黄宗羲原著,全祖望补修:《宋元学案》卷首《宋元儒学案序录》,中华书局1986年
版,第1册第2页。

③ (清)黄宗羲原著,全祖望补修:《宋元学案》卷三《高平学案》,中华书局1986年版,第1
册第131—142页。

④ (清)全祖望:《鲒埼亭集外编》卷六《庆历五先生书院记》,《四部丛刊》初编本;又见
(清)黄宗羲原著,全祖望补修:《宋元学案》卷三《高平学案》,中华书局1986年版,第1册第
134页。

⑤ (清)黄宗羲原著,全祖望补修:《宋元学案》卷一《安定学案》,中华书局1986年版,第1
册第23页。

范魏公其一也。高平一生粹然无疵,而导横渠以入圣人之室,尤为有功。"①实际上,范仲淹不仅"导横渠以入圣人之室",而且也是"宋初三先生"的引路者。② 朱熹说:"文正公门下多延贤士,如胡瑗、孙复、石介、李觏之徒,与公从游,昼夜肄业。"③《宋史·范纯仁传》亦说:"仲淹门下多贤士,如胡瑗、孙复、石介、李觏之徒,纯仁皆与从游。"④显然,胡瑗、孙复、石介、李觏等人都是范仲淹门下的贤士。天圣五年(1027),范仲淹寓南都,受晏殊之请掌教应天府书院。据《范文正公年谱》载:"由是四方从学者辐辏,其后以文学有声名于场屋、朝廷者,多其所教也。"⑤《宋元学案》虽然将《安定学案》《泰山学案》列于《高平学案》之前,不过在述胡安定、孙泰山二人生平之前,都冠以"高平讲友"⑥。可以说,正是范仲淹和"宋初三先生"等人的共同努力,庆历新政确立了"明体达用之学"⑦。而且朱熹认为二程与周敦颐的关系,同张载与范仲淹的关系是类似的。《晦庵先生朱文公文集》卷三《与汪尚书》说:"又蒙喻及二程之于濂溪,亦若横渠之于范文正耳。……若横渠之于文正,则异于是,盖当时粗发其端而已。受学乃先生自言,此岂自诬者耶?"⑧明代毛一鹭在《万历刊文正公集序》中也认为:"余独谓有宋三百年文明之运,实自公始。"⑨范仲淹的思想直接影响了张载、孙复、胡瑗、李觏等人,"公之文

① (清)黄宗羲原著,全祖望补修:《宋元学案》卷三《高平学案》,中华书局1986年版,第1册第133页。
② 参见李存山:《范仲淹与宋代新儒学》,《湖南大学学报(社会科学版)》2008年第1期。
③ (宋)朱熹:《三朝名臣言行录》卷一一,《四部丛刊》初编本。
④ (元)脱脱等:《宋史》卷三一四《范纯仁传》,中华书局1977年版,第10282页。
⑤ (宋)楼钥:《范文正公年谱》,《范仲淹全集》附录二,李勇先、王蓉贵校点,四川大学出版社2002年版,第870页。
⑥ (清)黄宗羲原著,全祖望补修:《宋元学案》卷一《安定学案》、卷二《泰山学案》,中华书局1986年版,第1册第24、72页。
⑦ (清)黄宗羲原著,全祖望补修:《宋元学案》卷一《安定学案》,中华书局1986年版,第1册第25页。
⑧ (宋)朱熹:《晦庵先生朱文公文集》卷三〇《与汪尚书》,朱杰人、严佐之、刘永翔主编:《朱子全书》第21册,上海古籍出版社、安徽教育出版社2002年版,第1305页。
⑨ (明)毛一鹭:《万历刊范文正公集序》,《范仲淹全集》附录三,李勇先、王蓉贵校点,四川大学出版社2002年版,第949页。

以理为主,其教人以六经六官为师。张横渠则授之《中庸》,孙明复、狄武襄则授之《春秋》,与胡安定定礼乐明堂,与李泰伯论屯田,与子纯仁讲行乡饮酒礼,诸如此类,胪载集中。当是时,四大家皆晚进未出,濂、洛、关、闽之传亦未显行于西北,而公能洗发眼目于诸子之前,疏通道脉于语言文字之外,宋氏文明实肇基于此。"①这里肯定了范仲淹在开创宋代道学、对于儒家道统之传的贡献。张载之学的思想渊源虽非来自一人,但范仲淹对他有影响是无疑的。《宋元学案》卷三《高平学案》有王梓材案语:"横渠之于高平,虽非从学,然论其学之所自,不能不追溯高平也。"②不仅如此,《宋元学案》之《高平学案》列濂溪为讲友,而《濂溪学案》亦列范仲淹为讲友。在范仲淹知润州时,周敦颐曾从游于范仲淹,时胡瑗亦同在,讲贯之益必多,二程师周敦颐,也间接受范仲淹之影响。

三是范仲淹身体力行传仁义之道是对儒家道统思想的直接传承。儒学重实践,尧舜禹汤文武周公列圣相承,皆为行道,而孔孟集其大成。孔子亦谓:"我欲载之空言,不如见之于行事之深切著明也。"但至两汉隋唐,对于经学虽重名物章句,难免有忽力行,因此,韩愈说:"轲之死不得其传焉。"③再经唐末五代,儒学益衰。范仲淹对此情形在《上时相议制举书》中已明确言之,并说明儒家经学致用之要。④ 范仲淹不仅言其道,而且身体力行传道、行道,乃使儒学之核心价值"仁义之道"又深明于世人。

范仲淹在《近名论》中引《孟子》曰:"尧舜性之也,性本仁义。三王身之也,躬行仁义。五霸假之也。"⑤范仲淹一生不仅有其言,而且有其行,宋人王

---

① （明）毛一鹭:《万历刊范文正公集序》,《范仲淹全集》附录三,李勇先、王蓉贵校点,四川大学出版社 2002 年版,第 950 页。

② （清）黄宗羲原著,全祖望补修:《宋元学案》卷三《高平学案》,中华书局 1986 年版,第 1 册第 139 页。

③ （唐）韩愈:《韩昌黎全集》卷一一《原道》,世界书局 1935 年版,第 174 页。

④ "故俊哲之人,入乎六经,则能服法度之言,察安危之几,陈得失之鉴,析是非之辨,明天下之制,尽万物之情。使斯人之徒辅成王道,复何求哉!"(《范文正公文集》卷一〇《上时相议制举书》,《范仲淹全集》,李勇先、王蓉贵校点,四川大学出版社 2002 年版,第 237—238 页。)

⑤ （宋）范仲淹:《范文正公文集》卷七《近名论》,《范仲淹全集》,李勇先、王蓉贵校点,四川大学出版社 2002 年版,第 155 页。

十朋《范文正公赞》云："堂堂范公，人中之龙。正色立朝，奸邪不容。材兼文武，永履仁义。"①赞扬范仲淹践履仁义。富弼在《范文正公仲淹墓志铭》中说："凡所设施，必本仁义而将之以刚决，未尝为人屈挠。"②宋人潜说友《吴郡建祠奉安文正公讲义》说："我是以知公之功之立，皆仁义之所成就。公在天圣中，遗宰相书无虑万言，经济规模，大抵略见。其后为牧守，为将帅，为执政，平生所为，无出于此，盖言之必可行也。"③南宋晁公武《郡斋读书志》说，范仲淹"为学明经术，……慨然有康济之志，作文章尤以传道为任"④。元代汪泽民《苏州郡学范文正公祠记》论及范仲淹"问学本乎六经，蹈履合乎仁义"⑤。明代蔡增誉《万历本范文正公集序》亦说："公每道古先圣贤事业，辄趑趄勉慕，恨不以身当之。"⑥

总之，儒家道统体现了儒家追求的核心价值和一代又一代儒者继承与弘扬道统的责任。基于孔子、孟子对儒学的影响，使韩愈在其《原道》中把"仁义"定为儒家的核心价值和学派的标志。韩愈在《原道》中说："斯吾所谓道也，非向所谓老与佛之道也。"⑦韩愈所言仁义之道，即"博爱之谓仁，行而宜之之谓义，由是而之焉之谓道，足乎己无待于外之谓德"⑧。"仁义"不仅是一个道德范畴，"仁与义为定名，道与德为虚位"⑨，儒家的仁义之道是天道与人道的统一。儒学在宋代重振，出现理学之盛，范仲淹有开创之功。范仲淹不仅兴

① （宋）王十朋：《梅溪前集》卷一一《范文正公》，文渊阁《四库全书》本。
② （宋）富弼：《范文正公仲淹墓志铭》，《范仲淹全集》附录一，李勇先、王蓉贵校点，四川大学出版社2002年版，第823页。
③ （宋）潜说友：《吴郡建祠奉安文正公讲义》，《范仲淹全集》附录五，李勇先、王蓉贵校点，四川大学出版社2002年版，第1117页。
④ （宋）晁公武：《郡斋读书志校证》卷一九，孙猛校证，上海古籍出版社2011年版，第978页。
⑤ （元）汪泽民：《苏州郡学范文正公祠记》，《范仲淹全集》附录五，李勇先、王蓉贵校点，四川大学出版社2002年版，第1133页。
⑥ （明）蔡增誉：《万历本范文正公集序》，《范仲淹全集》附录三，李勇先、王蓉贵校点，四川大学出版社2002年版，第948页。
⑦ （唐）韩愈：《韩昌黎全集》卷一一《原道》，世界书局1935年版，第174页。
⑧ （唐）韩愈：《韩昌黎全集》卷一一《原道》，世界书局1935年版，第172页。
⑨ （唐）韩愈：《韩昌黎全集》卷一一《原道》，世界书局1935年版，第172页。

学立师,提挈奖掖人才,而且范仲淹长于《易》,重视义理解经,重视《中庸》《春秋》,传儒家仁义之道,并试图重建儒家心性之学。《宋元学案》为范仲淹专立《高平学案》以记其学术功绩绝非偶然,范仲淹作为"濂、洛之前茅"①,其思想对胡瑗、孙复、张载、李觏、周敦颐、二程等人有直接或间接的影响,就此而言,儒家道统的传承与范仲淹的努力分不开,在儒家道统发展史上应占有重要一席。

五、范仲淹赋体现的民本思想

根据宋代文学家苏轼在《范文正公文集序》中说:"今其集二十卷,为诗赋二百六十八,为文一百六十五,其余仁义礼乐忠信孝悌,盖如饥渴之于饮食。"②《四库全书总目》在对《文正集》提要时说:"仲淹人品事业卓绝一时,本不借文章以传,而贯通经术,明达政体,凡所论著,一一皆有本之言,固非虚饰词藻者所能,亦非高谈心性者所及。"③《四部丛刊》本《范文正公集》收范仲淹赋36篇,《御定历代赋汇》④收38篇。《范仲淹全集》⑤收38篇,其中13篇收入《文集》,23篇收入《别集》、2篇收入《范文正公集续补》。对于范仲淹现存赋的数量,在宋代文学家中也是较多的。这里以现存范仲淹的赋为中心,对范仲淹赋阐发的民本思想进行探讨。

(一) 范仲淹的赋

范仲淹的赋分为古赋和律赋两类,收入《范仲淹全集》的38篇赋中有古赋3篇,即《明堂赋》《秋香亭赋》《灵乌赋》;律赋35篇,即《老人星赋》《蒙以

---

① (清)黄宗羲原著,全祖望补修:《宋元学案》卷三《高平学案》,中华书局1986年版,第1册第134页。

② (宋)苏轼:《范文正公文集序》,四部丛刊集部《范文正集》卷首。

③ (清)纪昀等:《四库全书总目》(整理本),中华书局1997年版,第2041页。

④ (清)陈元龙编:《御定历代赋汇》,清康熙四十五年内府刊本。

⑤ 《范仲淹全集》,李勇先、王蓉贵校点,四川大学出版社2002年版。

养正赋》《老子犹龙赋》《今乐犹古乐赋》《礼义为器赋》《省试自诚而明谓之性赋》《临川羡鱼赋》《金在镕赋》《水车赋》《尧舜帅天下以仁赋》《君以民为体赋》《用天下心为心赋》《六官赋》《任官惟贤材赋》《铸剑戟为农器赋》《从谏如流赋》《贤不家食赋》《圣人大宝曰位赋》《穷神知化赋》《得地千里不如一贤赋》《乾为金赋》《阳礼教让赋》《王者无外赋》《易兼三材赋》《淡交若水赋》《养老乞言赋》《体仁足以长人赋》《天骥呈才赋》《稼穑惟宝赋》《天道益谦赋》《水火不相入而相资赋》《圣人抱一为天下式赋》《大礼与天地同节赋》《政在顺民心赋》《制器尚象赋》。

关于范仲淹赋写作的时间,根据学者的研究,3篇古赋中的《明堂赋》作于宋真宗大中祥符七年(1014),《灵乌赋》和《秋香亭赋》作于景祐三年(1036)。35篇律赋中,除了《省试自诚而明谓之性赋》,其他无明确的写作时间。有学者根据当时文人的普遍情况以及宋初科举考试的内容研究,认为范仲淹的这些赋极大可能作于他27岁中进士之前,认为现存的这些律赋是为应举而进行的试笔之作,而范仲淹集中精力求学是在大中祥符二年至大中祥符八年(1009—1015)①。律赋兴盛于唐,"或祖述王道,或褒赞国风,或研究物情,或规诫人事"②。宋代以来,赋主要是应付礼部贡试的科举文体,往往不受重视③,但宋代律赋在天圣、明道年间发生了变化,而"少游文场,尝橐词律"④的范仲淹对这种转变起了一定的作用,因此,也有学者认为,他的律赋主要在天圣、明道年间(1023—1033)完成⑤。可见,对于范仲淹多数律赋创作的时间目

---

① 参见曹顺庆、李凯:《范仲淹赋文学之研究》,范止安主编:《范学论文集》下册,香港新亚洲文化基金会有限公司2004年版,第155—156页。

② (宋)范仲淹:《范文正公别集》卷四《赋林衡鉴序》,《范仲淹全集》,李勇先、王蓉贵校点,四川大学出版社2002年版,第508页。

③ 方健:《范仲淹与范成大》,刘再明主编:《范学论文集》上册,新亚洲文化基金会有限公司2004年版,第293页。

④ (宋)范仲淹:《范文正公别集》卷四《赋林衡鉴序》,《范仲淹全集》,李勇先、王蓉贵校点,四川大学出版社2002年版,第509页。

⑤ 参见周兴涛:《论范仲淹的文学成就》,四川大学2003年硕士学位论文;又见周兴涛:《论范仲淹的律赋》,范止安主编:《范学论文集》第4卷,香港景范教育基金会2006年版,第382页。

前尚无一致意见。

从收入《范仲淹全集》38 篇赋的内容来看,范仲淹已大大拓展了律赋的内容,其内容更多是发挥经义,阐发儒家和道家义理,抒发其政治抱负、济世理想,论治国之道、君臣之道、人才观、民本观等,阐述修身养性与治道的关系,具有强烈的时代感和担当意识,为律赋在宋代的发展注入了新的活力。

仁政思想是儒家政治思想的核心,源于孔子的仁学,经孟子而发展。范仲淹的《明堂赋》《水车赋》《今乐犹古乐赋》《用天下心为心赋》《尧舜帅天下以仁赋》《君以民为体赋》《体仁足以长人赋》《政在顺民心赋》《稼穑惟宝赋》等阐发了儒家的仁政思想。要求当政者爱民,施惠于民。进而要求君王重视、尊重人才,任官唯贤,范仲淹认为,这是仁政思想实现的关键。这方面的内容主要体现在《任官惟贤材赋》《六官赋》《金在镕赋》《得地千里不如一贤赋》《养老乞言赋》《易兼三材赋》《天骥呈才赋》《圣人大宝曰位赋》《贤不家食赋》等赋中。礼乐是儒家施行教化的手段,范仲淹赋中阐述礼乐刑政的有《礼义为器赋》《今乐犹古乐赋》《阳礼教让赋》《大礼与天地同节赋》。阐述修身养性的有《省试自诚而明谓之性赋》《蒙以养正赋》《淡交若水赋》《临川羡鱼赋》。不仅如此,范仲淹的赋也发挥了道家思想中自然无为的思想。反映这方面内容的赋主要有《圣人抱一为天下式赋》《老子犹龙赋》《用天下心为心赋》《淡交若水赋》和《秋香亭赋》等。如《用天下心为心赋》说:"得天下为心之要,示圣王克己之仁。"[1]其中"得天下为心之要"出自老子《道德经》:"圣人无常心,以百姓心为心。"[2]范仲淹的"天下心"即老子所言的"百姓心",这是中国古代民本思想的精髓。

(二) 范仲淹赋体现的民本思想

范仲淹赋从发挥儒家、道家经义出发,深刻地阐述了自己的民本思想,其

---

[1] (宋)范仲淹:《用天下心为心赋》,《范仲淹全集》,李勇先、王蓉贵校点,四川大学出版社 2002 年版,第 20 页。

[2] (魏)王弼:《道德真经注》,《道藏》第 12 册,第 284 页。

核心是爱民、顺民、养民。这里的"民"是一个泛称,在范仲淹的作品中经常提及的有"四民""六民""万民""兆民""庶民""黎民""黎庶""民庶""黔首""百姓"等词汇。关于"四民"和"六民"之说,在秦以前,儒者把民分为士、农、工、商四个职业阶层。秦汉以后,又出现了"六民"说。正如范仲淹在《上执政书》中所言:"盖古者四民,秦汉之下,兵及缁黄,共六民矣。今又六民之中,浮其业者不可胜纪,此天下之大蠹也。"①对于当时四民的地位和境遇,范仲淹写有《四民诗》。在范仲淹的赋中,《用天下心为心赋》《君以民为体赋》《政在顺民心赋》等集中反映了范仲淹的民本观。

1. 以民为体

民惟邦本,国无民无以立;爱民是治国之基,施政之本。《政在顺民心赋》说:"政者为民而设,民者惟政是平。违之则事悖,顺之则教兴"②。范仲淹在《君以民为体赋》中以身体作比喻,论证君与民之间休戚与共的关系:"育黎庶而是切,喻肌体而可分。正四民而似正四支,每防怠惰;调百姓而如调百脉,何患纠纷。""爱民则因其根本,为体则厚其养育。""谓民之爱也,莫先乎四体;谓国之保也,莫大乎群黎。"③君以民为体,强调"民"的重要。"体"除有身体之意,也有根本、本体的含义。范仲淹在其赋中强调施政者爱民、顺应民意的重要性。范仲淹认为,为政不可"肆予一人之意,则国必颠危;伸尔万邦之怀,则人将鼓舞"④。认为"在上者弗私其欲,居下者孰敢不遵。务材训农,皆因民之所利;布德行惠,常舍己以从人。今我后稽古省方,顺时察俗。上克承于天道,下弗违于民欲"⑤。《体仁足以长人赋》也根据《周易》乾卦之义阐发"君体仁

① (宋)范仲淹:《上执政书》,《范仲淹全集》,李勇先、王蓉贵校点,四川大学出版社 2002 年版,第 216 页。

② (宋)范仲淹:《政在顺民心赋》,《范仲淹全集》,李勇先、王蓉贵校点,四川大学出版社 2002 年版,第 504 页。

③ (宋)范仲淹:《君以民为体赋》,《范仲淹全集》,李勇先、王蓉贵校点,四川大学出版社 2002 年版,第 478 页。

④ (宋)范仲淹:《用天下心为心赋》,《范仲淹全集》,李勇先、王蓉贵校点,四川大学出版社 2002 年版,第 20 页。

⑤ (宋)范仲淹:《政在顺民心赋》,《范仲淹全集》,李勇先、王蓉贵校点,四川大学出版社 2002 年版,第 504 页。

道,随彼尊仰"之理。"原夫《易》象洞分,乾元光启。谓元之德也,莫大乎始生之道;生之善也,莫若夫至仁之体。……君子乃时法斯道,力行乎仁。侔刚健之克著,致恻隐以昭陈。敦惠爱以为心,首出庶物;得慈和而示化,利见大人。……岂不以体其仁则物皆尊戴,居其长则民咸悦随。君非仁则曷享于推戴,人非长则宁致于淳熙。"①

范仲淹的赋在论述其民本观时,也往往借鉴历史。如《用天下心为心赋》引证说:"尧舜则舍己从人,同底与道;桀纣则以人从欲,自绝于天"②。范仲淹极为推崇历史上尧舜仁化天下的经验,其方法是"舍己从人",即约束统治者的欲望服从民众利益;而桀纣则是"以人从欲",即牺牲民众利益满足统治者的欲望,这正是范仲淹以史为鉴提供的两面镜子。③

2. 施政之道在于"顺民"

《用天下心为心赋》说:"得天下为心之要,示圣王克己之仁。政必顺民,荡荡洽大同之化。"④强调要得天下之心,必须顺应民意。虽然律赋论治国之道,并非范仲淹首创,但范仲淹对律赋的内容进行了拓展,他针对时弊,倡导变革。政在顺民心是范仲淹民本思想的集中体现。范仲淹认为,政为民而设,民为邦之本,要实行有效的统治,仅仅依靠刑典是不够的。他在《政在顺民心赋》中就提出"上克承于天道,下弗违于民欲"⑤的原则,认为"发号施令,实允协于群情""举刑罚罪,因众弃而方行"⑥。强调政令要顺应民心民情。《用天下心为心赋》说:"不以己欲为欲,而以众心为心。达彼群情,侔天地之化育;

---

① （宋）范仲淹:《体仁足以长人赋》,《范仲淹全集》,李勇先、王蓉贵校点,四川大学出版社2002年版,第496页。

② （宋）范仲淹:《用天下心为心赋》,《范仲淹全集》,李勇先、王蓉贵校点,四川大学出版社2002年版,第21页。

③ 参见安立志:《范仲淹的民本观》,《唯实》2014年第5期。

④ （宋）范仲淹:《用天下心为心赋》,《范仲淹全集》,李勇先、王蓉贵校点,四川大学出版社2002年版,第20页。

⑤ （宋）范仲淹:《政在顺民心赋》,《范仲淹全集》,李勇先、王蓉贵校点,四川大学出版社2002年版,第504页。

⑥ （宋）范仲淹:《政在顺民心赋》,《范仲淹全集》,李勇先、王蓉贵校点,四川大学出版社2002年版,第503—504页。

洞夫民隐,配日月之照临。"①"己欲"即私欲,"众心"即天下之心,也是老子《道德经》所说的百姓之心,老子曰:"圣人无常心,以百姓心为心。善者,吾善之;不善者,吾亦善之,德善。信者,吾信之;不信者,吾亦信之,德信。圣人在天下,歙歙为天下浑其心,百姓皆注其耳目,圣人皆孩之"②。其目的是"爱将众同,乐与人共"③。只有这样,才能实现善政,"以见百姓为心,万邦惟庆。无一物不得其所,无一夫不遂其性。所以感其和气,所以谓之善政。"④这种对民心民意的重视,体现了范仲淹的民本观。

范仲淹从君王为政的角度,从实践层面对"政必顺民"提出了要求。一是要"审民之好恶,察政之否臧"⑤。以民之好恶作为施政的出发点和落脚点,同时这也是检验施政得失的标准。于是,主张"有疾苦必为之去,有灾害必为之防"⑥,把"振穷恤贫"的"救民之弊"放在首位,"振穷恤贫,必俯从于众望"⑦。二是要以天下心为心,体现在行动上即是"彼惧烦苛,我则崇简易之道;彼患穷夭,我则修富寿之方"⑧。"彼患困穷,我则跻之以富庶;彼忧苛虐,我则抚之以仁慈。"⑨这是针对时弊提出的具体改革之方,具有很强的针对性。

① (宋)范仲淹:《用天下心为心赋》,《范仲淹全集》,李勇先、王蓉贵校点,四川大学出版社2002年版,第21页。

② (魏)王弼:《道德真经注》,《道藏》第12册,第284页。

③ (宋)范仲淹:《用天下心为心赋》,《范仲淹全集》,李勇先、王蓉贵校点,四川大学出版社2002年版,第21页。

④ (宋)范仲淹:《政在顺民心赋》,《范仲淹全集》,李勇先、王蓉贵校点,四川大学出版社2002年版,第503—504页。

⑤ (宋)范仲淹:《用天下心为心赋》,《范仲淹全集》,李勇先、王蓉贵校点,四川大学出版社2002年版,第20页。

⑥ (宋)范仲淹:《用天下心为心赋》,《范仲淹全集》,李勇先、王蓉贵校点,四川大学出版社2002年版,第20页。

⑦ (宋)范仲淹:《政在顺民心赋》,《范仲淹全集》,李勇先、王蓉贵校点,四川大学出版社2002年版,第503页。

⑧ (宋)范仲淹:《用天下心为心赋》,《范仲淹全集》,李勇先、王蓉贵校点,四川大学出版社2002年版,第21页。

⑨ (宋)范仲淹:《政在顺民心赋》,《范仲淹全集》,李勇先、王蓉贵校点,四川大学出版社2002年版,第503页。

3."顺民"之要在于"养民"

范仲淹《君以民为体赋》以"君育黎庶,如彼身体"为题,要求君王爱民、养民。在范仲淹看来,顺民只是治标,治本还得养民。"爱民则因其根本,为体则厚其养育"①。而养民必先务农。只有重视发展农业生产,才能使百姓安居乐业。"农政既修,则衣食足;衣食足,则爱肤体;爱肤体,则畏刑罚;畏刑罚,则寇盗自息,祸乱不兴。"②于是国家自然太平。范仲淹在《答手诏条陈十事》中提出的"厚农桑"和"减徭役"等措施既是养民之政,又是富国之策,是谓"圣人之德,发于善政;天下之化,起于农亩"③。发展农业生产成为事关国计民生的大事。而要发展农业生产,就要改善农业生产条件,重视兴修水利。《铸剑戟为农器赋》认为,"兵者凶器,食惟民天。出剑戟而铸矣,为稼穑之用焉"④。

《政在顺民心赋》说:"王者广育黔首,诞布皇明。""振穷恤贫,必俯从于众望。"而要养民就得厚农,强调把发展农业生产放在首位。因为在中国封建社会,农业具有极其重要的地位,农业直接关系到封建社会经济的发展和封建统治的稳定。搞好农业生产是使民衣食足的根本措施。《稼穑惟宝赋》说:"谓养民而可取,必重谷而无舍。惟农是务,诚天下之本钦;以宝为名,表物中之贵者。"农为天下根本,故为政者应贵五谷,劝农桑,宝稼穑,以期丰衣足食。"资时者稼穑,务本者惟王。""耒耜无废,黍稷是崇。""得之则九年利用,阙之则百姓食贫。""此盈畴而是贵,彼韫椟而何为。""今国家崇后稷之功,广神农之道。既丰年以为瑞,盖惟谷而是宝。"⑤《铸剑戟为农器赋》说:"公田尽辟,启兆民

①　(宋)范仲淹:《君以民为体赋》,《范仲淹全集》,李勇先、王蓉贵校点,四川大学出版社2002年版,第478页。

②　(宋)范仲淹:《答手诏条陈十事》,《范仲淹全集》,李勇先、王蓉贵校点,四川大学出版社2002年版,第533页。

③　(宋)范仲淹:《答手诏条陈十事》,《范仲淹全集》,李勇先、王蓉贵校点,四川大学出版社2002年版,第533页。

④　(宋)范仲淹:《铸剑戟为农器赋》,《范仲淹全集》,李勇先、王蓉贵校点,四川大学出版社2002年版,第481页。

⑤　(宋)范仲淹:《稼穑惟宝赋》,《范仲淹全集》,李勇先、王蓉贵校点,四川大学出版社2002年版,第500页。

富庶之先。""务材训农,假工人之鼓铸;备物致用,取田畯之规模。"①民以食为天,为政者应辟公田,务材训农,改进农具,劝民力稼穑。《明堂赋》也论及农事,"布农事于准直","修法制以谨收藏之令","劳三农于休息"②。《君以民为体赋》说:"劝农勉人,戒不勤而是速。"③《政在顺民心赋》说:"务材训农,皆因民之所利。"④在范仲淹进行的改革中,他不仅提出了"厚农桑""减徭役"等改革措施,而且躬身实践,劝课农桑,兴修水利,尽量减少农民负担,使其安居乐业。范仲淹在东南以兴修水利、发展农业与减轻农民差役之苦为主;在西北以垦耕荒芜土地、减轻农民差役与支移负担及训练民众备战为其重心。

4."养民"之政关键在人才

范仲淹认为:"政者为民而设,民者惟政是平。违之则事悖,顺之则教兴。乃古今之必重,实圣贤之所能。"⑤范仲淹所处时期的北宋,外有"戎狄"扰边,内有"积成冗官""滥进之极",所以他反对"以资考序进",而主张"举荐擢任"。如不任贤而"才与不才,一涂并进",必致"能政者十无二三,谬政者十有七八"⑥。人才是关系国家治乱兴衰的重要因素。在范仲淹赋中集中论述其人才观的有《任官惟贤材赋》《贤不家食赋》《得地千里不如一贤赋》《养老乞言赋》《天骥呈才赋》等。"岂不以天下之政也,惟贤是经;天下之情也,得贤而宁。所以宅兹百揆,所以康彼万灵。"⑦认为,要使天下安宁者莫先于得贤。"岂不以贤

① (宋)范仲淹:《铸剑戟为农器赋》,《范仲淹全集》,李勇先、王蓉贵校点,四川大学出版社2002年版,第481页。

② (宋)范仲淹:《明堂赋》,《范仲淹全集》,李勇先、王蓉贵校点,四川大学出版社2002年版,第2—3页。

③ (宋)范仲淹:《君以民为体赋》,《范仲淹全集》,李勇先、王蓉贵校点,四川大学出版社2002年版,第478页。

④ (宋)范仲淹:《政在顺民心赋》,《范仲淹全集》,李勇先、王蓉贵校点,四川大学出版社2002年版,第504页。

⑤ (宋)范仲淹:《政在顺民心赋》,《范仲淹全集》,李勇先、王蓉贵校点,四川大学出版社2002年版,第504页。

⑥ (宋)范仲淹:《奏乞择臣僚令举差知州通判》,《范仲淹全集》,李勇先、王蓉贵校点,四川大学出版社2002年版,第544页。

⑦ (宋)范仲淹:《贤不家食赋》,《范仲淹全集》,李勇先、王蓉贵校点,四川大学出版社2002年版,第486页。

之得虽少必贵,地之有虽多曷能。舍地得贤兮,邦基以立;失贤有地兮,国难随兴。"①对于贤臣的标准,范仲淹提出:"贤也者才谋不群。当建官而公共,惟任贤而职分。大则论道经邦,帝赍之猷允著;小则陈力就列,家食之叹无闻。"②

范仲淹主张广揽人才,任官唯贤。《任官惟贤材赋》说:"是故每孜孜于仄席,忧在进焉;俾济济以盈庭,野无遗矣。"③针对当时荫补泛滥,范仲淹主张"度其才而后用,授其政而必当"④;"举贤而授能"⑤;"物无不遂,贤无不从"⑥。范仲淹在《上执政书》中提出"固邦本""厚民力"等六条改革措施,其改革的重点是整顿吏治。"固邦本者,在乎举县令,择郡守,以救民之弊也"⑦。可见,范仲淹对地方官擢用与黜退的重视。《答手诏条陈十事》中提出的"明黜陟""择官长"⑧等措施也是范仲淹赋中体现的人才观的反映。

在范仲淹的思想中,其"君臣之道"是君臣"共理天下",这是宋代士人"以天下为己任"的政治自觉的体现,对宋代士人政治主体意识的觉醒起到了引领作用。范仲淹的赋对理想之君、理想之臣及理想之君臣关系都有明确论述。⑨为君之道在于选贤任能,为臣之道在于"论道经邦"和"陈力就列"⑩。

---

① （宋）范仲淹:《得地千里不如一贤赋》,《范仲淹全集》,李勇先、王蓉贵校点,四川大学出版社 2002 年版,第 495 页。

② （宋）范仲淹:《任官惟贤材赋》,《范仲淹全集》,李勇先、王蓉贵校点,四川大学出版社 2002 年版,第 482 页。

③ （宋）范仲淹:《任官惟贤材赋》,《范仲淹全集》,李勇先、王蓉贵校点,四川大学出版社 2002 年版,第 482 页。

④ （宋）范仲淹:《任官惟贤材赋》,《范仲淹全集》,李勇先、王蓉贵校点,四川大学出版社 2002 年版,第 482 页。

⑤ （宋）范仲淹:《六官赋》,《范仲淹全集》,李勇先、王蓉贵校点,四川大学出版社 2002 年版,第 480 页。

⑥ （宋）范仲淹:《尧舜帅天下以仁赋》,《范仲淹全集》,李勇先、王蓉贵校点,四川大学出版社 2002 年版,第 478 页。

⑦ （宋）范仲淹:《上执政书》,《范仲淹全集》,李勇先、王蓉贵校点,四川大学出版社 2002 年版,第 212 页。

⑧ （宋）范仲淹:《答手诏条陈十事》,《范仲淹全集》,李勇先、王蓉贵校点,四川大学出版社 2002 年版,第 524、531 页。

⑨ 参见刘德杰:《范仲淹的"君臣之道"》,《黄河科技大学学报》2007 年第 6 期。

⑩ （宋）范仲淹:《任官惟贤材赋》,《范仲淹全集》,李勇先、王蓉贵校点,四川大学出版社 2002 年版,第 482 页。

这是对儒家"明君贤臣"思想的继承,也与宋代倡导"天子与士大夫同治天下"的背景有关。明君的首要职责在于广纳天下英才,"度其才而后用,授其政而必当"①。对于明君的个人修养,人君当"不以己欲为欲,而以众心为心"②,"抱一为天下式"③。为臣者当"论道经邦"和"陈力就列"④,恪尽职守,"所以均天地之化,所以全君臣之道","于以平天下之政,于以安天下之情"⑤,以"安社稷,跻富寿,答先帝之知,致今上之美"⑥为职责,为君王分忧,共致天下太平。贤臣的个人修养方面,范仲淹在《岳阳楼记》中讲得很清楚,士当"先天下之忧而忧,后天下之乐而乐","居庙堂之高,则忧其民;处江湖之远,则忧其君"⑦。

(三) 分析与评论

范仲淹的思想虽然以儒学为宗,但他出入释道,援释道入儒,因此,他的民本观也不可避免地融合了儒、释、道三教的爱民智慧。强调"君以民为体",认为君王要像养护自己的身体一样养护百姓,诚如范仲淹在《君以民为体赋》中说:

> 圣人居域中之大,为天下之君,育黎庶而是切,喻肌体而可分。正四民而似正四支,每防怠惰;调百姓而如调百脉,何患纠纷。先哲格言,明王

---

① (宋)范仲淹:《任官惟贤材赋》,《范仲淹全集》,李勇先、王蓉贵校点,四川大学出版社2002年版,第482页。

② (宋)范仲淹:《用天下心为心赋》,《范仲淹全集》,李勇先、王蓉贵校点,四川大学出版社2002年版,第21页。

③ (宋)范仲淹:《圣人抱一为天下式赋》,《范仲淹全集》,李勇先、王蓉贵校点,四川大学出版社2002年版,第502页。

④ (宋)范仲淹:《任官惟贤材赋》,《范仲淹全集》,李勇先、王蓉贵校点,四川大学出版社2002年版,第482页。

⑤ (宋)范仲淹:《六官赋》,《范仲淹全集》,李勇先、王蓉贵校点,四川大学出版社2002年版,第480页。

⑥ (宋)范仲淹:《上执政书》,《范仲淹全集》,李勇先、王蓉贵校点,四川大学出版社2002年版,第211页。

⑦ (宋)范仲淹:《岳阳楼记》,《范仲淹全集》,李勇先、王蓉贵校点,四川大学出版社2002年版,第195页。

佩服。爱民则因其根本，为体则厚其养育。①

范仲淹认为，道家老子也以"天地不仁，以万物为刍狗；圣人不仁，以百姓为刍狗"②，"我无为，而民自化；我好静，而民自正；我无事，而民自富；我无欲，而民自朴"③，这种自然无为的方式爱民。因此，他在《君以民为体赋》中说：

> 岂不以君也者舒惨自我，体也者屈伸在予。心和则体俨若，君惠则其民晏如。永贺休戈，攸若息肩之际；乍闻击壤，乐如鼓腹之初。彼以刍狗可方，草芥为比。一则强名于老氏，一则见讥于孟子。曷若我如属辞而比事，终去此而取彼。观其可设，犹指掌以何疑；视之如伤，岂发肤而致毁。④

范仲淹强调政必顺民心，认为"逆其民而理者，虽令不从；顺于民而化焉，其德乃普。是以究其所病，察其所宜。礼应时而沿袭，教随俗以彰施。欲求乎广所及也，必在乎俯而就之"⑤。"其德乃普"出自老子《道德经》第五十四章："修之于身，其德乃真；修之于家，其德乃余；修之于乡，其德乃长；修之于国，其德乃丰；修之于天下，其德乃普。"⑥历代解老注老的人不少，但范仲淹对《道德经》第五十四章的解读与诸家不同，他以独特的视角解老，认为政顺民心，其德乃普。在这里，范仲淹把施政与修德结合起来，将修身与为民融为一体。认为"赜老氏之旨，无欲者观道妙于域中；稽夫子之文，虚受者感人和于天下。

① （宋）范仲淹：《君以民为体赋》，《范仲淹全集》，李勇先、王蓉贵校点，四川大学出版社2002年版，第478页。
② （魏）王弼：《道德真经注》，《道藏》第12册，第273页。
③ （魏）王弼：《道德真经注》，《道藏》第12册，第286页。
④ （宋）范仲淹：《君以民为体赋》，《范仲淹全集》，李勇先、王蓉贵校点，四川大学出版社2002年版，第479页。
⑤ （宋）范仲淹：《政在顺民心赋》，《范仲淹全集》，李勇先、王蓉贵校点，四川大学出版社2002年版，第503页。
⑥ （魏）王弼：《道德真经注》，《道藏》第12册，第285页。

若然则其化也广,其旨也深。不以己欲为欲,而以众心为心"①。如此解老,实是对中国古代民本思想的丰富。

不仅如此,范仲淹赋阐发的民本思想透出了他高度的社会责任感、自觉的担当精神、兼济天下的政治抱负,特别是他对政治与民心、权力与百姓关系的深邃思考以及强烈的忧患意识也使他一生不仅提出了许多兴利除弊的措施,而且身体力行,无论"居庙堂之高",还是"处江湖之远",他论道行道。他在朝则以"至诚许国"②,"每感激论天下事,奋不顾身"③;受贬则能"求民疾于一方,分国忧于千里"④,"进则尽忧国忧民之诚,退则处乐天乐道之分"⑤。他为官一处,能造福一方。总之,范仲淹主张君以民为体、政在顺民心,施政者当爱民、顺民、养民,关注现实民生,至今仍不失其重要意义。

六、范仲淹民本思想溯源及其实践

范仲淹"以名世之才,致位将相,正色立朝,亟意尊主庇民"⑥。无论"居庙堂之高",还是"处江湖之远",他都能胸怀天下,心系百姓,以天下之心为心,为政心顺乎民。也正是这种以民为本的思想,使他能清廉为政,先天下之忧而忧,后天下之乐而乐。

---

① (宋)范仲淹:《用天下心为心赋》,《范仲淹全集》,李勇先、王蓉贵校点,四川大学出版社2002年版,第21页。

② (宋)范仲淹:《谢赐凤茶表》,《范仲淹全集》,李勇先、王蓉贵校点,四川大学出版社2002年版,第422页。

③ (元)脱脱等:《宋史》卷三一四《范仲淹传》,中华书局1977年版,第10268页。

④ (宋)范仲淹:《邓州谢上表》,《范仲淹全集》,李勇先、王蓉贵校点,四川大学出版社2002年版,第419页。

⑤ (宋)范仲淹:《谢转礼部侍郎表》,《范仲淹全集》,李勇先、王蓉贵校点,四川大学出版社2002年版,第423页。

⑥ (清)范文程:《重修先文正魏国公墓道飨堂碑记》,《范仲淹全集》附录五,李勇先、王蓉贵校点,四川大学出版社2002年版,第1148页。

（一）范仲淹的民本思想溯源

中国政治思想中自古就有以民为本的传统。《尚书》中的重民，"民惟邦本，本固邦宁"①；孔子的爱民；孟子的民贵君轻，"民为贵，社稷次之，君为轻。是故得乎丘民而为天子，得乎天子为诸侯，得乎诸侯为大夫"②；荀子的爱民和君舟民水，水能载舟也能覆舟，"君者，舟也；庶人者，水也。水则载舟，水则覆舟"，故"君人者欲安则莫若平政爱民矣"③。这些思想，从先秦、两汉，一直到唐宋，都为历代政治家、思想家阐释并劝诫统治者奉行。

民本思想强调民的重要，无论是"四民"还是"六民"，强调君主的施政要以民为本，这既是一种爱民的表现，又是一种限制君主专制的思想。《尚书》中最能表达民本思想的是《洪范》，其中谈到了天子要尊重民意，要用心去聆听民众的意见：

> 汝则有大疑，谋及乃心，谋及卿士，谋及庶人，谋及卜筮。
>
> 汝则从，龟从，筮从，卿士从，庶民从，是之谓大同。……汝则从，龟从，筮从，卿士逆，庶民逆，吉。卿士从，龟从，筮从，汝则逆，庶民逆，吉。
>
> 庶民从，龟从，筮从，汝则逆，卿士逆，吉。④

天子、卿士、庶民、卜、筮五者，其中三可二否便可施行。在这里，庶民享有五分之一的决策权，可见对民意的重视。

孔子主张爱民，"道千乘之国，敬事而信，节用而爱人，使民以时"⑤。认为

---

① （汉）孔安国传，（唐）孔颖达疏：《尚书注疏》卷七《五子之歌》，明嘉靖李元阳福建刻隆庆二年重修刊本。

② 万丽华、蓝旭译注：《孟子》卷一四《尽心下》，中华书局2006年版，第324页。

③ （清）王先谦撰：《荀子集解》卷五《王制篇第九》，中华书局1988年版，第152—153页。

④ （汉）孔安国传，（唐）孔颖达疏：《尚书注疏》卷一一《洪范》，明嘉靖李元阳福建刻隆庆二年重修刊本。

⑤ 杨伯峻：《论语译注》卷一《学而》，中华书局1980年版，第4页。

国家不可失信于民,要节用而爱人。主张施行仁政,孔子说:

> 闻有国有家者,不患寡而患不均,不患贫而患不安。盖均无贫,和无寡,安无倾。夫如是,故远人不服,则修文德以来之。既来之,则安之。①

孔子所关心的是财富的平均分配,是典型的以民为施政对象,而施政的方式就是仁政。

孟子进一步阐发了以民为本的思想。他把民心民意与国家政权联系起来考察,孟子在《离娄上》中说:

> 桀纣之失天下也,失其民也。失其民者,失其心也。得天下有道:得其民,斯得天下矣。得其民有道:得其心,斯得民矣。得其心有道:所欲与之聚之,所恶勿施尔也。②

其中的"失其心",即失去民心;"得其心",即得民心。强调治国的成败在于是否顺应民心民意,所以孟子说:"民为贵,社稷次之,君为轻。"③

范仲淹的民本思想实是对中国先秦以来民本思想的继承和丰富。范仲淹自幼受到儒家思想的教育和熏陶。他"游心儒术"④,"大通六经之旨"⑤。他强调高以下为基,邦以民为本的理念。他以人事解《周易》阐述自己的政治理念,贯穿的是以民为本的思想。

范仲淹早年的生活经历以及长期任地方官的生涯,使他对民间疾苦多有

---

① 杨伯峻:《论语译注》卷一六《季氏》,中华书局1980年版,第172页。
② 万丽华、蓝旭译注:《孟子》卷七《离娄上》,中华书局2006年版,第154页。
③ 万丽华、蓝旭译注:《孟子》卷一四《尽心下》,中华书局2006年版,第324页。
④ (宋)范仲淹:《范文正公文集》卷一八《遗表》,《范仲淹全集》,李勇先、王蓉贵校点,四川大学出版社2002年版,第426页。
⑤ (清)范文程:《重修先文正魏国公墓道飨堂碑记》,《范仲淹全集》附录五,李勇先、王蓉贵校点,四川大学出版社2002年版,第1148页。

了解。他深知"民之疾苦,物之情伪"①。他早在青年时期,就"慨然有志于天下"②。他步入仕途后,在朝则以"至诚许国"③;受贬则能"求民疾于一方,分国忧于千里"④,"不以己欲为欲,而以众心为心","何以致圣功之然哉,从民心而已矣"⑤。

(二) 范仲淹的民本思想及其实践

范仲淹为官三十余年,其民本思想体现在多方面,大致可概括为"忧民""爱民""富民""育民"和"乐民"。

1. 范仲淹的"忧民"

北宋王朝的积贫积弱,内忧外患,使范仲淹不仅具有强烈的忧患意识,而且他一生身体力行,"以天下为己任"⑥。他的"忧民"是与"忧国"紧紧联系在一起的。范仲淹主张为政必须顺应民心。他认为,"逆其民而理者,虽令不顺;顺于民而化焉,其德乃普"。将修身与为民融为一体。范仲淹认为,政为民而设,民为邦之本。他强调国家应该为民着想。治政应顺乎民意,"以见百姓为心",此谓之"善政"⑦。

范仲淹认为善政在于养民。在他看来,"民"是最重要的。君主要把"民"当作自己的身体一样去爱护。他在《君以民为体赋》中说:

① (宋)范仲淹:《范文正公文集》卷一七《让观察使第三表》,《范仲淹全集》,李勇先、王蓉贵校点,四川大学出版社 2002 年版,第 408 页。

② (宋)欧阳修:《文忠集》卷二一《资政殿学士户部侍郎文正范公神道碑铭》,文渊阁《四库全书》本。

③ (宋)范仲淹:《谢赐凤茶表》,《范仲淹全集》,李勇先、王蓉贵校点,四川大学出版社 2002 年版,第 422 页。

④ (宋)范仲淹:《邓州谢上表》,《范仲淹全集》,李勇先、王蓉贵校点,四川大学出版社 2002 年版,第 419 页。

⑤ (宋)范仲淹:《用天下心为心赋》,《范仲淹全集》,李勇先、王蓉贵校点,四川大学出版社 2002 年版,第 21 页。

⑥ (清)范文程:《重修先文正魏国公墓道飨堂碑记》,《范仲淹全集》附录五,李勇先、王蓉贵校点,四川大学出版社 2002 年版,第 1148 页。

⑦ (宋)范仲淹:《政在顺民心赋》,《范仲淹全集》,李勇先、王蓉贵校点,四川大学出版社 2002 年版,第 503—504 页。

　　圣人居域中之大,为天下之君,育黎庶而是切,喻肌体而可分。正四民而似正四支,每防急惰;调百姓而如调百脉,何患纠纷。先哲格言,明王佩服。爱民则因其根本,为体则厚其养育。胜残去杀,见远害而在斯;劝农勉人,戒不勤而是速。善喻非远,嘉猷可稽。谓民之爱也,莫先乎四体;谓国之保也,莫大乎群黎。使必以时,岂有嗟于尽瘁;治当未乱,宁有悔于噬脐。①

　　而养民必先务农。他在《答手诏条陈十事》中说:"《书》曰:'德惟善政,政在养民。'……养民之政,必先务农;农政既修,则衣食足;衣食足,则爱肤体;爱肤体,则畏刑罚;畏刑罚,则寇盗自息,祸乱不兴。"②只有搞好农业生产,使百姓丰衣足食,国家才会长治久安。他积极实践,为官所至,无不采取惠民措施,力求造福于民。或为民请命,减轻百姓负担,或兴修水利,发展农业生产。

　　范仲淹深知要使国泰民安,不仅应"上诚于君",还应"下诚于民"③;不仅要以忠孝奉上,还要以仁义施下。他自谓:"夫不能利泽生民,非大丈夫平生之志。"④正是从这种思想观念出发,范仲淹既以"理或当言,死无所避"⑤的忠心效忠皇帝,又以"先天下之忧而忧"的诚心为广大百姓的疾苦而呼吁请命,兴利除弊。天圣五年(1027),范仲淹正值服母丧期间,冒哀上《上执政书》,"言国家事,不以一心之戚,而忘天下之忧"。他直言当时社会状况是中外奢侈,百姓穷困。他指出:"中外奢侈,则国用无度;百姓困穷,则天下无恩。""国

---

　　① (宋)范仲淹:《范文正公别集》卷二《君以民为体赋》,《范仲淹全集》,李勇先、王蓉贵校点,四川大学出版社2002年版,第478页。

　　② (宋)范仲淹:《范文正公政府奏议》卷上《答手诏条陈十事》,《范仲淹全集》,李勇先、王蓉贵校点,四川大学出版社2002年版,第533页。

　　③ (宋)范仲淹:《上资政晏侍郎书》,《范仲淹全集》,李勇先、王蓉贵校点,四川大学出版社2002年版,第231页。

　　④ (宋)吴曾:《能改斋漫录》卷一三,上海古籍出版社1979年版,第381页。

　　⑤ (宋)范仲淹:《范文正公文集》卷一六《睦州谢上表》,《范仲淹全集》,李勇先、王蓉贵校点,四川大学出版社2002年版,第386页。

用无度,则民力已竭矣;天下无恩,则邦本不固矣。"①继而提出了"固邦本"
"厚民力""重名器""备戎狄""杜奸雄""明国听"六条改革措施,其改革的重
点是整顿吏治。范仲淹以民为本的思想使他特别重视地方官的擢用与黜退,
"固邦本者,在乎举县令,择郡守,以救民之弊也"②。即要慎重选择县令、郡
守,有效把握地方官的人事任命,以达到救民除弊的目的。庆历新政后,根据
欧阳修的建议,任命了一批精明干练的按察使,派往各地,视察官吏善恶。范
仲淹每当得到按察使的报告,便毫不留情地罢免一个又一个贪官污吏。这正
是他忧君忧民、重国事、重民生的具体体现。

2. 范仲淹的"爱民"

范仲淹以天下之心为心,具体表现在他能先民之忧、解民之困、赈灾济民。
如明道二年(1033),东京、江淮一带大旱,相继又遭受严重的蝗灾,大批百姓
流亡。范仲淹对灾民深表同情,立即上书,请求仁宗皇帝派人到灾区赈济灾
民。可朝廷很长时间没有采取行动。范仲淹便直面君主,提出:"宫掖中半日
不食,当如何?今数路艰食,安可置而不恤!"③范仲淹奉命安抚江、淮。他每
到一处,便开仓赈济,减轻民众负担,使灾民得以休养生息。"所至开仓赈之,
且禁民淫祀,奏蠲庐、舒折役茶、江东丁口盐钱。"④

庆历五年(1045)十一月,范仲淹诏罢所兼四路帅职,改知邓州。庆历六
年(1046),范仲淹至邓州。在任期间,范仲淹孜孜民事,心系百姓。值邓州秋
冬旱情十分严重,"今秋与冬数月旱"⑤,"自秋徂冬渴雨雪"⑥,他及时向朝廷

① (宋)范仲淹:《范文正公文集》卷九《上执政书》,《范仲淹全集》,李勇先、王蓉贵校点,
四川大学出版社 2002 年版,第 211—212 页。

② (宋)范仲淹:《范文正公文集》卷九《上执政书》,《范仲淹全集》,李勇先、王蓉贵校点,
四川大学出版社 2002 年版,第 212 页。

③ (宋)李焘:《续资治通鉴长编》卷一一二,中华书局 1995 年版,第 2623 页。

④ (元)脱脱等:《宋史》卷三一四《范仲淹传》,中华书局 1977 年版,第 10268 页。

⑤ (宋)范仲淹:《范文正公文集》卷三《依韵和提刑太博嘉雪》,《范仲淹全集》,李勇先、王
蓉贵校点,四川大学出版社 2002 年版,第 62 页。

⑥ (宋)范仲淹:《范文正公文集》卷三《依韵答贾黯监丞贺雪》,《范仲淹全集》,李勇先、王
蓉贵校点,四川大学出版社 2002 年版,第 58 页。

报告灾情,并亲自带领百姓凿井寻泉。

范仲淹关心百姓疾苦,"饥民有食乌昧草者,撷草进御,请示六宫贵戚,以戒侈心"①。他"临财好施,意豁如也"②。对有急难的人,慨然周济。如庆历三年,友人吴遵路病故,家人生活难以为继,"家无长物,公分俸赒其家"③。

南宋著名理学家朱熹称颂范仲淹:"其心量之广大高明,可为百世之师表。"④范仲淹所到之处,皆以百姓疾苦为忧,并想方设法为民众直接谋利益,因而赢得了人民的爱戴。"其为政,所至民多立祠画像。其行己临事,自山林处士、里闾田野之人,外至夷狄,莫不知其名字,而乐道其事者甚众"⑤。

3. 范仲淹的"富民"

范仲淹的富民思想主要体现在他极为重视农业。不仅提出了"厚农桑""减徭役""宽赋敛"等改革主张,而且躬身实践,劝课农桑,兴修水利,尽量减少百姓负担,使人民安居乐业。他在东南以兴修水利、发展农业与减轻农民差役之苦为主;在西北以垦耕荒芜土地、减轻农民差役与支移负担及训练民众备战为其重心。

在中国封建社会,农业具有极其特殊的重要地位,农业直接关系到封建社会经济的发展和封建统治的稳定。作为封建时代政治家的范仲淹,也把发展农业看成王化之基、富国之本。强调把发展农业生产放在首位,主张采取厚农桑的政策。范仲淹在《答手诏条陈十事》中提出的十条改革措施中的"厚农桑""减徭役"两项,是与占绝大多数的农民利益密不可分的,这既是养民之政,又是富国之策。

---

① (宋)楼钥:《范文正公年谱》,《范仲淹全集》附录二,李勇先、王蓉贵校点,四川大学出版社 2002 年版,第 877 页。

② (宋)欧阳修:《文忠集》卷二一《资政殿学士户部侍郎文正范公神道碑铭》,文渊阁《四库全书》本。

③ 《范文正公言行拾遗事录》卷一,王云五主编,时兆文、黄姬水等校正:《宋范文正公(仲淹)年谱附补遗及言行拾遗》,台湾商务印书馆 1978 年版,第 275 页。

④ (宋)朱熹:《晦庵集》卷三八《答周益公》,文渊阁《四库全书》本。

⑤ (宋)欧阳修:《文忠集》卷二一《资政殿学士户部侍郎文正范公神道碑铭》,文渊阁《四库全书》本。

"厚农桑",即大力发展农业生产,兴修水利。范仲淹指出:此"将以救水旱,丰稼穑,强国力也。"[1]"此养民之政、富国之本也。"[2]只有重视发展农业生产,才能使百姓安居乐业。"农政既修,则衣食足;衣食足,则爱肤体;爱肤体,则畏刑罚;畏刑罚,则寇盗自息,祸乱不兴。是圣人之德,发于善政;天下之化,起于农亩"[3]。发展农业生产成为事关国计民生的大事。范仲淹还指出,要发展农业生产,就必须改善农业生产条件,重视水利的兴修。

> 臣请每岁之秋,降敕下诸路转运司,令辖下州军吏民各言农桑之间可兴之利、可去之害。或合开河渠,或筑堤堰陂塘之类,并委本州军选官计定工料,每岁于二月间兴役,半月而罢,仍具功绩闻奏。如此不绝,数年之间,农利大兴,下少饥岁,上无贵籴,则东南岁籴辇运之费大可减省。其劝课之法,宜选官讨论古制,取其简约易从之术,颁赐诸路转运使,及面赐一本,付新授知州、知县、县令等。此养民之政、富国之本也。[4]

范仲淹在力所能及的范围内亲自组织百姓兴修农田水利工程,如主持修复捍海堰、治理苏州水患等。

宋真宗天禧五年(1021),范仲淹监泰州(今江苏省泰州市)西溪盐税。泰州原有海堰,因"堰久废不治",每当潮水泛滥,"岁患海涛冒民田"[5],沿海各州县百姓深受其害。范仲淹深入了解民情后,言于江淮发运副使张纶,建议修复捍海堰。张纶支持范仲淹的建议,并奏请朝廷任命范仲淹知兴化县,主持捍

① (宋)范仲淹:《范文正公政府奏议》卷上《再进前所陈十事》,《范仲淹全集》,李勇先、王蓉贵校点,四川大学出版社2002年版,第540页。

② (宋)范仲淹:《范文正公政府奏议》卷上《答手诏条陈十事》,《范仲淹全集》,李勇先、王蓉贵校点,四川大学出版社2002年版,第534页。

③ (宋)范仲淹:《范文正公政府奏议》卷上《答手诏条陈十事》,《范仲淹全集》,李勇先、王蓉贵校点,四川大学出版社2002年版,第533页。

④ (宋)范仲淹:《范文正公政府奏议》卷上《答手诏条陈十事》,《范仲淹全集》,李勇先、王蓉贵校点,四川大学出版社2002年版,第534页。

⑤ (宋)李焘:《续资治通鉴长编》卷一〇四,中华书局1995年版,第2419页。

海堰的修复工程。虽然因遭遇大雨,工程一度停止,加上范仲淹因母亲去世而不得不辞官服丧,后在张纶、胡令仪的努力下,工程得以再开,并最终修复了长达150多里的捍海堰。捍海堰的修复,保护了泰、海、通、楚四州数十万人民的生命财产和大量良田、盐场。"既成,民至于今享其利"①。当地人民因感怀他的功德,将此堰命名为"范公堤"。

景祐元年(1034)六月,范仲淹徙知故乡苏州。适逢大水成灾,"去年姑苏之水,踰秋不退"②。他"按而视之,究而思之",对如何治理此处水患提出了具体的疏浚方案。他一方面积极救灾,"夙夜营救";一方面"日夜谨事",协力导河,"疏五河,导太湖注之海,募游手兴作"③。经过两个多月的治理,战胜了诸多困难,终于消除了水患。此后"苏、常、湖、秀,膏腴千里",以至成为"国之仓庾也"④。

"减徭役",即裁并天下州县建置,以减少徭役,进而减轻百姓负担,有利于发展农业生产,使人民安居乐业。针对当时差役名目繁多,每每影响农业生产,特别是一些县人口稀少,但差役依旧,范仲淹主张复并县。他在《答手诏条陈十事》中以河南府为例,认为当时户口数尽管比唐代锐减了不少,但由于县数相等,而百姓徭役负担实际上非常沉重。在他的建议下,将西京河南府19县并为13县,裁去大批冗杂吏员,减劳役之人1500多户,使他们回到土地上从事生产。通过并县,有效地减轻了农民的差役负担,有利于发展农业生产,也使农民有了富庶的希望,"但少徭役,人自耕作,可期富庶"⑤,这是社会稳定、国家富强的基础。

为减少沿边地区农民支移之苦,范仲淹在西北地区任地方官时,也奏免关

---

① (宋)司马光:《涑水记闻》卷一○,文渊阁《四库全书》本。
② (宋)范仲淹:《范文正公文集》卷一一《上吕相公并呈中丞谘目》,《范仲淹全集》,李勇先、王蓉贵校点,四川大学出版社2002年版,第264页。
③ (宋)李焘:《续资治通鉴长编》卷一一五,中华书局1995年版,第2699页。
④ (宋)范仲淹:《范文正公文集》卷一一《上吕相公并呈中丞谘目》,《范仲淹全集》,李勇先、王蓉贵校点,四川大学出版社2002年版,第266页。
⑤ (宋)范仲淹:《范文正公政府奏议》卷上《答手诏条陈十事》,《范仲淹全集》,李勇先、王蓉贵校点,四川大学出版社2002年版,第536页。

中支移二税,并边上入中斛斗。范仲淹说:

> 臣窃见陕西数年以来,科率百端,民力大困。州县督责,不能存济。兵间最为民患者,是支移税赋,转般斛斗。赴延州保安军,山坡险恶,一路食物草料常时踊贵,人户往彼输纳,比别路所贵三倍,比本处州县送纳所费五倍。害民若此,实非久计。臣等欲乞朝廷指挥都转运司体量关辅今来灾旱,民力困乏。如边储有备,其二税与免支移,并边上入中斛斗,大段价高出却京师见钱银绢,万数浩瀚,亦令相度,权于次边州军入中,所贵减得官中贵价。①

这是让农民安于田亩的最好办法。

由范仲淹主持的庆历新政虽然失败了,但其影响是深远的。新政实施以后,全国一时出现了清除恶吏、改革弊政、扶植农桑、减轻徭役、兴办学校的热潮。神宗时期王安石变法富国措施中的农田水利法、方田均税法和募役法等,与庆历新政中的厚农桑、轻徭役也是一脉相承的。

4. 范仲淹的"育民"

兴学育才是范仲淹民本思想的重要体现。范仲淹认为,要"固邦本",除"厚民力""重农桑"外,还要兴学育才。在他看来,"国家之患,莫大于乏人"②。他认为:"夫善国者,莫先育材。育材之方,莫先劝学。劝学之要,莫尚宗经。"③而培养和发现人才,就必须多办学校。学校多了,受教育的人也就增多。所以他强调要想实现天下大治,"必先崇学校,立师资,聚群材,陈正道。使其服礼乐之风,乐名教之地,精治人之术,蕴致君之方"④。

---

① (宋)范仲淹:《范文正公政府奏议》卷下《奏乞免关中支移二税却乞于次边入中斛斗》,《范仲淹全集》,李勇先、王蓉贵校点,四川大学出版社2002年版,第608—609页。

② (宋)范仲淹:《范文正公文集》卷八《邠州建学记》,《范仲淹全集》,李勇先、王蓉贵校点,四川大学出版社2002年版,第195页。

③ (宋)范仲淹:《范文正公文集》卷一〇《上时相议制举书》,《范仲淹全集》,李勇先、王蓉贵校点,四川大学出版社2002年版,第237页。

④ (宋)范仲淹:《范文正公文集》卷一九《代人奏乞王洙充南京讲书状》,《范仲淹全集》,李勇先、王蓉贵校点,四川大学出版社2002年版,第429页。

范仲淹自入仕后,足迹所至,无不兴学育才。大中祥符八年(1015),范仲淹刚刚步入仕途,担任广德军司理参军。到任不久,就在治所北建立州学,这是他兴办地方学校的开始。汪藻说:"初广德人未知学,公得名士三人为之师,于是郡人之擢进士第者相继。于时庆善(洪兴祖)乃求公遗像,绘而置之学宫,使学者世祀之,而属予记其事。"①天圣年间,范仲淹担任兴化县令,在南津里沧浪亭旁修建学宫。自此以后,兴化县"学重于天下,而士得师矣"②。景祐元年(1034),范仲淹改知故乡苏州,第二年就奏请创办苏州郡学。他还聘请名儒胡瑗为师,吸引了大批生徒。此后,苏学越办越好,一直名冠东南。饶州(今江西鄱阳县)"为繁剧之郡,民顽好斗,吏狡多梗"③。景祐三年(1036),范仲淹由开封府尹贬知饶州,上任伊始,即创设郡学。"公下车,兴庠序,晓教令,待贤爱物,一以恺悌"④。他在饶州18个月,着手迁建郡学,并亲自选择校址。只因他离去得太快,未能正式建立。庆历兴学时,在范仲淹指定的基址上建起了州学,"学既建,而生徒日盛,榜榜有登第者,多巍科异等"。学生人数,"由公迁指基址,今殆四千人,公之德惠岂寻常之比哉!"⑤范仲淹知润州(今江苏镇江)后,对原来的州学"拓而新之"⑥,并致力整顿学风。他注意罗致人才,加强师资,并邀请当时江南名士李觏到润州讲学。康定元年(1040),由于西北战事紧急,范仲淹被调往陕西,担任经略安抚副使,不久又兼知延州。范仲淹一面组织力量与西夏军抗衡,修固边城,精练士卒,招抚属羌;一面兴学育才。他在州城东南建起了嘉岭书院,接收当地子弟入学,培养了张载、狄青等优秀人才。

---

① (宋)汪藻:《广德军范文正公祠堂记》,《范仲淹全集》附录五,李勇先、王蓉贵校点,四川大学出版社2002年版,第1106页。

② (宋)陈垓:《高邮军兴化县重建县学记》,《范仲淹全集》附录七,李勇先、王蓉贵校点,四川大学出版社2002年版,第1186页。

③ (清)谢旻修,(清)陶成纂:(雍正)《江西通志》卷一五九,清雍正十年刻本。

④ 《范仲淹全集》附录一三《郡斋》,李勇先、王蓉贵校点,四川大学出版社2002年版,第1565页。

⑤ 《范仲淹全集》附录一三《州学基》,李勇先、王蓉贵校点,四川大学出版社2002年版,第1570页。

⑥ (清)乾隆《江南通志》卷八八,见《中国地方志集成·省志辑·江南④》,凤凰出版社、上海书店、巴蜀社2011年版,第629页。

庆历四年(1044),出任参知政事的范仲淹应诏条陈十事,提出了十条改革主张,其中第三条"精贡举",明确主张改革科举制度,兴办学校。仁宗采纳了范仲淹的建议,下诏全国各州县普遍立学:"诏天下州县立学"①,"诏诸路州、军、监各令立学,学者二百人以上,许更置县学。自是州郡无不有学。"②诏令对州县学校的学生名额、管理、校舍、教师及学生入学资格等作了具体规定。庆历兴学中,各地纷纷奉诏建学,"于是州郡不置学者鲜矣"③。在范仲淹的倡导下,各地纷纷建学。据《苏州府志》卷二四记载:"苏郡之有学也,自范文正公始。而各地学校次第修建大率皆方于宋代。"据统计,宋代江西各州县都建有学校,共有州县学81所,其中有56所是庆历以后陆续兴办起来的。而自仁宗景祐元年至庆历三年,州府兴学也不过才15个。显然庆历兴学后,各地新建的学校急剧增加。陕西是当时西夏兵锋所至之地,在戎马倥偬之际,也办起了汉中府学、宁羌州学、褒城县学、略阳县学等学校。④

庆历新政失败后,范仲淹黜知邠州,仍然不忘兴学育才。他在州城东南选址,开始修造新学舍。次年,范仲淹引疾知邓州。他在邓州,修建了花洲书院,并在园内春风堂亲自讲经授学。全州百姓,不论身份,不论年龄,不分贫富,来书院求学者一概不拒,且一律免费。为提高教学质量,范仲淹还从各地请来名师执教。皇祐初年,范仲淹知杭州。这时年老且重病缠身的范仲淹仍不忘给朝廷上书,再三强调学校教育的重要,要求扩建杭州州学。

总之,"以天下为己任"的范仲淹把兴学育才作为救世治国的重要手段,他一生中,有30多年的时间担任地方官,所到之处,都不遗余力地兴学。从饶州、润州,到当时僻远的延州、邠州,都有范仲淹亲手创办的学校,为宋代地方教育的发展奠定了基础。正是范仲淹热心办学,崇尚道德,并身体力行,率先垂范,对当时士人产生了很大影响,大大改变了宋代士风,士人"以范公之学

---

① (元)脱脱等:《宋史》卷一一《仁宗本纪三》,中华书局1977年版,第217页。

② (元)脱脱等:《宋史》卷一六七《职官志七》,中华书局1977年版,第3976页。

③ 《宋会要辑稿·崇儒二》第5册,刘琳、刁忠民、舒大刚、尹波等校点,上海古籍出版社2014年版,第2763页。

④ 参见(清)刘于义修,(清)沈青崖等纂:(雍正)《陕西通志》卷二七,清雍正十三年刻本。

为学,穷不挫其志,达不变其操",从而使"士品淳而文风振"①。不仅如此,地方普遍建学校,适应了一般中小地主子弟读书应举的要求。通过兴办教育,促进了文化学术的传播,这对于当地文教发展、民风转变都起到了积极作用。范仲淹深信天下无不可教之子民,只要导之以德,则自然恩流海内。他所到之地也致力于醇化民风,改良民俗,如"二浙之俗,躁而无刚",他对"豪者如虎,示之以文",对"弱者如鼠,存之以仁",于是"吞夺之害,稍稍而息"②。彭公曰:"昔范希文自京尹谪守是邦③,其为政以名教厚俗、敦尚风义为先,州人仰慕,咸倾向之,遂以成俗,……久之不变也。"④

5. 范仲淹的"乐民"

范仲淹主张"爱将众同,乐与人共"⑤。范仲淹晚年贬官知邓州。他在邓州能顺从民俗,与民同乐,"但愿天下乐","熙熙千万春",充分表达了他希望百姓安居乐业、永享太平的美好愿望。

邓州自古人杰地灵,范仲淹对邓州民风给予了高度评价,曾赋诗云:"南阳本佳处,偶得作守臣。地与汝坟近,古来风化纯"⑥。他在邓州勤于民事,政平讼理之余,还以余力营建花圃,广植果树,筑台榭之胜,为游咏之观,营建百花洲,"许郡民游乐"⑦。

皇祐元年(1049),范仲淹从邓州移知杭州。到任不久,就遇上了杭州一带大饥荒,饥民流离失所,范仲淹立即组织救灾,"发粟募民存饷,为术甚备。吴民喜竞渡,好为佛事。乃纵民竞渡,太守日出宴于湖上,自春至夏,居民空巷出游"⑧。他

---

① (清)梁园棣修,(清)郑之侨、(清)赵彦俞纂:(咸丰)《重修兴化县志》卷四,清咸丰二年刻本。

② (宋)董棻编:《严陵集》卷八,商务印书馆1937年12月初版,第89页。

③ 即饶州,今江西鄱阳。

④ (宋)赵善璙:《自警编》卷八,文渊阁《四库全书》本。

⑤ (宋)范仲淹:《用天下心为心赋》,《范仲淹全集》,李勇先、王蓉贵校点,四川大学出版社2002年版,第21页。

⑥ (宋)范仲淹:《范文正公文集》卷三《依韵答提刑张太博尝新酝》,《范仲淹全集》,李勇先、王蓉贵校点,四川大学出版社2002年版,第58页。

⑦ 《明一统志》卷三〇,明弘治十八年慎独斋刻本。

⑧ (宋)楼钥:《范文正公年谱》,《范仲淹全集》附录二,《范仲淹全集》,李勇先、王蓉贵校点,四川大学出版社2002年版,第907页。

同时认为,可以通过大兴土木促进经济的复苏。

> 文正乃自条叙所以宴游及兴造,皆欲以发有余之财以惠贫者,贸易饮食、工技服力之人仰食于公私者日无虑数万人,荒政之施,莫此为大。是岁,两浙惟杭州晏然,民不流徙,皆文正之惠也。①

范仲淹采取的荒政措施实际上是一种寓救济于建设的措施,也是一项安民措施。

纵观范仲淹的一生,在朝忠君勤政,举贤荐能,推行新政,整顿吏治;任地方官则能造福一方百姓,固守边塞,兴修水利,发展农桑。尽管他出将入相,但始终节俭律己。范公"丧其母时尚贫,终身非宾客食不重肉",并且"妻子仅给衣食"②。他认为,"为天下官吏不廉则曲法,曲法则害民"③,把官吏的廉洁同仁政的推行紧密地联系起来。他主张"清心做官,莫营私利"④;"不以己欲为欲,而以众心为心"⑤。他言而有行,忠君爱民,先忧后乐,表现出对国家和人民的一片赤诚。他"是进亦忧,退亦忧。然则何时而乐耶"? 只要天下百姓没有安居乐业,他就永无享乐之时。范仲淹真正不愧为天下第一流人物,"求之千百年间盖不一二见"⑥的圣人。"朝廷无忧有范君,京师无事有希文"⑦。能够"于富贵、贫贱、毁誉、欢戚,不一动其心"⑧,仍然"惟精惟一"⑨,体现了封建社会一

---

① (宋)沈括:《梦溪笔谈》卷一一,涵芬楼影印明覆宋本,收入《四部丛刊》续编本。
② (宋)欧阳修:《文忠集》卷二一《资政殿学士户部侍郎文正范公神道碑铭》,文渊阁《四库全书》本。
③ (宋)范仲淹:《范文正公政府奏议》卷上《再进前所陈十事》,《范仲淹全集》,李勇先、王蓉贵校点,四川大学出版社 2002 年版,第 539—540 页。
④ (宋)范仲淹:《范文正公尺牍》卷上《家书·中舍三郎》,《范仲淹全集》,李勇先、王蓉贵校点,四川大学出版社 2002 年版,第 658 页。
⑤ (宋)范仲淹:《用天下心为心赋》,《范仲淹全集》,李勇先、王蓉贵校点,四川大学出版社 2002 年版,第 21 页。
⑥ (金)元好问:《范文正公画像赞》,《范仲淹全集》附录九,李勇先、王蓉贵校点,四川大学出版社 2002 年版,第 1256 页。
⑦ (宋)王稱:《东都事略》卷五九上《范仲淹传》,文渊阁《四库全书》本。
⑧ (宋)欧阳修:《文忠集》卷二一《资政殿学士户部侍郎文正范公神道碑铭》,文渊阁《四库全书》本。
⑨ (明)袁洪愈:《重修文正书院记》,《范仲淹全集》附录七,李勇先、王蓉贵校点,四川大学出版社 2002 年版,第 1204 页。

个正直士大夫的高尚情操。

在全面构建社会主义和谐社会、建设中国式现代化的今天,范仲淹"先忧后乐"的崇高精神,"不以物喜,不以己悲"的人生境界仍然具有重要的现实意义;特别是从他忧民、爱民、富民、育民、乐民所昭示的以民为本的思想值得借鉴,也只有以民为本,国家才能长治久安,社会才能和谐稳定。

七、范仲淹与《十六罗汉因果识见颂》

学术界对范仲淹的思想以及庆历新政多有论及,然而以"一代大儒"著称的范仲淹,生活在北宋倡导儒、释、道三教并重的时代,对其出入佛道,受佛道二教的影响却关注不够。

宋学之所以能"致广大",与宋儒出入佛道,融佛道入儒直接相关。在北宋儒、释、道三教合一的时代,以"儒者"自称的范仲淹,其思想、行为、心境不可避免地会受到佛道思想的影响。范仲淹 36 岁时在泰州西溪作《赠张先生》一诗最能表明他三教兼容的特点。他认为,"康宁福已大,清静道自生。邈与神仙期,不犯宠辱惊。读《易》梦周公,大得天地情。养志学浮丘,久炼日月精"①。

一方面,范仲淹生活在宋真宗和仁宗在位时期。国家采取佛道并重以加强统治的政策。宋太祖认为,"浮屠氏之教有裨政治,达者自悟渊微,愚者妄生诬谤"②。建隆元年(960),先度童行 8000 人,停止废毁寺院,继而又派遣沙门行勤等 157 人去印度求法,使内官张从信往益州雕刻大藏经版。宋太宗太平兴国元年(976)度童行达 17 万人。太平兴国五年(980)印度僧人法天、天息灾(后来改名法贤)、施护先后来京,朝廷设立译经院,恢复了从唐代元和六

① (宋)范仲淹:《范文正公文集》卷二《赠张先生》,《范仲淹全集》,李勇先、王蓉贵校点,四川大学出版社 2002 年版,第 26 页。
② (宋)李焘:《续资治通鉴长编》卷二四,中华书局 1995 年版,第 554 页。

年(811)以来久已中断的翻译。宋真宗(998—1022 年在位)时期,在京城和各路设立戒坛 72 所,放宽了度僧名额。景德中,全国寺院宫观为 25,000所①,嘉祐三年(1058)为 38,900 所②。宫观总数虽不及寺院"十不当一"③,但宋代也是一个崇道狂热的时代,范仲淹在《纪送太傅相公归阙》中说:"同榜几人登将相,满朝今日羡神仙。"④宋朝皇帝不抑道教,宫观呈发展之势。总之,佛道二教在北宋均获得了很大的发展,其影响渗透到了社会的各个方面,士大夫与禅僧、道士交往,受之影响是当时具有普遍性的社会现象。

另一方面,与范仲淹坎坷的人生经历有关。范仲淹两岁丧父,从母在朱姓家中长大。范仲淹的母亲信佛,"食断荤茹,逾二十载"⑤。范仲淹 21 岁时寄居于长白山醴泉寺(今山东邹平县南)苦读。《范文正公年谱》引魏泰《东轩笔录》:"公与刘某同在长白山醴泉寺僧舍读书,日作粥一器,分为四块,早暮取二块,断齑数茎,入少盐以啖之,如此者三年。"⑥《澧州范文正公读书堂记》则说范仲淹"尝读书于老氏之室,曰兴国观者,寒暑不倦。学成而仕,为时名卿,邑之士咸知敬慕,筑堂祠之。"⑦"后居南都郡庠五年,大通六经之旨,为文章论说必本于仁义孝弟忠信"⑧。在寺观读书,寺观的人文环境不可避免会影响到范仲淹。

范仲淹在佛道方面均有很高的素养。他在《上执政书》中,对佛道本质的

---

① 参见(宋)赵令畤:《侯鲭录》卷二,文渊阁《四库全书》本。

② 参见(宋)陈襄:《古灵集》卷五《乞止绝臣僚创造寺观度僧道状》,文渊阁《四库全书》本。赵令畤《侯鲭录》卷二作"嘉祐间三万九千寺",文渊阁《四库全书》本。

③ 参见(宋)刘辰翁:《须溪集》卷六《赠韩道录序》,文渊阁《四库全书》本。

④ (宋)范仲淹:《纪送太傅相公归阙》,《范仲淹全集》,李勇先、王蓉贵校点,四川大学出版社 2002 年版,第 129 页。

⑤ (宋)范仲淹:《求追赠考妣状》,《范仲淹全集》,李勇先、王蓉贵校点,四川大学出版社2002 年版,第 430—431 页。

⑥ (宋)楼钥:《范文正公年谱》,《范仲淹全集》附录二,李勇先、王蓉贵校点,四川大学出版社 2002 年版,第 865 页。

⑦ (宋)任友龙:《澧州范文正公读书堂记》,《范仲淹全集》附录八,李勇先、王蓉贵校点,四川大学出版社 2002 年版,第 1226 页。

⑧ (宋)楼钥:《范文正公年谱》,《范仲淹全集》附录二,李勇先、王蓉贵校点,四川大学出版社 2002 年版,第 862 页。

概括尤为精辟,他说:"夫释道之书,以真常为性,以清净为宗。"①范仲淹熟悉佛教经典,他在晚年写的《送僧文光》诗云:"《一品》山前识,迢迢三十春。多惭画戟里,重见白云人。"②这里的《一品》是指《一品经》,佛经中的一个篇章曰"品"。他对佛经的熟悉程度从发现《十六罗汉因果识见颂》(即《十六大阿罗汉因果识见颂》)及当即识别出它是《大藏经》遗文就可见一斑。这里以范仲淹发现《十六罗汉因果识见颂》并为之作序看佛教对范仲淹人生的影响。

(一) 范仲淹发现《十六罗汉因果识见颂》并序

北宋仁宗庆历初年,范仲淹任参知政事。当时西夏背惠,侵扰边境。庆历四年(1044)六月,时年56岁的范仲淹奉命宣抚河东沿边居民将士。途中,寓宿保德军(今山西保德县)水谷之传舍,偶然在堂檐缝隙间发现佛经一卷,名曰《因果识见颂》,"其字皆古隶书,乃《藏经》所未录,而世所希闻者也"。范仲淹颇为吃惊,启轴而观之。《十六罗汉因果识见颂》为"天竺沙门阇那多迦译"③,其内容乃十六国大阿罗汉为摩拏罗多等诵佛说因果识见悟本成佛大法之颂,偈颂皆押韵,语义俱妙。经首有对"因果识见"的题解。

> 因者,因缘;果者,果报;识者,识自本心;见者,见其本性。若因缘有善,果报有福,则自识其本心,见其本性,使万法不生,当得成佛。④

范仲淹不禁感叹道:"方知尘世之中有无边圣法,《大藏》之内有遗落宝文。"遂"谨于府州承天寺命僧归依别录藏之。厥后示诸讲说高僧,通证耆达,

---

① (宋)范仲淹:《范文正公文集》卷九《上执政书》,《范仲淹全集》,李勇先、王蓉贵校点,四川大学出版社2002年版,第217页。
② (宋)范仲淹:《范文正公文集》卷五《送僧文光》,《范仲淹全集》,李勇先、王蓉贵校点,四川大学出版社2002年版,第108页。
③ 《续藏经》第3册《十六大阿罗汉因果识见颂》,新文丰出版公司1995年影印本,第834页上栏。
④ 《续藏经》第3册《十六大阿罗汉因果识见颂》,新文丰出版公司1995年影印本,第834页上栏。

皆未见闻，莫不钦信"。庆历八年戊子岁（1048），范仲淹徙知邓州，有江陵老僧惠喆来访，谈起《十六罗汉因果识见颂》。原来《十六罗汉因果识见颂》在此之前就已有传本，由"惠喆传之于武陵僧普焕处，宝之三十余年，未逢别本"。范仲淹也正想找一副本，"正其舛驳，以示善知"，故范仲淹于此书卷首"直序其事，以纪其因"。就范仲淹极为重视这卷经书，并命承天寺僧人归依别录珍藏，后来又为之作序，本身就表明了他对佛经的态度并不是虚无的。他早在《上执政书》中就指出："夫释道之书，以真常为性，以清净为宗。"①

《十六罗汉因果识见颂序》仅五百余字，但包含的内容却很丰富。从序中可知，范仲淹通览过《大藏经》，认为该篇为《大藏经》遗文。对《十六罗汉因果识见颂》的内容，范仲淹在序文中作了高度概括，他指出：

> 一尊七颂，总一百一十二颂，皆直指死生之源，深陈心性之法，开定慧真明之宗，除烦恼障毒之苦。济生戒杀，诱善祛邪。正渐法，序四等功德；说顿教，陈不二法门。分顿渐虽殊，合利钝无异。使群魔三恶，不起于心；万法诸缘，同畈于善。②

在这里，范仲淹特别强调佛教劝人去恶从善的本质，而且字里行间已透出他对诸佛菩萨普济群生的大愿和对众生大慈大悲的赞赏和认同。他说：

> 余尝览释教《大藏经》，究诸善之理，见诸佛菩萨施广大慈悲力，启利益方便门，大自天地山河，细及昆虫草木，种种善谕，开悟迷徒。奈何业结障蔽深高，著恶昧善者多，见性识心者少。故佛佛留训，祖祖垂言，以济群生，以成大愿。所以随函类众圣之诠，总为《大藏》，凡四百八十函，计五

---

① （宋）范仲淹：《范文正公文集》卷九《上执政书》，《范仲淹全集》，李勇先、王蓉贵校点，四川大学出版社 2002 年版，第 217 页。

② 《续藏经》第 3 册《十六罗汉因果识见颂并序》，新文丰出版公司 1995 年影印本，第 833 页上栏。

千四十八卷,录而记之,俾无流坠。①

不难看出,该卷经书对他内心触动很大,并产生了心灵上的共鸣。序中言及他读《十六罗汉因果识见颂》时是"一句一叹,一颂一悟,以至卷终,胸意豁然,顿觉世缘大有所悟。倘非世尊以六通万行圆明惠鉴之圣,则无以至此"②。究其原因恐怕与范仲淹当时的心境有关。范仲淹从庆历三年任参知政事开始,中经庆历新政失败,再到他请罢参知政事,徙知邓州,前后仅几年时间,其间改革难行到底,这对范仲淹本身是一个沉重打击。从序文中可知,范仲淹发现该卷经书的时间是庆历四年赴任陕西、河东宣抚使途中,而序写于庆历八年徙知邓州期间,序后注有"时戊子仲秋,高平范仲淹序"。戊子岁即庆历八年(1048),这年范仲淹60岁。《十六罗汉因果识见颂》宣扬的人生无常、超脱生死等思想,对此时的范仲淹来说更多的是一种开悟、一种慰藉,至少使他能以清净之心去看待尘世中的一切,坦然地面对现实境遇。

(二) 佛教对范仲淹人生的影响

范仲淹的一生可谓坎坷多舛,"每感激论天下事,奋不顾身"③,屡屡忤上,几遭贬谪,但他始终能从个人的荣辱中摆脱出来,以宁静淡泊之心去面对现实中的各种境遇,"随所住处恒安乐","心平何劳持戒,行直何用修禅"④。范仲淹的这种平常之心、坦然之态与佛教对他人生的影响是分不开的。

1. 佛教的大慈大悲、普度众生思想与儒家仁义思想相结合,使范仲淹为官一处,必造福一方

建立在佛教缘起论基础上的慈悲理念是佛教的核心理念之一。"慈"是

---

① 《续藏经》第3册《十六罗汉因果识见颂并序》,新文丰出版公司1995年影印本,第833页上栏。
② 《续藏经》第3册《十六罗汉因果识见颂并序》,新文丰出版公司1995年影印本,第833页下栏。
③ (元)脱脱等:《宋史》卷三一四《范仲淹传》,中华书局1977年版,第10268页。
④ 《六祖大师法宝坛经·疑问第三》,《大正藏》第48册,佛陀教育基金会印,第352页上栏、中栏。

慈爱众生,给予快乐,"悲"是悲悯众生,拔除痛苦,二者合称为慈悲。简言之,慈悲就是"与乐拔苦"。南本《涅槃经》卷十四云:"一切声闻缘觉菩萨诸佛如来,所有善根慈为根本。"①《观无量寿佛经》云:"佛心者,大慈悲是;以无缘慈,摄诸众生。"②《大智度论》卷二十七云:"慈悲是佛道之根本,……亦以大慈悲力故,于无量阿僧祇世生死中,心不厌没。"③中国佛教也特别强调慈悲,唐代释道世在《法苑珠林》卷六十四中说:"菩萨兴行救济为先,诸佛出世大悲为本。"④以诸佛菩萨为理想人格的化身和学习修持的榜样,也以救度一切众生为最高愿望,这正如《大乘起信论》所说:"众生如是,甚为可愍。作此思维,即应勇猛立大誓愿,愿令我心离分别故,遍于十方修行一切诸善功德。尽其未来,以无量方便救拔一切苦恼众生,令得涅槃第一义乐。"⑤诸佛菩萨以慈悲为怀,表现出对芸芸众生实际的关怀和帮助。

范仲淹生活在宋真宗和仁宗在位时期。他虽自称"儒者",但他与当时许多宋儒一样,出入佛道,洞悉佛经,并能从中吸取养料,取其大慈大悲、普度众生、甘愿为众生肩荷苦难的菩提精神。从范仲淹为《十六罗汉因果识见颂》作序的内容可知,他自言曾读《大藏经》,其目的就是"究诸善之理"。佛教慈悲观念的内在特质以利他为原则,强调要有利于他人,要为救济一切众生而致力行善;强调对他人及其他生命主体性的尊重、关怀以至敬畏,这与儒家的仁爱思想是一致的。《十六罗汉因果识见颂》云:"汝能方便施恩慧,何异修斋与道场。"⑥"鳏寡孤独此四民,困穷无苦在饥贫;汝能济慧加存卹,最向菩提是善根。"⑦"见

---

① 《大般涅槃经》卷一四,《大正藏》第 12 册,佛陀教育基金会印,第 698 页中栏。

② 《观无量寿佛经》,《大正藏》第 12 册,佛陀教育基金会印,第 343 页下栏。

③ 《大智度论》卷二七,《大正藏》第 25 册,佛陀教育基金会印,第 256 页下栏。

④ 《法苑珠林》卷六四,《大正藏》第 53 册,佛陀教育基金会印,第 774 页中栏。

⑤ 《大乘起信论》,《大正藏》第 32 册,佛陀教育基金会印,第 582 页下栏。

⑥ 《续藏经》第 3 册《十六大阿罗汉因果识见颂》,新文丰出版公司 1995 年影印本,第 835 页下栏。

⑦ 《续藏经》第 3 册《十六大阿罗汉因果识见颂》,新文丰出版公司 1995 年影印本,第 838 页下栏。

人患难当危困，方便阴功与救之。"①"普施善利救群生，广大慈悲一等平；布施周圆无住相，至哉菩萨道常行。"②

范仲淹为官三十余年，所到之处，皆以百姓疾苦为忧，并想方设法为民众谋利益。他在东南以兴修水利、发展农业、减轻农民差役之苦为主；在西北以垦耕荒地、减轻农民差役与支移负担、训练民众备战为重心，这也符合佛法方便施惠、慈悲救济的旨意，正如《十六罗汉因果识见颂》所云："夫人发善言者，不如发善心。发善心者，不如行善事。"③

2. 佛教的人生观或多或少地影响了范仲淹，使之能在复杂多变的人生境遇中清净其心

佛教的人生观，是释迦牟尼对人生现象和真相的总看法，其内容包括两个方面：一是认为人生一切皆苦，并揭示产生痛苦的原因；二是指出人生应当追求的理想价值，强调去恶从善、由染转净的个人道德修养。

据宋楼钥《范文正公年谱》，范仲淹从 41 岁至 52 岁，始终处于有道难行而终归外放的境遇中。但他终能调适自己，不以贬谪荣辱为怀，每到一地，皆能竭尽所能，为当地百姓造福兴业。一方面，这一时期的范仲淹，涉世已深，陟险亦多，对世间众相多有体悟；另一方面，应该说佛教的人生观或多或少地影响了范仲淹。特别是他通过与佛道人士广泛的交游，抚慰了他屡屡受挫的心灵，使之能以一种超然之心去面对现实境遇。如在与佛教寺僧的交往中，面对牵于功名的范仲淹，法师曾以天上卷舒自在、来去自由的云来开导他。《留题常熟顶山僧居》云：

> 平湖数百里，隐然一山起。中有白龙泉，可洗人间耳。吾师仁智心，爱兹山水音。结茅三十年，不道日月深。笑我名未已，来问无端理。却指

---

① 《续藏经》第 3 册《十六大阿罗汉因果识见颂》，新文丰出版公司 1995 年影印本，第 839 页上栏。

② 《续藏经》第 3 册《十六大阿罗汉因果识见颂》，新文丰出版公司 1995 年影印本，第 840 页上栏。

③ 《续藏经》第 3 册《十六大阿罗汉因果识见颂》，新文丰出版公司 1995 年影印本，第 834 页下栏。

岭边云,斯焉赠君子。①

范仲淹也曾经就定惠大师这样的"上人之隐"与"吾儒之隐"作过比较,《朝贤送定惠大师诗序》中说:"师自言生不血茹,七岁持佛事,隐于灵岩,多历年所。晚岁游名公之门,然亦未尝及利。天圣中,大丞相东平公、清河公怜其旧,奏赐紫方袍,号定惠。乃告归故山,又以诗宠之。"范仲淹为之感动,"某感其说,志其事,且知上人之隐,盛于吾儒之隐远矣"。他慨叹道:"斯以见上人之隐,盛于吾人之隐远矣。"②这里的"上人之隐",是指彻底摒弃世俗尘念、染污落尽的无所谓进亦无所谓退的终得大自在的释者之流,而"吾儒之隐",或"吾人之隐",是指那些怀才而不遇、有志而未展、收心敛行、遁迹山林的隐者之流。前者彻悟众相,虔心向道,毕生礼佛,心是菩提,身如明镜,无尘无染,随缘自适,范仲淹认为这是一种更高层次的精神境界。

佛教的原始出发点和根本思想是"一切皆苦",人的生命、生存、生活就是苦,苦就是人的命运。所谓苦,主要不是专指感情上的痛苦或肉体上的痛苦,而是泛指一种精神上的逼迫性。佛教认为,一切都是变迁不息、变化无常的,广宇悠宙不外苦集之场。由于人不能自我主宰,为无常患累所逼,不能自主,因此,也就没有安乐性,只有痛苦性。一切事物都是无常的,人生有不测之风云、旦夕之祸福,包括世俗社会中的任何快乐都是无常的。范仲淹在给朱氏的书信中也曾流露出"人生忧多乐少,惟自适为好"③。这也是范仲淹对自己坎坷人生的一种体悟。

视世间名利、荣辱如浮云,这是中年以后范仲淹思想的明显变化,这种变化也不能说没有佛教的影响。如《十六罗汉因果识见颂》云:"世间秤尺并升

---

① （宋）范仲淹:《范文正公文集》卷三《留题常熟顶山僧居》,《范仲淹全集》,李勇先、王蓉贵校点,四川大学出版社 2002 年版,第 48 页。

② （宋）范仲淹:《范文正公文集》卷八《朝贤送定惠大师诗序》,《范仲淹全集》,李勇先、王蓉贵校点,四川大学出版社 2002 年版,第 179 页。

③ （宋）范仲淹:《范文正公尺牍》卷上《家书》,《范仲淹全集》,李勇先、王蓉贵校点,四川大学出版社 2002 年版,第 664 页。

斗,解使汝心起不平;但看此般图利者,几人待得白头生;身是僧兮心是僧,身心了了是真僧;世缘不染无烦恼,更有何人得似僧。""内无所得外无求,清净心源万行周;爱欲不生烦恼断,世尊妙旨在勤修。"①"不结良因与善缘,苦贪名利日忧煎;岂知住世金银宝,借汝闲看七十年。"②"不怀仇怨与无明,忍辱持心万事平;彼以恶来还以善,深明三昧号无诤;广开心量无边际,世界山河尽总容;无是无非无所著,常令心等太虚空。""六贼清净无烦恼,烦恼无时慧自明。"③"未来之事思难及,已往之事不足道;秖据眼前为见在,自然烦恼不相随。"④

佛教强调众生平等。《十六罗汉因果识见颂》云:"佛道无私启万门,含生之类性皆存;汝得一念生清净,天上人间见世尊。"⑤"莫把含生性命轻,好生恶杀物之情。"⑥佛教对生命的理解十分广泛,所言众生平等是宇宙一切生命的平等;所言六道轮回就是在没有解脱之前,生命在天、人、阿修罗、畜生、饿鬼、地狱六种生命形式中的轮回,依据自身的行为业力得来世相应的果报,善有善报,恶有恶报,行善者可以由鬼变成人,作恶者也可能由人变成鬼,他们在表现上有高低序列,但其生命本质是平等的,既可上升进步,也有可能下降堕落。每个生命,既不必自卑,亦不可自傲。范仲淹虽然自称"儒者",但佛教的人生观在调节其情绪、心态等方面的确起到了一定的作用。"万事因缘有对持,死生荣辱分皆知;心田自广无忧恼,汤火兵刀不畏之"⑦。

---

① 《续藏经》第 3 册《十六大阿罗汉因果识见颂》,新文丰出版公司 1995 年影印本,第 835 页上、下栏。

② 《续藏经》第 3 册《十六大阿罗汉因果识见颂》,新文丰出版公司 1995 年影印本,第 837 页上栏。

③ 《续藏经》第 3 册《十六大阿罗汉因果识见颂》,新文丰出版公司 1995 年影印本,第 838 页下栏。

④ 《续藏经》第 3 册《十六大阿罗汉因果识见颂》,新文丰出版公司 1995 年影印本,第 840 页上栏。

⑤ 《续藏经》第 3 册《十六大阿罗汉因果识见颂》,新文丰出版公司 1995 年影印本,第 835 页上栏。

⑥ 《续藏经》第 3 册《十六大阿罗汉因果识见颂》,新文丰出版公司 1995 年影印本,第 838 页上栏。

⑦ 《续藏经》第 3 册《十六大阿罗汉因果识见颂》,新文丰出版公司 1995 年影印本,第 841 页上栏。

3. 佛教影响了范仲淹"不以物喜,不以己悲"的人生境界

范仲淹在知邓州期间,应友人滕子京之请,在百花洲春风堂写下了千古名篇《岳阳楼记》。其"不以物喜,不以己悲"①的人生境界跃然纸上,这种心不为境迁的超然胸怀,甚合佛法的真谛。范仲淹早就说过,研习佛法,有利于修身养性。《十六罗汉因果识见颂》有云:"所欲常教离眼前,六根不被业缘牵;渐持渐戒成真性,对境无心始道全。""人生本性皆清净,万法皆存自性生;心性相符无所动,皎然内外自分明。"②"身自无相而受生,心因有境而生灭;若无前境心自无,心性了了佛何别?"③"性定心定身自定,脱去之时无所竞。""心源澄澈诸根净,岂在寻山与出家。"④这种心不随境迁的境界,是与他研习佛法,以至"胸意豁然,顿觉世缘大有所悟"有关。

实际上,佛教和儒家都重视主体的道德修养,在修养方法上也都重视向内用功,强调心性的修炼和内心的体验。为了向内用功,佛教运用禅定、直观,儒家提倡主静、省悟。再者,也与范仲淹曲折的人生经历有关。而且,范仲淹一生与佛教高僧交往极多,有的交往时间较长,受其影响也是情理之中的事。仅见于诗文的有释文光和广宣大师、吴僧长吉、吴僧真上人、吴僧元上人、金山寺识上人、吴僧悦躬、吴僧文光、吴僧升上人、吴僧希元上人、吴僧虎丘长老、吴僧湛公、吴僧日观大师、吴僧中霭、吴僧文鉴、吴僧定惠大师、吴僧远祖师、吴僧择梧、吴僧遇明等,其中与擅长唐律诗的日观大师善升为琴中知音。皇祐元年(1049),范仲淹守杭,曾于山中访之。范仲淹知苏州时,吴僧定惠大师宗秀来拜,范仲淹说他"来则谈空实相,号天人师;去则指霞

---

① (宋)范仲淹:《岳阳楼记》,《范仲淹全集》,李勇先、王蓉贵校点,四川大学出版社 2002 年版,第 195 页。

② 《续藏经》第 3 册《十六大阿罗汉因果识见颂》,新文丰出版公司 1995 年影印本,第 837 页下栏。

③ 《续藏经》第 3 册《十六大阿罗汉因果识见颂》,新文丰出版公司 1995 年影印本,第 838 页上栏。

④ 《续藏经》第 3 册《十六大阿罗汉因果识见颂》,新文丰出版公司 1995 年影印本,第 839 页上、下栏。

岭,啸风林,天子有赐,三公有赠"①。范仲淹不仅与寺僧有交往,而且还常常赠以作品。如《赠广宣大师》诗云:"忆昔同游紫阁云,别来三十二回春。白头相见双林下,犹是清朝未退人。"②他曾应天竺山日观大师之请求,为他写塔记。铭曰:"山月亭亭兮师之心,山泉泠泠兮师之琴。真性存兮,孰为古今。聊志之兮,天竺之岑。"③从中不难看出范公不仅与日观大师有过交往,而且对日观大师在佛学方面的造诣、在诗琴方面的才华以及他的精明表现出由衷的钦佩。

范仲淹在地方时,公务之余游历寺观甚多,如天平山白云寺(为其家功德院)、常熟顶山寺、越州翠峰院、雍熙院、慈圣院、睦州乌龙山寺、承天寺、虎丘云岩寺、苏州灵岩寺、杭州白塔寺、饶州黄山寺、镇江甘露寺、南康军落星寺、泰州西溪圣果院④等,足迹遍及江南名刹,并多有留题,常作诗记游。如范仲淹在饶州时,有个叫升上人的占据碧云轩。范公每到芝山寺,必到碧云轩,"爱其闲寂萧洒",曾为之留题曰:"爱此诗家好,幽轩绝世纷。澄宵半床月,淡晓数峰云。远意经年就,微吟并舍闻。只应虚静处,所得自兰芬。"⑤《游乌龙山寺》诗云:"高岚指天近,远溜出山迟。万事不到处,白云无尽时。异花啼鸟乐,灵草隐人知。信是栖真地,林僧半雪眉。"⑥游峻极寺云:"徘徊峻极寺,清意满烟霞。好风从天来,吹落桂树花。高高人物外,犹属梵王家。"⑦此外还有

---

① (宋)范仲淹:《朝贤送定惠大师诗序》,《范仲淹全集》,李勇先、王蓉贵校点,四川大学出版社 2002 年版,第 179 页。

② (宋)范仲淹:《赠广宣大师》,《范仲淹全集》,李勇先、王蓉贵校点,四川大学出版社 2002 年版,第 117 页。

③ (宋)范仲淹:《天竺山日观大师塔记》,《范仲淹全集》,李勇先、王蓉贵校点,四川大学出版社 2002 年版,第 197—198 页。

④ 参见方健:《范仲淹评传》,南京大学出版社 2001 年版,第 324—325 页。

⑤ (宋)范仲淹:《范文正公文集》卷五《升上人碧云轩》,《范仲淹全集》,李勇先、王蓉贵校点,四川大学出版社 2002 年版,第 112 页。

⑥ (宋)范仲淹:《范文正公文集》卷五《游乌龙山寺》,《范仲淹全集》,李勇先、王蓉贵校点,四川大学出版社 2002 年版,第 99 页。

⑦ (宋)范仲淹:《范文正公文集》卷二《峻极上寺》,《范仲淹全集》,李勇先、王蓉贵校点,四川大学出版社 2002 年版,第 39 页。

《过余杭白塔寺》《和僧湖居五绝》等诗。

综上，范仲淹较高的佛学素养，与寺僧的长期交游，以及他坎坷的人生经历，对世间众相的渐渐了悟，最终熔铸了他"不以物喜，不以己悲"的人生境界。范仲淹能"进则尽忧国忧民之诚，退则处乐天乐道之分"①，能够"于富贵、贫贱、毁誉、欢戚，不一动其心"②，仍然"惟精惟一，死生以之"③，范仲淹能不断超越自己，提升其人生境界，这与他出入佛教、融摄佛教是分不开的。

八、范仲淹与道教

宋儒多出入佛道，融佛道入儒，正如陈寅恪先生所说："凡新儒家之学说，几无不有道教，或与道教有关之佛教为之先导。"④

（一）范仲淹对道家道教⑤思想的融摄

范仲淹在泰州西溪作《赠张先生》一诗，认为："康宁福已大，清静道自生。邈与神仙期，不犯宠辱惊。"⑥他在《上执政书》中，认为"夫释道之书，以真常为性，以清净为宗"⑦。李调元《赋话》卷五说范仲淹《天道益谦赋》取材《老子》

---

① （宋）范仲淹:《谢转礼部侍郎表》，《范仲淹全集》，李勇先、王蓉贵校点，四川大学出版社2002年版，第423页。

② （宋）欧阳修:《文忠集》卷二一《资政殿学士户部侍郎文正范公神道碑铭》，文渊阁《四库全书》本。

③ （明）袁洪愈:《重修文正书院记》，《范仲淹全集》附录七，李勇先、王蓉贵校点，四川大学出版社2002年版，第1204页。

④ 陈寅恪:《金明馆丛稿二编·冯友兰〈中国哲学史〉下册审查报告》，生活·读书·新知三联书店2001年版，第284页。

⑤ 从历史角度看，作为思想学术的老庄道家创立在前（先秦)，作为以道为最高信仰的道教兴起在后（东汉末)，道教承袭了道家的思想，老子被尊为道祖，《道德经》是道教的重要经典。

⑥ （宋）范仲淹:《范文正公文集》卷二《赠张先生》，《范仲淹全集》，李勇先、王蓉贵校点，四川大学出版社2002年版，第26页。

⑦ （宋）范仲淹:《范文正公文集》卷九《上执政书》，《范仲淹全集》，李勇先、王蓉贵校点，四川大学出版社2002年版，第217页。

和《易》:"高者抑而下者举,一气无私;往者屈而来者信,万灵何遁? 取材《老》《易》,俪语颇工。"①范仲淹对道家道教思想的融摄主要体现在以下几个方面:

1. 尊道贵德,清静无为

范仲淹对道书颇有研究,他在《送丁司理赴明州》中说:"仙家枝叶令威孙,南去司刑庇越民。金阙道书微旨在,狱多阴德是真人。"自注说:"道书谓升真者皆须曾为狱官。"②他深得道家之旨,在《老子犹龙赋》中对道祖老子作了高度评价,称老子之道为"圣人之道","昔老氏以观妙虚极,栖真浑元,握道枢而不测,譬龙德而弥尊"。"故能作大匠之宗师,阐无为之妙旨。惟尊道而贵德,自反古而复始"③。在《赠张先生》中云:"清静道自生。邈与神仙期,不犯宠辱惊。"强调老子思想中的尊道贵德、清静无为。

在《圣人抱一为天下式赋》中,范仲淹对老子《道德经》的思想进行了深入阐发。

巍巍圣人,其教如神。抱一而万机无事,为式而庶汇有伦。秉乎天得之枢,群氓作则;立乃道生之化,八表还淳。老氏有云,圣皇无失。保环中而可久,率天下而守一。盖以一之妙也,冠四大而强名;式之用焉,正万灵而咸秩,莫不冥符妙有,吻合虚无。

契庄生之齐物,我化皆孚。无臭无声,是则是效。包自然之礼乐,畜无亲之仁孝。去奢去泰,惟存至道之精;自西自东,咸被不言之教。岂不以一者道之本,式者治之筌。苟能持于罔象,自可制于普天。

上德不德,无为而为。保谷神而不宰,育刍狗以何私。④

① (清)李调元:《赋话》卷五,上海商务印书馆 1936 年版,第 39 页。
② (宋)范仲淹:《范文正公文集》卷四《送丁司理赴明州》,《范仲淹全集》,李勇先、王蓉贵校点,四川大学出版社 2002 年版,第 84 页。
③ (宋)范仲淹:《范文正公文集》卷一《老子犹龙赋》,《范仲淹全集》,李勇先、王蓉贵校点,四川大学出版社 2002 年版,第 11—12 页。
④ (宋)范仲淹:《范文正公别集》卷三《圣人抱一为天下式赋》,《范仲淹全集》,李勇先、王蓉贵校点,四川大学出版社 2002 年版,第 502—503 页。

范仲淹在《帝王好尚论》中引用《老子》说："《老子》曰：'我无为而民自化，我好静而民自正，我无欲而民自富，我无事而民自朴。'此则述古之风，以警多事之时也。三代以还，异于太古。王天下者，身先教化，使民从善。……由此言之，圣帝明王岂得无好？在其正而已。"①认同老子无为而无不为的思想。明道二年（1033），京东、江淮一带大旱，相继又遭受严重蝗灾，大批百姓流亡。范仲淹奉命安抚江淮。他每到一处，便开仓赈济，减轻民众负担，使灾民得以休养生息。"所至开仓赈之，且禁民淫祀，奏蠲庐、舒折役茶、江东丁口盐钱。"②

晚年范仲淹收心奉道，在亳州有《过太清宫》诗，从饶州移守润州，他先去了道教圣地茅山，《移丹阳郡先茅山作》云："丹阳太守意何如，先谒茆卿始下车。竭节事君三黜后，收心奉道五旬初。偶寻灵草逢芝圃，欲叩真关借玉书。不更从人问通塞，天教吏隐接山居。"③

2. 生死自然，逍遥自由

在生死问题上，范仲淹认为"人皆有死"④，有生有死，这是生命的自然规律。他致信胞兄中舍三哥说："千古圣贤，不能免生死，不能管后事，一身从无中来，却归无中去，谁是亲疏？谁能主宰？既无奈何，即放心逍遥，任委来往。"⑤从中透出他对道家生死自然的认同。

从范仲淹的诗文中也能看到他对道家道教逍遥、精神自由的追求，"放心逍遥，任委来往"⑥，"道本逍遥惟所适"⑦。《桐庐郡斋书事》云："数仞堂高谁

① （宋）范仲淹：《范文正公文集》卷七《帝王好尚论》，《范仲淹全集》，李勇先、王蓉贵校点，四川大学出版社2002年版，第152页。
② （元）脱脱等：《宋史》卷三一四《范仲淹传》，中华书局1977年版，第10268页。
③ （宋）范仲淹：《范文正公文集》卷六《移丹阳郡先游茅山作》，《范仲淹全集》，李勇先、王蓉贵校点，四川大学出版社2002年版，第117页。
④ （宋）范仲淹：《范文正公文集》卷一一《祭尹师鲁舍人文》，《范仲淹全集》，李勇先、王蓉贵校点，四川大学出版社2002年版，第277页。
⑤ （宋）范仲淹：《范文正公尺牍》卷上《家书·中舍》，《范仲淹全集》，李勇先、王蓉贵校点，四川大学出版社2002年版，第650页。
⑥ （宋）范仲淹：《范文正公尺牍》卷上《家书·中舍》，《范仲淹全集》，李勇先、王蓉贵校点，四川大学出版社2002年版，第650页。
⑦ （宋）范仲淹：《范文正公文集》卷六《酬李光化见寄二首》，《范仲淹全集》，李勇先、王蓉贵校点，四川大学出版社2002年版，第125页。

富贵，一枝巢隐自逍遥。"①《游庐山作》云："从今愈识逍遥旨，一听升沉造化炉。"②范仲淹不主张贪慕神仙，但追求神仙的逍遥。道教的神仙完全超越了自然和社会的束缚，抛开了尘世间争名夺利的烦恼。神仙快乐逍遥，自由自在，无忧无虑，无拘无束，无牵无挂。

3. 崇俭抑奢，恬然淡泊

道家道教崇尚俭朴，反对奢侈。老子说："我有三宝，持而保之：一曰慈，二曰俭，三曰不敢为天下先。"③"俭"为老子"三宝"之一。所谓"俭"，即节约，包括对物质追求的节制和个人贪欲的抑制。崇俭者，自然要抑奢。老子说："是以圣人去甚，去奢，去泰。"④道教早期经典《太平经》说："安贫乐贱可久长，贱反求贵道相妨，尊官重禄慎无望，强求官位道即亡，不若除卧久安床。不食而自明，百邪皆去远祸殃。守静不止不丧，幸可长命而久行，无敢恣意失常。求之不止为道王。"⑤

范仲淹"起家孤平"⑥，"布素寒姿"⑦，以节俭自守。"既长，……昼夜不息，冬月惫甚，以水沃面；食不给，至以糜粥继之，人不能堪，仲淹不苦也。"⑧早年的清苦生活使他养成了勤俭节约的习惯，为官后，他依然如此。"度公平生，殆未尝享有一日士大夫之奉者。"⑨宋楼钥说："丧母时尚贫，终身非宾客食不重肉。"⑩

---

① （宋）范仲淹：《范文正公文集》卷五《桐庐郡斋书事》，《范仲淹全集》，李勇先、王蓉贵校点，四川大学出版社 2002 年版，第 102 页。

② （宋）范仲淹：《范文正公文集》卷六《游庐山作》，《范仲淹全集》，李勇先、王蓉贵校点，四川大学出版社 2002 年版，第 116 页。

③ （魏）王弼：《道德真经注》，《道藏》第 12 册，第 288 页。

④ （魏）王弼：《道德真经注》，《道藏》第 12 册，第 279 页。

⑤ 王明：《太平经合校》，中华书局 1960 年版，第 306 页。

⑥ （宋）范仲淹：《范文正公文集》卷一六《润州谢上表》，《范仲淹全集》，李勇先、王蓉贵校点，四川大学出版社 2002 年版，第 390 页。

⑦ （宋）范仲淹：《范文正公文集》卷一八《谢转礼部侍郎表》，《范仲淹全集》，李勇先、王蓉贵校点，四川大学出版社 2002 年版，第 423 页。

⑧ （元）脱脱等：《宋史》卷三一四《范仲淹传》，中华书局 1977 年版，第 10267 页。

⑨ （明）陆树声：《重修文正书院记》，《范仲淹全集》附录七，李勇先、王蓉贵校点，四川大学出版社 2002 年版，第 1208 页。

⑩ （宋）楼钥：《范文正公年谱》，《范仲淹全集》附录二，李勇先、王蓉贵校点，四川大学出版社 2002 年版，第 863 页。

"既已富贵,而子弟均布帐之清。"《宋史·范仲淹传》也说:"其后虽贵,非宾客不重肉。妻子衣食,仅能自充。"①"及退而视其私,妻子仅给衣食"②。

　　道教承袭了老子《道德经》恬淡寡欲、清静无为的思想,认为人要积善立德,首先要做到抑情养性,不为名利物欲所累,不因外界之物而劳身,不因名誉而劳神,以求得心安体康。北宋崇道,道教风行,当时士大夫亦以身穿道装为时尚。"平海书记许兄制道服,所以清其意而洁其身也。同年范仲淹请为赞云:'道家者流,衣裳楚楚。君子服之,逍遥是与。虚白之室,可以居处。华胥之庭,可以步武。岂无青紫,宠为辱主。岂无狐貉,骄为祸府。重此数师,畏彼如虎。旌阳之孙,无忝于祖。'"③根据《道服赞》的序文可知,范仲淹是为一位时任平海军(今福建泉州)书记的许姓友人撰书的,这位友人与范仲淹为同年进士。范仲淹称赞许氏的道服体面、潇洒,穿上它可以"清其意而洁其身",在精神上步入清虚之境;并用官服与道服作比,极言官场的凶险;最后希望朋友擅自抉择,看破名利,淡泊自处,这样才能无愧于祖先。晋代许逊弃官学道,后于洪州西山举家仙去。作者用这个典故紧扣友人的"许"姓并呼应"道服",堪称绝妙。宋代戴蒙评论说:"窃观文正公《道服赞》,文醇笔劲,既美且箴,以尽明契之义,有以见高阳公之德矣。"④元末明初吴宽说:"道服之制不可考,许公为此,其意萧然物外,必非不臧之服也。"⑤明人司马簹题曰:"范文正《道服赞》所见如此,其心固若萧然在风埃之外者,则其所立之卓越千古者有以哉!"明人卢濬感叹说:"道服非儒也,而文正有取焉,其自清自洁之谓岂诬也耶?

---

①　(元)脱脱等:《宋史》卷三一四《范仲淹传》,中华书局1977年版,第10276页。

②　(宋)欧阳修:《文忠集》卷二一《资政殿学士户部侍郎文正范公神道碑铭》,文渊阁《四库全书》本。

③　(宋)范仲淹:《范文正公别集》卷四《道服赞》,《范仲淹全集》,李勇先、王蓉贵校点,四川大学出版社2002年版,第522页。

④　(宋)戴蒙:《跋文正公手书道服赞墨迹》,《范仲淹全集》附录三,李勇先、王蓉贵校点,四川大学出版社2002年版,第1045页。

⑤　(明)吴宽:《跋文正公手书道服赞墨迹》,《范仲淹全集》附录三,李勇先、王蓉贵校点,四川大学出版社2002年版,第1048页。

然则纡青曳紫,而自蒙不洁者,诵此多芒刺矣。"①的确,范仲淹是借赞道服,表达其对道教清虚守静、恬然淡泊价值取向的认同和推崇。范仲淹在杭州时,蒋希鲁说:"范希文在杭时,着道服以见客。"②范仲淹穿道服会客,不过也是想"清其意而洁其身"吧了!

4. 认同道教修仙道与行善积德相结合

范仲淹肯定佛道二教济世度人、周穷救急的思想,并且积极践行。他关心百姓疾苦,"饥民有食乌昧草者,撷草进御,请示六宫贵戚,以戒侈心"③。他"临财好施,意豁如也"④。对有急难的人,慨然周济。如庆历三年,友人吴遵路病故,家人生活难以为继,他便拿出自己的俸禄。"家无长物,公分俸赒其家"⑤。

范仲淹认同道教将修仙道与行善积德结合起来。他在《过太清宫》诗中说:"谁言仙道求难至,自愧阴功积未多。"⑥这与道教强调劝善成仙的宗旨是一致的。《上汉谣》云:"真人累阴德,闻之三十天。一朝鸾鹤来,高举为神仙。"⑦认为想修炼成仙,就要多积阴德。道教将儒家的伦理规范大量引入道教的生命伦理中,以此作为生命转化的条件。"长生之本,惟善为基也。"⑧为了长生成仙,道教除了主张用方术进行炼养外,不可或缺的就是道德上的行善积德。葛洪在《抱朴子内篇》中说:"欲求仙者,要当以忠孝和顺仁信为本。若

---

① (明)卢濬:《跋文正公手书道服赞墨迹》,(清)张照等编:《石渠宝笈》卷二九,文渊阁《四库全书》本。
② (宋)王铚:《默记》卷下,文渊阁《四库全书》本。
③ (宋)楼钥:《范文正公年谱》,《范仲淹全集》附录二,李勇先、王蓉贵校点,四川大学出版社 2002 年版,第 877 页。
④ (宋)欧阳修:《文忠集》卷二一《资政殿学士户部侍郎文正范公神道碑铭》,文渊阁《四库全书》本。
⑤ 《范文正公言行拾遗事录》卷一,王云五主编,时兆文、黄姬水等校正:《宋范文正公(仲淹)年谱附补遗及言行拾遗》,台湾商务印书馆 1978 年版,第 275 页。
⑥ (宋)范仲淹:《范文正公文集》卷四《过太清宫》,《范仲淹全集》,李勇先、王蓉贵校点,四川大学出版社 2002 年版,第 69 页。
⑦ (宋)范仲淹:《范文正公文集》卷二《上汉谣》,《范仲淹全集》,李勇先、王蓉贵校点,四川大学出版社 2002 年版,第 28 页。
⑧ (唐末五代)杜光庭:《墉城集仙录》卷一《圣母元君》,《道藏》第 18 册,第 166 页。

德行不修,而但务方术,皆不得长生也"①。强调欲长生成仙,必须积善立功。"人欲地仙,当立三百善;欲天仙,立千二百善。若有千一百九十九善,而忽复中行一恶,则尽失前善,乃当复更起善数耳。故善不在大,恶不在小也。"又说:"积善事未满,虽服仙药,亦无益也。若不服仙药,并行好事,虽未便得仙,亦可无卒死之祸矣。"②认为,要想修炼成仙,只务方术而不修德行是不能成仙的。

5. 推崇道教养生之道

范仲淹体弱多病,患有肺疾。他在《邓州谢上表》中说:"臣以患肺久深,每秋必发。"③《陈乞邓州状》中说:"臣则宿患肺疾,每至秋冬发动。"④《孙元规》中说:"肺疾未愈,赖此幽栖。"⑤《滕子京》中说:"某肺疾尚留,酒量大减。"⑥又"腹疾作"⑦,"累患腹肚"⑧,肠胃不好,并患有严重的痔疮,"淋痔并作,日夜苦楚"⑨。此外患有风眩之疾,他在《答安抚王内翰书》中说:"奈何有昏眩之疾,举止少力。"⑩《让观察使第一表》中说:"臣本有风眩之疾。"⑪《让

---

① 王明:《抱朴子内篇校释》,中华书局 1985 年版,第 53 页。

② 王明:《抱朴子内篇校释》,中华书局 1985 年版,第 53—54 页。

③ (宋)范仲淹:《范文正公文集》卷一八《邓州谢上表》,《范仲淹全集》,李勇先、王蓉贵校点,四川大学出版社 2002 年版,第 419 页。

④ (宋)范仲淹:《范文正公文集》卷二〇《陈乞邓州状》,《范仲淹全集》,李勇先、王蓉贵校点,四川大学出版社 2002 年版,第 448 页。

⑤ (宋)范仲淹:《范文正公尺牍》卷下《孙元规》,《范仲淹全集》,李勇先、王蓉贵校点,四川大学出版社 2002 年版,第 687 页。

⑥ (宋)范仲淹:《范文正公尺牍》卷下《滕子京》,《范仲淹全集》,李勇先、王蓉贵校点,四川大学出版社 2002 年版,第 689 页。

⑦ (宋)范仲淹:《范文正公尺牍》卷中《韩魏公》,《范仲淹全集》,李勇先、王蓉贵校点,四川大学出版社 2002 年版,第 680 页。

⑧ (宋)范仲淹:《范文正公尺牍》卷下《知府大卿》,《范仲淹全集》,李勇先、王蓉贵校点,四川大学出版社 2002 年版,第 696 页。

⑨ (宋)范仲淹:《范文正公尺牍》卷上《家书·朱氏》,《范仲淹全集》,李勇先、王蓉贵校点,四川大学出版社 2002 年版,第 664 页。

⑩ (宋)范仲淹:《范文正公文集》卷一〇《答安抚王内翰书》,《范仲淹全集》,李勇先、王蓉贵校点,四川大学出版社 2002 年版,第 251 页。

⑪ (宋)范仲淹:《范文正公文集》卷一七《让观察使第一表》,《范仲淹全集》,李勇先、王蓉贵校点,四川大学出版社 2002 年版,第 404 页。

观察使第三表》中说："宿患风眩，近加疾毒，复多鼻衄，肤发衰变，精力减竭。"①

范仲淹曾说过，不为良相，则为良医。他悉心研究医书，尤重《素问》，他建议韩琦抽出十天时间："看《素问》一遍，则知人之生可贵也，气须甚平也。和自此养，疾自此去矣。"又说："《素问》奇书，其精妙处三五篇，恐非医者所能言也。"劝韩琦："宜少服药，专于惜气养和，此大概养生之说也。道书云'积气成真'，是也。惟节慎补气咽津之术可行之，余皆迂怪。贪慕神仙，心未灰而意必乱，宜无信矣。"②他对道教的神仙是持否定态度的，他在《上大名府主王侍郎启》中也说："当有神仙之叹"③。

尽管范仲淹不主张贪慕神仙，但他对道教重气养神以祛病延年的养生之道是给予充分肯定的。其家兄中舍三哥（范仲温），晚年以太子中舍致仕，年老体弱，疾病缠身，范仲淹奉劝其兄仲温不必为家事烦恼而伤了身体，劝他要心情舒畅，"每事宽心"，他认为："既心气渐顺，五脏亦和，药方有效，食方有味也。"④范仲淹还以道书为依据，建议他："宜调饮食，不得吃湿面，脾恶湿。亦少吃羹汤，宜食焦饼蒸饼软饭。道书云，宜食轻干物，盖益脾也。"⑤在与朱氏的信中劝导"请多著工夫，看道书，见寿而康者，问其所以，则有所得矣"⑥。认为治疗目疾应注意"目疾尤不可急治，须渐渐退，急则伤之也。补药不可热，热则损目，亦要和之也。却须惜真气以补之。……且学吃淡食，不能，即以水

---

① （宋）范仲淹：《范文正公文集》卷一七《让观察使第三表》，《范仲淹全集》，李勇先、王蓉贵校点，四川大学出版社 2002 年版，第 408 页。

② （宋）范仲淹：《范文正公尺牍》卷中《韩魏公》，《范仲淹全集》，李勇先、王蓉贵校点，四川大学出版社 2002 年版，第 670 页。

③ （宋）范仲淹：《范文正公别集》卷四《上大名府主王侍郎启》，《范仲淹全集》，李勇先、王蓉贵校点，四川大学出版社 2002 年版，第 516 页。

④ （宋）范仲淹：《范文正公尺牍》卷上《家书·中舍》，《范仲淹全集》，李勇先、王蓉贵校点，四川大学出版社 2002 年版，第 650 页。

⑤ （宋）范仲淹：《范文正公尺牍》卷上《家书·中舍》，《范仲淹全集》，李勇先、王蓉贵校点，四川大学出版社 2002 年版，第 651 页。

⑥ （宋）范仲淹：《范文正公尺牍》卷上《家书·朱氏》，《范仲淹全集》，李勇先、王蓉贵校点，四川大学出版社 2002 年版，第 663 页。

和之,庶减毒力。"①认为饮食宜清淡,他劝尹洙"学吃淡食"。

道教发展到北宋,内丹术有所发展,强调"性命双修",道教融摄了儒家的伦理纲常,作为得道成仙的必要条件。范仲淹认同道教的养性方法,他在写给工部同年的信中说:"同年聪明,涉道不浅,且随缘就一差遣,却学道养性,所得必多。"说他"乐天守道";工部同年在回信中从道教重人贵生的角度,劝慰范公"须是以道自乐"②。

在道教产生之前,道家已看到人的生命与"气"休戚相关。道家对气的重视,为道教进一步发展。道教提出了道即是气、以气为本的学说。在道教看来,修道养生主要是通过修炼构成人的生命要素的神、气(精)、形(身)等,来养护、延续生命,通过形神俱炼,达到形神俱妙。因此,在涉及具体修炼方法时,道教提倡精、气、神三者相互结合、互相作用,合为一体。范仲淹认为:"人之生也,分天地之气,不调则其气不平,气不平则疾作,此理之必然矣。今人于十二时中,寝食之外,皆徇外事,无一时调气治身,安得而不为疾耶?"③范仲淹平时练习行气,他在与朱氏书中说他"依旧行气不废",目的在于"且遣疾耳"④。不过,他认为学习行气也要注意方法。他说:"窃念臣前在饶州日,因学行气,而有差失,遂得眩转之疾,对宾客忽倒,不知人事,寻医救得退。自后久坐则头运(晕),多务则心烦。……无何赴任耀州,以炎热之期,历涉山险,旧疾遂作,近日颇加。头目昏沉,食物减少,举动无力,勉强稍难。见于永兴军请医官看治次,其本州公事,权交割通判发遣。"⑤

---

① (宋)范仲淹:《范文正公集续补》卷二《问医帖》,《范仲淹全集》,李勇先、王蓉贵校点,四川大学出版社 2002 年版,第 802—803 页。

② (宋)范仲淹:《范文正公尺牍》卷下《工部同年》,《范仲淹全集》,李勇先、王蓉贵校点,四川大学出版社 2002 年版,第 698 页。

③ (宋)范仲淹:《范文正公尺牍》卷中《韩魏公》,《范仲淹全集》,李勇先、王蓉贵校点,四川大学出版社 2002 年版,第 670 页。

④ (宋)范仲淹:《范文正公尺牍》卷上《家书·朱氏》,《范仲淹全集》,李勇先、王蓉贵校点,四川大学出版社 2002 年版,第 664 页。

⑤ (宋)范仲淹:《范文正公文集》卷一六《乞小郡表》,《范仲淹全集》,李勇先、王蓉贵校点,四川大学出版社 2002 年版,第 397 页。

从上不难看出,范仲淹认同道家道教清静无为、崇俭抑奢、恬然淡泊的思想,推崇道教养生之道,练习行气,并用道书保健疗疾。

(二) 道家道教思想对范仲淹人生的影响

首先,范仲淹与道士的交游影响了他的人生态度。儒家强调爱名,主张仁义治国,认为道家之训,即"使人薄于名而保其真"与此是相悖的。在范仲淹看来,"如取道家之言,不使近名,则岂复有忠臣烈士为国家之用哉!"范仲淹在其早期作品《近名论》中,大力张扬儒家的名教,对老庄道家薄其名持否定的看法。他说:"《老子》曰'名与身孰亲',言人知爱名,不如爱其身之亲也。《庄子》曰'为善无近名',言为善近名,人将嫉之,非全身之道也。此皆道家之训,使人薄于名而保其真。斯人之徒,非爵禄可加,赏罚可动,岂为国家之用哉! 我先王以名为教,使天下自劝。"认为"人不爱名,则虽有刑法干戈,不可止其恶也"①。在《上资政晏侍郎书》中,他亦说:"庄叟云'为善无近名',乃道家自全之说,岂治天下者之意乎! 名教不崇,则为人君者谓尧舜不足慕,……人不爱名,则圣人之权去矣。"②在这里,范仲淹强调儒家的"爱名",不赞成老庄远功名而为全其身的思想。但是越往后,范仲淹对道家"无近名"的思想渐渐有了新的感悟。"涉道贵深,退即自乐"。这从他的诗文中也能看到其对道家逍遥与齐物的认同。"降真香一炷,欲老悟黄庭"③。《游庐山作》云:"从今愈识逍遥旨,一听升沉造化炉。"④范仲淹对道家道教思想看法的变化与他坎坷的人生经历有关。

---

① (宋)范仲淹:《范文正公文集》卷七《近名论》,《范仲淹全集》,李勇先、王蓉贵校点,四川大学出版社2002年版,第154—155页。

② (宋)范仲淹:《范文正公文集》卷一○《上资政晏侍郎书》,《范仲淹全集》,李勇先、王蓉贵校点,四川大学出版社2002年版,第232页。

③ (宋)范仲淹:《范文正公文集》卷五《萧洒桐庐郡十绝》,《范仲淹全集》,李勇先、王蓉贵校点,四川大学出版社2002年版,第97页。

④ (宋)范仲淹:《范文正公文集》卷六《游庐山作》,《范仲淹全集》,李勇先、王蓉贵校点,四川大学出版社2002年版,第116页。

范仲淹曾在道观读书①，一生除与佛教高僧交往，也与道士交游。如汝南周道士（周德宝）、临海屈道士（屈元应）、杭州钟道士（《赠钟道士曾举进士》）、饶州程道士（程用之）、李道士②、天庆观道士、茅山张道士等。其中，周德宝和屈元应两位道士是范仲淹年青时结识的。周德宝精于篆刻，屈元应深于《易》的研究，而且都善琴，范仲淹与周德宝保持了长期的交往和友谊。《鄂郊友人王君墓表》中说："复得二道士汝南周德宝、临海屈元应者，蚤暮过从。周精于篆，屈深于《易》，且皆善琴。"③道士程用之曾为范仲淹画像，范仲淹有题画诗④。与曾举进士的钟道士有唱酬⑤。《赠茅山张道士》云："有客平生爱白云，无端半老尚红尘。只应金简名犹在，得见仙岩种玉人。"⑥范仲淹的友人中不乏嗜道知己，如在《太清宫九咏序》中叙说了太清宫九咏的来历，并为之作序。

　　谯有老子庙，唐为太清宫。地灵物奇，观者骇异。历代严护，景既所存。若灵溪、涡河、九龙井、左纽再生升天桧，皆附于图籍，发乎咏歌。而风人之才，难其破的。余友曼卿，将命斯来，实董宫事。嗜道之外，乐乎声诗。览灵仙之区，异其八物，益以宫题，而成九咏。观其立意，皆凿幽索秘，破坚发奇，高凌虹蜺，清出金石，有以见诗力之雄哉！⑦

---

　　① 参见（宋）任友龙：《澧州范文正公读书堂记》，《范仲淹全集》附录八，李勇先、王蓉贵校点，四川大学出版社 2002 年版，第 1226 页。

　　② 参见（宋）范仲淹：《范文正公尺牍》卷下《文鉴大师》，《范仲淹全集》，李勇先、王蓉贵校点，四川大学出版社 2002 年版，第 705 页。

　　③ （宋）范仲淹：《范文正公文集》卷一五《鄂郊友人王君墓表》，《范仲淹全集》，李勇先、王蓉贵校点，四川大学出版社 2002 年版，第 373 页。

　　④ 《道士程用之为余传神因题》："貌古神疏画本难，因师心妙发毫端。无功可上凌烟阁，留取云山静处看"［（宋）范仲淹：《范文正公文集》卷六，《范仲淹全集》，李勇先、王蓉贵校点，四川大学出版社 2002 年版，第 115 页。］

　　⑤ 《赠钟道士》："人间无复动机心，挂了儒冠岁已深。惟有诗家风味在，一坛松月伴秋吟。"［（宋）范仲淹：《范文正公文集》卷六，《范仲淹全集》，李勇先、王蓉贵校点，四川大学出版社 2002 年版，第 114 页。］

　　⑥ （宋）范仲淹：《范文正公文集》卷六《赠茅山张道士》，《范仲淹全集》，李勇先、王蓉贵校点，四川大学出版社 2002 年版，第 118 页。

　　⑦ （宋）范仲淹：《范文正公文集》卷八《太清宫九咏序》，《范仲淹全集》，李勇先、王蓉贵校点，四川大学出版社 2002 年版，第 177—178 页。

根据徐度《却扫编》卷下,"范文正公自京尹谪守鄱阳,作堂于后圃,名曰庆朔。未几,易守丹阳,有诗曰:'庆朔堂前花自栽,便移官去未曾开。如今忆着成离恨,只托春风管勾来。'"其中的"春风",即指天庆观道士,"其所居之室曰春风轩,因以自名。公在郡时,与之游,诗盖以寄道士云"①。

根据《范文正公年谱》,范仲淹从 41 岁至 52 岁,始终是处于有道难行而终归外放的境遇中。十多年的地方官生涯,他竭尽所能,为当地百姓造福兴业。从政之余,范仲淹优游山水,访道寻幽,赋诗题记,不以贬谪荣辱为怀,这一时期的范仲淹,涉世已深,陟险亦多,对世间众相多有感悟,这促使范仲淹在中年以后对道家道教的学说及其处世态度给予极大的关注和热情。《郡斋即事》云:"世间荣辱何须道,塞上衰翁也自知。"②"共弃荣华抛世态,同归清静复天真。"③"丹阳太守意如何? 先谒茆卿始下车。竭节事君三黜后,收心奉道五旬初"④。

其次,道家道教思想平衡了范仲淹的心态,并提升了他的人生境界。范仲淹一生屡遭贬谪,在他与寺僧、道人的交往中,对世间的荣辱、官场的沉浮,渐渐能采取一种淡然处之的态度,这种平和的心态恐怕和他与佛道人士的交游,受佛教、道家道教思想的影响直接有关。范仲淹先后黜守睦州、饶州、邓州,也成了他一生中三次创作高潮,也是他与佛道人士交游的高峰时期。他醉心于大自然,创作了许多脍炙人口的传世佳作。应该说道家道教顺应自然、虚静淡泊、返璞归真的思想以及他与佛道人士广泛的交游抚慰了他受挫的心灵,使之能以一种宁静淡泊之心去面对各种境遇,受贬则能"求民疾于一方,分国忧于千里"⑤,

---

① (宋)徐度:《却扫编》卷下,文渊阁《四库全书》本。

② (宋)范仲淹:《范文正公文集》卷五《郡斋即事》,《范仲淹全集》,李勇先、王蓉贵校点,四川大学出版社 2002 年版,第 113 页。

③ (宋)范仲淹:《范文正公文集》卷六《依韵和同年朱兵部王宾客交赠之什》,《范仲淹全集》,李勇先、王蓉贵校点,四川大学出版社 2002 年版,第 135—136 页。

④ (宋)范仲淹:《范文正公文集》卷六《移丹阳郡先游茅山作》,《范仲淹全集》,李勇先、王蓉贵校点,四川大学出版社 2002 年版,第 117 页。

⑤ (宋)范仲淹:《范文正公文集》卷一八《邓州谢上表》,《范仲淹全集》,李勇先、王蓉贵校点,四川大学出版社 2002 年版,第 419 页。

"进则尽忧国忧民之诚,退则处乐天乐道之分"①。他在《赠钟道士》中云:"人间无复动机心,挂了儒冠岁已深。惟有诗家风味在,一坛松月伴秋吟。"②在《和葛闳寺丞按花歌》中云:"人生荣辱如浮云,悠悠天地胡能执?……我无一事逮古人,谪官却得神仙境。"视人生荣辱如浮云,这是中年以后的范仲淹对人生的感悟。

范仲淹第三次被贬知饶州,曾游庐山,其《游庐山作》诗中云:"五老闲游倚舳舻,碧梯岚径好程途。云开瀑影千门挂,雨过松黄十里铺。客爱往来何所得,僧言荣辱此间无。"③《过太清宫》诗云:"几时身退琼坛畔,荣利忽忽奈老何。"④从中不难看出范仲淹对道家道教淡泊名利价值取向的认同。他在《郡斋即事》中说:"三出专城鬓似丝⑤,斋中潇洒过禅师⑥。近疏歌酒缘多病⑦,不负云山赖有诗⑧。半雨黄花秋赏健,一江明月夜归迟。世间荣辱何须道,塞上衰翁也自知。"⑨

值得注意的是,范仲淹对佛道二教的态度是理性的。他出入佛道,但热而不佞。北宋统治者对佛道二教的扶持,使佛道二教在北宋有了极大的发展。由于寺院拥有相当数量的田园、山林,享有豁免赋税和徭役的权利。随着寺院数量的增加和寺院经济的发展,流弊渐多。天圣五年(1027),范仲淹在《上执政书》中,极言

---

① (宋)范仲淹:《范文正公文集》卷一八《谢转礼部侍郎表》,《范仲淹全集》,李勇先、王蓉贵校点,四川大学出版社 2002 年版,第 423 页。

② (宋)范仲淹:《范文正公文集》卷六《赠钟道士》,《范仲淹全集》,李勇先、王蓉贵校点,四川大学出版社 2002 年版,第 114 页。

③ (宋)范仲淹:《范文正公文集》卷六《游庐山作》,《范仲淹全集》,李勇先、王蓉贵校点,四川大学出版社 2002 年版,第 116 页。

④ (宋)范仲淹:《范文正公文集》卷四《过太清宫》,《范仲淹全集》,李勇先、王蓉贵校点,四川大学出版社 2002 年版,第 69 页。

⑤ 公自河中府通判移陈州。后为右司谏,出知睦州。后徙苏,又知饶。是三专城也。

⑥ 斋之存,今有养正堂及默轩。

⑦ 公守饶,饮宴有节,然寄居过客无不得其欢心。

⑧ 公守饶多歌咏,今之所存者有《郡斋即事》《怀庆朔堂》《芝山寺》及《升上人碧云轩》,并赠御赐名道士钟惟静、传神道士程用之二绝句,凡六篇。

⑨ (宋)范仲淹:《范文正公文集》卷五《郡斋即事》,《范仲淹全集》,李勇先、王蓉贵校点,四川大学出版社 2002 年版,第 113 页。

国家大事,其中将佛道过度发展导致的"缁黄荡而不制"作为社会一患。认为:

> 夫释道之书,以真常为性,以清净为宗。神而明之,存乎其人。智者尚难于言,而况于民乎?君子弗论者,非今理天下之道也。其徒繁秽,不可不约。今后天下童行,可于本贯陈牒,必诘其乡党。苟有罪戾,或父母在,鲜人供养者,勿从其请。如已受度,而父母在,别无子孙,勿许方游,则民之父母鲜转死于沟壑矣。斯亦养惸独、助孝悌之风也。①

宋代禅宗发展,大谈心性,范仲淹认为这不是一般老百姓能理解的。而且,从儒家的忠孝观念出发,认为家里父母没人赡养的,不能同意其出家修行,出家之人不能赡养父母,这是与儒家强调孝悌相悖的。他建议加强对出家之人的管理,"其京师寺观,多招四方之人。宜给本贯凭由,乃许收录。斯亦辨奸细、复游散之要也"。他也反对寺观大兴土木,不惜劳民伤财,使国库空虚之举。他说:

> 其天下寺观,每建殿塔,蠹民之费,动逾数万,止可完旧,勿许创新。斯亦与民阜财之端也。②
>
> 又土木之兴,久为大蠹。或谓土木之费,出于内帑,无伤财害民之弊,故为之而弗戒也。某谓内帑之物,出于生灵。太祖皇帝以来,深思远虑,聚之积之,为军国急难之备,非谄神佞佛之资也。国家祈天永命之道,岂在兹乎!……安可取民人膏血之利,辍军国急难之备,奉有为之惑,冀无状之福,岂不误哉!一旦有苍卒之忧,须给赏之资,虽欲重困生灵,暴加率敛,其可及乎!此耗国之大也,可不戒哉!③

---

① (宋)范仲淹:《范文正公文集》卷九《上执政书》,《范仲淹全集》,李勇先、王蓉贵校点,四川大学出版社 2002 年版,第 217 页。
② (宋)范仲淹:《范文正公文集》卷九《上执政书》,《范仲淹全集》,李勇先、王蓉贵校点,四川大学出版社 2002 年版,第 217 页。
③ (宋)范仲淹:《范文正公文集》卷九《上执政书》,《范仲淹全集》,李勇先、王蓉贵校点,四川大学出版社 2002 年版,第 224 页。

"时方建太一宫及洪福院,市材木陕西",天圣八年三月,范仲淹在《谏买木修昭应寿宁宫奏》中奏请:"昭应、寿宁,天戒不远,今复侈土木,破民产,非所以顺人心合天意也。宜罢修寺观,减定常岁市木之数,蠲除积负,以彰圣治。"①希望国家加强对寺观的管理,控制寺观的发展,防止"破民产"式的土木之兴,应该说这完全是范仲淹基于国计民生,提出的建议之方。范仲淹一生的文治武功都体现出他"以民为本"的思想,他能顺民意,包括对民俗及其宗教信仰的尊重。如在杭州时,按沈存中《笔谈》云:"皇祐二年,吴中大饥,殍殣枕路。是时公领浙西,发粟募民存饷,为术甚备。吴民喜竞渡,好为佛事。乃纵民竞渡,太守日出宴于湖上,自春至夏,居民空巷出游。又召诸寺主首,谕以饥岁工价至贱,可大兴土木,于是诸寺工作鼎兴。"②

传统儒家以忠孝为伦理核心,以经世致用为立身之本,常走外王内圣的修养之路,与韩愈禁佛排道、振兴孔孟的主张不同,宋儒则多取出入佛道,取其精华加以改造的融合之路,以达到"修其本以胜之"的目的。③ 范仲淹对佛道二教济世度人、周穷救急是肯定的。他认同道教把"得道成仙"与行善积德联系在一起,他在《过太清宫》诗中云:"谁言仙道求难至,自愧阴功积未多。"④这与道教强调要修"仙道",先修"人道"的思想是一致的。

极力主张儒道兼修的道教思想家认为,只有做到既能"治国而国太平",又能修炼成仙的才是"上士",即使遁入山林,却未尝不关心天下大事。范仲淹坚持儒士达则兼济天下,经世致用;退则守"恬虚之趣"。道教的顺应自然、虚静淡泊、返璞归真,佛教的空寂遁世、识心见性(禅宗)抚慰了范仲淹屡受挫折的心灵。其《观风楼》诗云:"高压郡西城,观风不浪名。山川千里色,语

---

①　(宋)范仲淹:《范文正公集续补》卷一《谏买木修昭应寿宁宫奏》,《范仲淹全集》,李勇先、王蓉贵校点,四川大学出版社2002年版,第753页。

②　(宋)楼钥:《范文正公年谱》,《范仲淹全集》附录二,李勇先、王蓉贵校点,四川大学出版社2002年版,第907页。

③　参见方健:《范仲淹评传》,南京大学出版社2001年版,第302页。

④　(宋)范仲淹:《范文正公文集》卷四《过太清宫》,《范仲淹全集》,李勇先、王蓉贵校点,四川大学出版社2002年版,第69页。

笑万家声。碧寺烟中静,红桥柳际明。登临岂刘白,满目见诗情。"①视人生荣辱如浮云,这是中年以后的范仲淹思想的变化。

总之,正如宋代黄庭坚对范仲淹的评价,"范文正公当时文武第一人,至今文经武略,衣被诸儒"②。范仲淹一生身体力行弘扬儒学,出入佛道,成为新儒学的开创者绝非偶然。他生活在北宋崇道狂热、佛教禅宗风行的社会环境中,其思想也不可能不带有儒、释、道融会的特点。他洞悉佛经和道书,一生与不少法师和道士交游,自觉或不自觉地受到佛道思想观念的影响毋庸置疑。可贵的是,范仲淹能从中吸取营养,从而丰富了儒学,并熔铸了他"不以物喜,不以己悲"、"先忧后乐"的人生境界。

---

① (宋)范仲淹:《范文正公文集》卷五《苏州十咏·观风楼》,《范仲淹全集》,李勇先、王蓉贵校点,四川大学出版社 2002 年版,第 105—106 页。

② (宋)黄庭坚:《跋文正公手书道服赞墨迹》,《范仲淹全集》附录三,李勇先、王蓉贵校点,四川大学出版社 2002 年版,第 1045 页。

第四章　谯定研究

　　巴蜀《易》学发展,自严遵(字君平)、扬雄以来,特别是到宋代尤为兴盛,学者众多,著述丰富,学派林立,造诣深厚。故闽人袁滋入洛,问《易》于程颐时,程颐说:"《易》学在蜀耳。"①《易》为儒家"六经"之首。苏学、程学均以传《易》著称。巴蜀易学的发达不仅与宋初高道陈抟的影响有关,而且也与谯定治《易》有关。据胡昭曦先生研究,北宋哲宗绍圣至南宋高宗年间(1094—1162)是宋代蜀学②的转型时期。而这一时期,最著名的有三个学派,以谯定为代表的涪陵学派是其中之一。谯定学术影响的扩大,极大地影响了宋代蜀学的发展方向。③ 目前,有关谯定的研究较薄弱④,这里拟对谯定其人及其归隐青城山进行探讨。

---

　　① 　(元)脱脱等:《宋史》卷四五九《隐逸下》,中华书局1977年版,第13461页。
　　② 　这里"蜀学"指当时四川地区的学术和学承于蜀地的学术。(参见胡昭曦:《宋代蜀学刍论》,《巴蜀历史文化论集》,巴蜀书社2002年版,第274页。)
　　③ 　参见胡昭曦:《宋代蜀学刍论》,《巴蜀历史文化论集》,巴蜀书社2002年版,第282页。
　　④ 　相关研究成果主要有郭齐:《蜀中〈易〉学奇人——谯定》(《中国典籍与文化》1995年第1期)、《谯定易学探微》(《宋代文化研究》第23辑);金生杨:《巴蜀易学渊源》(《四川师范大学学报》2004年第3期);《洛蜀交融——谯定学术新探》(《西南民族大学学报》2016年第3期);李胜《涪陵学派论纲》(《重庆师范大学学报》2005年第1期);李良品:《论易学"涪陵学派"的形成、特点与深远影响》(《周易研究》2003年第4期);粟品孝:《北岩程颐及涪陵易学》(《四川文物》1997年第2期);《宋代理学名儒与四川易学》(《中华文化论坛》2000年第2期);胡昭曦:《宋代蜀学转型的再探讨》(《湖南大学学报》2015年第6期);李永明:《儒学圣地玉溪里》,《乐游长寿》2013年第4期;等等。

一、谯定生平与学术

谯定,字天授,北宋涪州乐温县玉溪人①,自号涪陵居士②。其生卒年代已无从确考,不过,根据谯定从学于程颐、曾受宋钦宗和宋高宗诏见的记载可知,他生活在北宋末南宋初。根据《宋史·谯定传》,谯定"少喜学佛,析其理归于儒。后学《易》于郭曩氏。"③正因为谯定"深于易学"④,精于象数,曾两次被皇帝诏见。《宋史·谯定传》记载:"靖康初,吕好问荐之,钦宗召为崇政殿说书,以论弗合,辞不就。高宗即位,定犹在汴,右丞许翰又荐之,诏宗泽津遣诣行在。至维扬,……上将用之,会金兵至,失定所在。"⑤而《宋会要辑稿·选举》《宋史·胡舜陟传》则记载为宋钦宗靖康元年(1126)殿中侍御史胡舜陟推荐,与受吕好问荐举的记载不同,胡舜陟奏:"涪陵谯定受《易》于郭雍,究极象数,逆知人事,洞晓诸葛亮八阵法,宜厚礼招之"⑥,诏令谯定到京,授予通直郎、崇政殿说书。建炎元年(1127)因右丞许翰的荐举,宋高宗再次诏见谯定,准备任用他。当时谯定在汴京(今河南开封市),而宋高宗已经到维扬(今江苏扬州),于是令宗泽负责,由官府发给补贴,请谯定前来行宫。"宋高宗建炎初,以经行召至扬州,欲留之讲筵,不可,拜通直郎、直秘阁致仕"⑦。宋祝穆

---

① 参见(元)赵道一:《历世真仙体道通鉴续编》卷四,《道藏》第 5 册,第 437 页;又见(宋)祝穆:《方舆胜览》卷六一《涪州》,中华书局 2003 年版,第 1070 页。乐温,是长寿旧名,公元 1363 年更名为长寿。玉溪,即长寿玉溪里,即今天重庆市长寿区西山外的万顺镇(参见李永明:《谯定准确籍贯的原始记载》《儒学圣地玉溪里》)。

② 参见(宋)祝穆:《方舆胜览》卷六一《涪州》,中华书局 2003 年版,第 1070 页;又见元人编《氏族大全》卷六:"涪陵居士谯定,涪州玉溪人,自号涪陵居士。"

③ (元)脱脱等:《宋史》卷四五九《隐逸下》,中华书局 1977 年版,第 13460 页。

④ (元)赵道一:《历世真仙体道通鉴续编》卷四,《道藏》第 5 册,第 437 页;(宋)祝穆:《方舆胜览》卷六一《涪州》,中华书局 2003 年版,第 1070 页。

⑤ (元)脱脱等:《宋史》卷四五九《隐逸下》,中华书局 1977 年版,第 13461 页。

⑥ (元)脱脱等:《宋史》卷三七八《胡舜陟传》,中华书局 1977 年版,第 11669 页。

⑦ (元)赵道一:《历世真仙体道通鉴续编》卷四,《道藏》第 5 册,第 437 页。

《方舆胜览》卷六一《涪州》亦载:"靖康初,许右丞荐至维扬从驾,授通直郎、直秘阁。"①因金兵南下,维扬失守,宋高宗仓皇南逃,谯定复归蜀,"定后不知所终,樵夫牧童往往有见之者,世传其为仙云"②。"或以为得道,隐青城山"③。

谯定的老师有两位,一是郭曩氏(郭载),"郭本蜀人,其学传自严君平,定尝过武侯庙观八阵图,谓必本于易"④。据宋人程迥《周易古占法》卷下记载,本为蜀人,其易学传自汉代的严君平。谯定从学,郭载"告以'见乃谓之象'与'拟议以成变化'之义"⑤。《宋元学案·征君谯天授先生定》亦记载:

> 谯定,字天授,涪陵人。少喜佛,后学《易》于郭氏。郭氏世家为南平,始祖在汉为严君平之师,盖象数之学也。先生后至京,闻伊川讲道于洛,特往见之,得闻精义,造诣深至,浩然而归。⑥

宋王应麟在《困学纪闻》中却说:"谯天授定之学,得于蜀曩氏夷族。"⑦明杨慎《升庵集》卷四八《蜀之隐逸》说:"谯定,字天授,其学得于蜀曩氏夷。"⑧显然,这与《宋史·谯定传》"学《易》于郭曩氏"的记载有所不同。不过,《朱子语类》卷六七说:"涪人谯定受学于二郭:载、子厚,为象学。"⑨

入宋以后,巴蜀易学发展。如陈抟著《无极图》《先天图》,东坡父子著《苏氏易传》、龙昌期著《周易祥符注》等,不仅如此,巴蜀易学名家辈出,郭载即是

---

① (宋)祝穆:《方舆胜览》卷六一《涪州》,中华书局 2003 年版,第 1070 页。
② (元)脱脱等:《宋史》卷四五九《隐逸下》,中华书局 1977 年版,第 13461 页。
③ (宋)祝穆:《方舆胜览》卷六一《涪州》,中华书局 2003 年版,第 1070 页。
④ (宋)程迥:《周易章句外编》,文渊阁《四库全书》本。
⑤ (宋)程迥:《周易章句外编》,文渊阁《四库全书》本。
⑥ (清)黄宗羲原著,(清)全祖望补修:《宋元学案》卷三〇《刘李诸儒学案》,中华书局 1986 年版,第 2 册第 1079 页。
⑦ (宋)王应麟:《困学纪闻》卷一五《考史》,栾保群、田松青、吕宗力校点,上海古籍出版社 2008 年版,第 1752 页。
⑧ (明)杨慎:《升庵集》卷四八《蜀之隐逸》,文渊阁《四库全书》本。
⑨ (宋)黎靖德编:《朱子语类》卷六七《易三》,朱杰人、严佐之、刘永翔主编:《朱子全书》第 16 册,上海古籍出版社、安徽教育出版社 2002 年版,第 2248 页。

其中之一。郭载世家南平（今重庆綦江），始祖在汉代为严君平之师，世传易学，精通象数。① 郭载易学则传自严君平，而授之谯定。据清人胡渭《易图明辨》卷一〇记载："昔严君平著《老子指归》，而郭曩氏始祖为其师，然则定所受者乃老子之易，其于圣人之道犹爝火之于日月也。"②认为谯定所受为老子之易。

谯定的另一位老师是伊川程颐（1033—1107），其所著《易传》在易学史上占有极其重要的地位。关于谯定与程颐相识并从学于程颐的经过，有各种不同的记载。按《建炎以来系年要录》卷八和《宋史·谯定传》的记载，谯定先是前往洛中从学于程颐，不久程颐被贬到涪陵，谯定与程颐再次见面。

> 定一日至汴，闻伊川程颐讲道于洛，洁衣往见，弃其学而学焉。遂得闻精义，造诣愈至，浩然而归。其后颐贬涪，实定之乡也，北山有岩，师友游泳其中，涪人名之曰"读易洞"。③

从中可知，谯定不仅受教于程颐，而且得其精义，造诣颇深，后程颐被贬于谯定的家乡涪州，谯定与程颐交游甚密。程颐不仅传授给谯定易学，而且宋人王质《雪山集》卷七《涪陵谯先生祠记》说，程颐还给谯定讲《大学》《中庸》，并告诉他治学要用"敬"的方法。

> 涪陵谯先生初习佛，伊川授其学以《大学》《中庸》，而指其法以敬。先生悦之，弃家破产，疲曳妻子，以从之游。及其困饥且死，不以非义之粟而易将殒之命，非天下之豪杰其能建立如此哉！④

---

① 参见李胜：《涪陵学派论纲》，《重庆师范大学学报》2005 年第 1 期。
② （清）胡渭：《易图明辨》卷一〇，文渊阁《四库全书》本。
③ （元）脱脱等：《宋史》卷四五九《隐逸下》，中华书局 1977 年版，第 13460—13461 页。
④ （宋）王质：《雪山集》卷七《涪陵谯先生祠记》，文渊阁《四库全书》本。

不过,宋人程迥《周易章句外编》、朱熹《晦庵集》卷三〇《与汪尚书》却说谯定只是在程颐贬放涪陵时见过一面。如程迥《周易章句外编》说:"尝见伊川先生于涪,伊川欲与同修易书。"①朱熹《与汪尚书》说:郭子和又云,"谯天授亦(伊川)党事后门人,熹见胡、刘二丈说亲见谯公,自言识伊川于涪陵,约以同居洛中。及其至洛,则伊川已下世矣。问以伊川《易》学,意似不以为然。至考其他言行,又颇杂于佛、老子之学者,恐未得以门人称也。以此一事及其所著象学文字推之,则恐其于程门亦有未纯师者,不知其所谓卒业者果何事邪。"②"胡、刘二丈"指胡宪、刘勉之,都是朱熹的长辈、早年的启蒙老师。针对《晦庵集》卷三〇《与汪尚书》的说法,清胡渭《易图明辨》卷一〇认为:

> 按朱子此言,则谯定仅识伊川于涪陵,而入洛则不及见,史称先受《易》于洛,后复从游于其乡者,妄也。徽宗朝蔡京用事,禁毋得挟元祐书,自是伊洛之学不行。时胡、刘二公皆在太学,而定适至,闻其尝与伊川游,故慨然师事之,所欲闻者义理也。而定本象数之学,不能有所益。定于伊川不纯师,二公于定亦未纯师也。故朱子虽游二公之门,而不得见希夷之真图。晚使蔡季通入峡,乃购得之。《易》学在蜀,亦必非伊川语,盖其徒知象数非儒者所尚,故自附伊川之易以张其学,修史者不能裁择,因而书之以为传,实不然也。③

由于谯定曾拜程颐为师,《宋元学案》卷三〇《刘李诸儒学案》列谯定为"伊川门人"。

> 王梓材谨案:谢山《奉临川帖子二》云:"有及相随从而不得置之弟子者,如谯定之于程是也。"是先生在程门私淑之列,于诸弟子当分别载

① (宋)程迥:《周易章句外编》,文渊阁《四库全书》本。
② (宋)朱熹:《晦庵集》卷三〇《与汪尚书》,文渊阁《四库全书》本。
③ (清)胡渭:《易图明辨》卷一〇,文渊阁《四库全书》本。

之。然谢山于《刘胡诸儒序录》言籍溪与白水同师谯天授,于《赵张诸儒》言魏公尝从谯天授游,皆自先生以上溯伊洛,则先生固程门一大宗也。万氏《儒林宗派》固以先生为程子门人。①

　　佚名《两朝纲目备要》卷四"甲辰留正落职罢祠"条认为,涪陵谯天授为伊川门人。② 无论视谯定为"程门私淑"还是"伊川门人""程子门人",谯定曾从学于程颐当无疑。谯定《答胡籍溪论易》说:"示喻'见乃谓之象',若如是言,推为文辞则可,于见处则未必。公不思'象之在道,乃易之有太极'耶?"③认为象之于道与太极在易中的地位是相当的,这里将道与太极等同,皆视为宇宙本原,与其师程颐看法也是一致的。

　　谯定门人弟子众多,其易学授之胡宪(1068—1162)、刘勉之(1092—1149)。南宋著名理学家朱熹少时师承胡宪、刘勉之,而胡宪、刘勉之师于谯定学《易》。宋人熊克《中兴小纪》卷三四说:"庚辰,布衣刘勉之者,建阳人,少得易象之学于涪陵谯定。"④朱熹为其再传弟子。此外,冯时行、张行成也受谯定易学影响,"定《易》学得之程颐,授之胡宪、刘勉之,而冯时行、张行成则得定之余意者也。"⑤刘勉之也因谯定师从程颐,而师事谯定,"谯定至京师,勉之闻其从程颐游,邃《易》学,遂师事之。已而厌科举业,揖诸生归。"⑥欧阳修《文忠集》卷三五《籍溪胡先生宪墓表》也记载,胡宪是由于谯定曾从学于程颐而拜谯定为师的。

　　　　而涪陵谯定夫授易学于程氏者,原仲既传其家学,复往问易于谯,谯谓其学有不可以言传,特为原仲稍发其端。原仲因诵所闻,谯弗许,曰:

────────────

① (清)黄宗羲原著,(清)全祖望补修:《宋元学案》卷三〇《刘李诸儒学案》,中华书局1986年版,第2册第1079页。

② (宋)李心传:《建炎以来朝野杂记·甲集》卷六《道学兴废》,文渊阁《四库全书》本。

③ (元)刘应李编:《新编事文类聚翰墨全书·辛集》卷二《答胡籍溪论易》,明初刻本。

④ (宋)熊克:《中兴小纪》卷三四,文渊阁《四库全书》本。

⑤ (元)脱脱等:《宋史》卷四五九《隐逸下》,中华书局1977年版,第13461页。

⑥ (清)嵇璜、刘墉等:《续通志》卷五七一《隐逸传》,浙江古籍出版社2000年影印本。

"心为物渍,则不能有所见,惟学及乃可明耳",原仲退而求之,久乃有得,喟然叹曰:"所谓学者,克己功夫也。"由是自信不疑,笃志力行,以至于老,中间可仕则仕,必行其道;可止则止,必致其义,近而一乡,远而四方,皆师尊之。于是元晦以先大夫之命事原仲如父,既尽得其言行之美,而又日进焉,今遂为世儒宗,岂无所自而然哉!①

胡宪、刘勉之都是闽人,冯时行、张行成是蜀人,他们都是当时著名的学者。再传弟子中刘勉之的学生兼女婿朱熹开创了闽学,三传弟子朱熹的学生魏了翁开创鹤山学派,故《宋元学案》王梓材说:"则先生(谯定)固程门一大宗也。"②

清人朱彝尊《经义考》卷二一、嘉庆《四川通志》卷一八三都提到谯定著有《易传》一书,遗憾的是已经失传,现存仅一诗一文。其文见于宋人刘应李《新编事文类聚翰墨全书》辛集卷二,题为《答胡籍溪论易》,仅102字:

　　某老朽无用,常欲缄口例俗,迂疏之学得遂弃置,私心所尚。然以吾友听过情之问,奋苦学之志,旷心无择主善,而适当风之窍,虽冀泯声,不可得也。示喻"见乃谓之象",若如是言,推为文辞则可,于见处则未必。公不思"象之在道,乃易之有太极"耶?语直伤交,惟冀亮察。③

谯定以"象"为道之发见,具有本体的意义。其诗收入阮阅《诗话总龟后集》卷七"达理"门,题作《牧牛图》,共九章。朱熹谓诗前曾有序,"其序略云:'学所以明心,礼所以行敬。明心则性斯见,行敬则诚斯至。'草堂刘致中(勉之)为作传甚详。"④谯定主张领悟易象,然后会通诸卦爻之义,学以明心,明心则见

① (宋)欧阳修:《文忠集》卷三五《籍溪胡先生宪墓表》,文渊阁《四库全书》本。
② (清)黄宗羲原著,(清)全祖望补修:《宋元学案》卷三〇《刘李诸儒学案》,中华书局1986年版,第2册第1079页。
③ (元)刘应李编:《新编事文类聚翰墨全书·辛集》卷二《答胡籍溪论易》,明初刻本。
④ (宋)黎靖德编:《朱子语类》卷六七《易三》,朱杰人、严佐之、刘永翔主编:《朱子全书》第16册,上海古籍出版社、安徽教育出版社2002年版,第2248页。

性。由谯定所开创的"涪陵学派"成为两宋之际重要的理学学派之一，谯定也成为程朱理学承前启后的关键人物，从而在中国思想史上占有极其重要的地位。

二、谯定与青城山

由于有关谯定的传记资料极少，关于他晚年的行踪又充满传奇色彩，虽有"终于嵩山少林寺"[①]的说法，但多数文献还是说谯定后复归蜀，隐居青城山，对此进行研究，有助于深入考察谯定的生平与学术。

青城山自古乃神仙都会之府，历代隐士高道众多，如宁封子、张陵、李阿、范长生、王仙卿、罗公远、杜光庭等皆曾隐居山中。谯定生活在两宋之际的动荡时期，有关他归隐青城山的记载自南宋以来就屡见不鲜。曾在蜀中做官多年的陆游《剑南诗稿》卷一九《寄谯先生》云："寄谢谯夫子，今年一出无。万缘随梦断，百念与形枯。云护巢松谷，神呵煆药炉。凭高应念我，白首学征租。"注曰："青城大面山中有二隐士，一曰谯先生定，字天授。建炎初，以经行召至扬州，欲留之讲筵，不可，拜通直郎、直秘阁致仕。今百三十余岁，巢险绝，人不能到，而先生数年辄一出至山前，人有见之者。"[②]南宋潘自牧《记纂渊海》卷一六也说："本朝谯定深于易学，后隐青城山。……姚平仲与谯定为青城二隐士。"[③]南宋王象之所著地理总志《舆地纪胜》对谯定隐居青城山更有专门记载。《舆地纪胜》卷一五一《永康军》之人物门"谯定"条，谓谯定"深于《易》。早师郭载，晚从伊川，尝游洛阳、武夷，胡宪、刘勉夫往叩之，其言汪洋宏肆，莫可窥测。刘勉夫见刘安世道天授太极之语，安世谓不知天壤乃复有斯人。伊川贬涪陵，与天授相好，语以敬学及《中庸》诸书，乃以视听言动意必固我写八

---

① （宋）王质：《雪山集》卷七《涪陵谯先生祠记》，文渊阁《四库全书》本。
② （宋）陆游：《剑南诗稿》卷一九《寄谯先生》，文渊阁《四库全书》本。
③ （宋）潘自牧：《记纂渊海》卷一六，文渊阁《四库全书》本。

图,兴寝对之。靖康、建炎召到淮阳。绍兴间,有雷道人见天授隐于青城山之牡丹坪。"①又人物门"谯定、姚平仲"条:"《剑南诗稿》云:青城大面山有二隐士,一曰谯先生定,字天授。"②南宋另一部地理总志祝穆《方舆胜览》卷六一《涪州》也载:"未几,寇至,不知所之。或以为得道,隐青城山。"③大概正是综合这些记载,元修《宋史》时,将谯定列入《隐逸传》,记载谯定在南宋初"复归蜀,爱青城大面之胜,栖遁其中,蜀人指其地曰谯岩,敬定而不敢名,称之曰谯夫子,有绘像祀之者,久而不衰。""定后不知所终,樵夫牧童往往有见之者,世传其为仙云。"④元人编《氏族大全》卷六也说姚平仲与谯定为青城隐士。之后明、清文献也多从此说,如明杨慎《升庵集》卷一一《青城五隐赞》说谯定为青城五隐之一,另四人为范长生、勾台符、张瑜妻蒲芝和杨慎本人。此外,《明一统志》卷六九和卷二九六、明曹学佺《蜀中广记》卷四五《人物记》第五、明凌迪知《万姓统谱》卷三〇、清黄宗羲原著(全祖望补修)《宋元学案·征君谯天授先生定》、(清)《续通志》卷五七一《隐逸》、清朱彝尊《经义考》卷二一、清胡渭《易图明辨》卷一〇、(清)《御定渊鉴类函》卷二八九、(清)《御定佩文韵府》卷三〇注、清(雍正)《四川通志》卷三八之一等文献也都记载谯定复归蜀后隐居青城山。

对于谯定隐居青城山的原因,现存文献皆言谯定"爱青城大面之胜",喜爱青城山之胜景。青城山位于四川都江堰市西南 30 里,背靠皑皑的岷邛雪岭,俯临丰饶的成都平原,以大面山(赵公山)为主峰,重峦叠嶂,有 36 峰、72 洞、108 胜景,自古有"青城天下幽"之美誉。史载谯定隐居青城山,南宋祝穆《方舆胜览》卷六一《涪州》载:"或以为得道,隐青城山。"⑤元赵道一《历世真仙体道通鉴续编》卷四也记载谯定"隐青城大面山中得道。宋高宗建炎初,以

---

① (宋)王象之:《舆地纪胜》卷一五一《永康军》,四川大学出版社 2005 年版,第 4529—4530 页。

② (宋)王象之:《舆地纪胜》卷一五一《永康军》,四川大学出版社 2005 年版,第 4531 页。

③ (宋)祝穆:《方舆胜览》卷六一《涪州》,中华书局 2003 年版,第 1070 页。

④ (元)脱脱等:《宋史》卷四五九《隐逸下》,中华书局 1977 年版,第 13461 页。

⑤ (宋)祝穆:《方舆胜览》卷六一《涪州》,中华书局 2003 年版,第 1070 页。

经行召至扬州,欲留之讲筵,不可,拜通直郎、直秘阁致仕。今百数十余岁,巢居险绝,人不能到,而先生数年辄一出至山前,人有见之者。"①从这段材料也可知,谯定归隐青城山。

关于谯定隐居青城山的具体地点,以上文献记载多谓谯定隐居青城大面山。南宋王象之《舆地纪胜》卷一五一《永康军》之景物下"大面山"条注云:"在三溪之北,前临成都山,众峰攒秀,高七十二里。上有香柏、灵竹,竹根如龙首,耳角眉目天然而成。"②又"三溪水"条云:"在龙居溪下。水激巨石,穿坳为潭,龙族居之。上有古天宫老君石像,皆神仙遗迹。"③同卷景物下"成都山"条云:"乃青城山之案山也,前临麻姑洞,深不可测,与诸洞相通。"④张商英诗云:"因寻太上长生诀,偶到青城大面山"⑤。王溉诗云:"西边更拥上皇山,大面六顶不可攀。"⑥大面山为今都江堰市与汶川县的界山,因其处于龙门山前山褶断带,多奇峰岩石,加上受亚热带湿润多雨的气候影响,形成众多地下暗河洞穴。相传这些洞穴还与几千里之外的河南嵩山相通。《舆地纪胜》卷一五一《永康军》景物上"仙馆"条记载,河南"嵩山北有大穴,晋时有叟尝误坠穴,而行十许日,有二仙对棋局,告以饥渴,棋者与之饮,了不觉饥,半年许乃出蜀青城山,而得归洛下,问张华,曰'此仙馆,所饮者玉浆,所食者龙穴石髓子,其得仙乎!'寻洞再往,不知所之"⑦。

王象之《舆地纪胜》还进一步指出谯定隐居在大面山之老人村。《舆地纪胜》卷一五一《永康军》之景物下对"老人村"有专门记载:"大面山之北有老人村,人家其中,与外隔绝,子孙继世,如秦人之桃源。……《图经》又云:'即老泽也。'"⑧此处所谓"老泽",即"獠泽"。《舆地纪胜》卷一五一《永康军》之

---

① (元)赵道一:《历世真仙体道通鉴续编》卷四,《道藏》第5册,第437页。
② (宋)王象之:《舆地纪胜》卷一五一《永康军》,四川大学出版社2005年版,第4520页。
③ (宋)王象之:《舆地纪胜》卷一五一《永康军》,四川大学出版社2005年版,第4519页。
④ (宋)王象之:《舆地纪胜》卷一五一《永康军》,四川大学出版社2005年版,第4522页。
⑤ (宋)王象之:《舆地纪胜》卷一五一《永康军》,四川大学出版社2005年版,第4535页。
⑥ (宋)王象之:《舆地纪胜》卷一五一《永康军》,四川大学出版社2005年版,第4536页。
⑦ (宋)王象之:《舆地纪胜》卷一五一《永康军》,四川大学出版社2005年版,第4515页。
⑧ (宋)王象之:《舆地纪胜》卷一五一《永康军》,四川大学出版社2005年版,第4524页。

景物上对"獠泽"也有专门记载,并引《图经》云:"在青城县北一百三十里。"
"或曰诸葛亮迁群獠于青城山下,号为獠泽。或云老泽,昔人避难家其中,皆
享年寿,如秦人桃源之类,世世寿考,故云老泽,又名老人村。"①也见《渔隐丛
话》记载。其实,在宋代,时人对老人村的位置是很清楚的。《舆地纪胜》卷一
五一《永康军·仙释》"费孝先"条记载费孝先还专门去过老人村:"至和中游
青城山,访一老人村,坏其一竹床,孝先欲偿之。老人曰:'子且视其上字。'字
云:'此床某年某月为孝先所坏',其数自尔。孝先知异,乃留师事之。老人因
授以卦影之术,名闻天下。"②王象之还引苏轼的话说:"东坡云:'蜀青城山老
人村,有五世孙者,道极险远,生不识盐醯,而溪中枸杞根如龙蛇,饮其水,故
寿。近岁道稍通,渐能致五味,而寿亦益衰。'"③可见,苏轼也知道老人村的具
体位置。王象之还进一步说明老人村就在牡丹坪:"绍兴间,有雷道人见天授
隐于青城山之牡丹坪。"④《舆地纪胜》卷一五一《永康军》专门列有"牡丹坪老
人村诗",将范成大《牡丹坪》诗、勾台符《花坪牡丹》诗、吕大防《天师栗》诗以
及王溉、唐子真诗汇编在一起。其中王溉诗最具代表性:"山前老泽经行路,
百岁翁翁犹健步。非仙非佛非鬼神,不识人间盐与醋。嗜欲既浅天机深,窟宅
宜与仙家邻。"⑤杜光庭《青城山记》云:"大面之顶,去平地七十二里,为兹山
之主,非常人所到,灵禽异兽,奇花异草,无不有焉。其上琼楼仙室,金阙玉堂,
得道之人造之乃见,非凡俗所窥也。"老人村有众多牡丹树。范成大《牡丹坪》
诗云:"十丈牡丹如锦盖,人间姚魏却争春。"王溉诗云:"牡丹树高数十丈,花
头盈尺非人间。"勾台符《花坪牡丹》诗云:"无叶滋春色,有花开晚红。"⑥直到
明代,牡丹坪的牡丹仍闻名遐迩。明朱国祯辑《涌幢小品》卷二七云:"青城山
有牡丹,树高十丈。花甲一周,始一作花。永乐中适当花开,蜀献王遣使视之,

---

① (宋)王象之:《舆地纪胜》卷一五一《永康军》,四川大学出版社 2005 年版,第 4515 页。
② (宋)王象之:《舆地纪胜》卷一五一《永康军》,四川大学出版社 2005 年版,第 4533 页。
③ (宋)王象之:《舆地纪胜》卷一五一《永康军》,四川大学出版社 2005 年版,第 4515 页。
④ (宋)王象之:《舆地纪胜》卷一五一《永康军》,四川大学出版社 2005 年版,第 4530 页。
⑤ (宋)王象之:《舆地纪胜》卷一五一《永康军》,四川大学出版社 2005 年版,第 4540 页。
⑥ (宋)王象之:《舆地纪胜》卷一五一《永康军》,四川大学出版社 2005 年版,第 4540 页。

取花以回。"可见,谯定隐居的老人村就在大面山牡丹坪。南宋王象之在言"牡丹坪"时说:"谯定天授、李浩太素二先生隐其中云。"①清代彭洵《青城山记》引《全唐诗》还说唐代有李浩,字太素,"隐青城山牡丹坪,与仙人尔朱先生游"。可见,牡丹坪在宋以前就已经有人在此隐居。到民国时期,还有人知道老人村的具体位置。民国徐德先编《成都灌县青城游览指南》明确记载在大面山水磨沟、兴仁场附近,"过索桥,山间有老人村,传范长生后裔卜居处。往古其地如秦之桃源,鸟鸣猿啼,境界幽厉,满山牡丹,松下人葭,形如仙景,村人多长寿。今则景物非旧,幽雅仍昔。"②想必作者曾经去过老人村,才会有这样详细的记载。都江堰市档案馆藏清光绪六年所修《王氏族谱》记载,该支为"青城山老人村槐荫堂王氏",可见清末民国时期,青城山老人村的具体位置是清楚的。

得道成仙是道教追求的最高宗教理想,青城山是道教"第五大洞宝仙九室之天"③。东汉末年,道教创始人张陵从鹤鸣山到青城山设坛传教,青城山成为中国道教发源地之一。晋代时,青城山上始建道观,以后历代道人增修,形成宫观群。而且自张陵在青城山结茅传道以来,中国道教宗派分衍,青城山道脉不断。南宋时期社会上流行的新符箓派——"清微派",其形成和兴盛都与青城山道士密切相关,青城山一度成为清微派的中心。而新创的道教金丹派南宗(亦称"紫阳派")也在成都地区传播,与青城山多有关联。北宋熙宁初年(约1069),天台山道士张伯端入蜀,得青城老仙传授,著《悟真篇》,创立此派,在修炼上主张先"命"后"性",与北宗全真道不同。元代以后此派并入全真派。

谯定被认为是以儒士得道者。周召《双桥随笔》卷一说:

---

① (宋)王象之:《舆地纪胜》卷一五一《永康军》,四川大学出版社2005年版,第4522页。
② 徐德先编:《成都灌县青城游览指南》,《成都旧志》第4册,成都时代出版社2007年版,第31页。
③ (唐末五代)杜光庭:《青城山记》,(清)董诰等编:《全唐文》卷九三二,中华书局1983年版,第10册第9709页。

　　宋谯定、雍孝闻、尹天民亦皆以儒士得道。定百二十岁,故在青城山中采药,人有见之者,读《易》尚不辍也。此则负天姿,喜读书,而为修炼之说以自奇者,世以其踪迹非常,遂以神仙诡异之,岂真有飞升腾举之术哉!①

显然,作者对谯定是否有飞升腾举之术存疑,但对谯定归隐青城山却是无疑的。陆游在《渭南文集》卷二五《书神仙近事》中谈到道教得道成仙时也认为吕洞宾、陈抟、贺元、施肩吾本为书生得道,而谯定、雍孝闻、尹天民则是以儒士得道者。他说:“近岁有谯定、雍孝闻、尹天民亦皆以儒士得道,定今百二十余岁,故在青城山中采药,道人有见之者,读《易》尚不辍也。”陆游感悟“乃知长生久视之道,人人可以得之,初不必老氏之徒也。”②这是道教强调人人可以成仙观念的体现。应该说,在宋代,儒士信道、慕道是普遍现象,而且谯定的象数学直接受到道教象数学的影响,青城山又是道教名山,因此,谯定归隐青城山也是情理中的事。

　　至于谯定“终于嵩山少林寺”的说法,主要是据宋人王质的记载:“建炎之初,诏起谯先生于河南,无所踪迹。有野人道使者入嵩山深绝,见先生卧土屋,衣襦,釜灶皆尘。强掖起之,既至,与宰相不合,遂去,不知所之。……丧乱,莫知所终。或云终于嵩山少林寺,又云隐居青城之老人村,易姓,迨其今犹存云。”③不过,从这条材料来看,作者在此并没有下结论,而是呈现了关于谯定晚年行踪的两种说法。又根据王质《泛兰舟·谯天授画像》的描述:“萧萧乌帽黄衫,烟水拍云岩。风清月白,一双碧眼莹秋潭。四海九州,茫茫东北,渺渺西南。松霜杉露㲯㲯。龙门隔如参井,青城佳气与天参。蔽山充野,牡丹红外茯苓甘。鹤顶凝丹,隙驹蹀躞,尽百年间。乾坤云海风帆。谯名定,涪陵人。

---

①　(清)周召:《双桥随笔》卷一,文渊阁《四库全书》本。
②　(宋)陆游:《渭南文集》卷二五《书神仙近事》,文渊阁《四库全书》本。
③　(宋)王质:《雪山集》卷七《涪陵谯先生祠记》,文渊阁《四库全书》本。

受道于伊川。后弃乡里,隐河洛。复归蜀,居青城之老人村,至今尚存。"①显然,在王质看来,谯定最后还是回到了四川,居于青城山之老人村。

由此可见,谯定归隐青城山当无疑。有关谯定晚年行踪的记载,其实也从一个侧面反映了谯定的学术思想源头与佛道二教密切相关。谯定出入佛道,融摄佛道,从而对宋代理学产生重大影响。尽管谯定的著述大多散佚,其学术思想也很难深入探讨,但根据现存史料及其仅存诗文以及朱熹对谯定学术的零散评论,其学术渊源是很清楚的。再说,生活在宋代崇道狂热、禅宗风行,倡导儒、释、道三教合一时代的谯定,其学术思想不能不受佛道二教思想的影响。宋代道教兴盛,欧阳修《文忠集》卷三五《籍溪胡先生宪墓表》说:"天启圣朝,世与道兴,上而元臣大老信此道以觉斯民,下而老师宿儒进此道以觉后觉。"②从朱熹对谯定易学的批评中也可以看到谯定思想中的佛道二教因素。朱熹对谯定易学提出了"批评",他说其师刘勉之师事谯定,即因闻言谯定"尝从程夫子游,兼邃《易》学"③。而谯定则对伊川所讲易学"似不以为然"。考察其言行,又掺杂有许多佛道二教思想,不是学问正脉。正因为如此,朱熹并不同意谯定是程颐门人的说法,认为"恐未得以门人称也",但谯定曾受教于程颐却是事实。朱熹说刘勉之从学谯定之后,"尽得其学之本末",并为谯定作传,而胡宪则是经谯定一语道破,于是浩然而归。

目前传世的谯定诗作《牧牛图》④分为九章,以牛喻道,提倡"明心""见性",强调内心体认的修养工夫:"回光惟圣道,此外竟何缘。""法言缘理辨,邪说自心诃。""心声休妄发,敬道复何疑?""步步无非履,心心向大途。""用舍非关念,优游绝所窥。相忘人世外,惟有牧童儿。""何心拘小节,平步蹈中常。""相尽云何牧,心融孰是牛"。清代程川编《朱子五经语类》卷七说:"谯

① (宋)王质:《雪山集》卷一六《诗余》,文渊阁《四库全书》本。
② (宋)欧阳修:《文忠集》卷三五《籍溪胡先生宪墓表》,文渊阁《四库全书》本。
③ (宋)朱熹:《朱熹集》卷九〇《聘士刘公先生墓表》,郭齐、尹波点校,四川教育出版社1996年版,第4613页。
④ (宋)阮阅:《诗话总龟后集》,周本淳校点,人民文学出版社1987年版,第42—43页。

作《牧牛图》。其序略云：'学所以明心，礼所以行敬。明心则性斯见，行敬则诚斯至。'草堂刘致中为作传甚详。"①《朱子籍溪先生胡公行状》说：

> 先生学《易》于涪陵处士谯公天授，久未有得，天授曰："是固当然，盖心为物渍，故不能有见，唯学乃可明耳。"先生于是喟然叹曰："所谓学者，非克己工夫也耶。"②

显然受到佛教"明心见性"思想的影响，朱熹对谯定易学的评论也印证了这一点。民国时期刘咸炘也说："谯天授有《牧牛图诗》九章，章各寓修养之意。其说兼儒、释，见《诗话总龟后集》卷七，《学案》未采。"③

　　总之，宋代儒士出入佛道是普遍现象，他们中有的研读道书、佛经，谈老说庄；有的则旁通易学，而治《易》者又兼采道教象数之学。谯定深于易学，精于象数，后归隐青城山，其学术思想体现出儒、释、道三教融会的特点，对宋代蜀学、理学都产生了深远影响。

---

① （宋）黎靖德编：《朱子语类》卷六七《易三》，朱杰人、严佐之、刘永翔主编：《朱子全书》第 16 册，上海古籍出版社、安徽教育出版社 2002 年版，第 2248 页。

② （清）胡渭：《易图明辨》卷一〇，文渊阁《四库全书》本。

③ 刘咸炘：《谯定雍孝闻事辑》，刘咸炘：《推十书》（增补全本）丙辑叁，上海科学技术文献出版社 2009 年版，第 887 页。

第五章　陈楠研究

陈楠(？—1213)是南宋时期影响较大的道教内丹思想家,道教金丹南宗五祖中第四代传人,内丹清修派的代表人物。他师承毗陵禅师薛道光,下传白玉蟾,在金丹南宗的传承上具有举足轻重的作用。由于他在传薛道光内丹道外,兼行雷法,因而形成了与张伯端、石泰、薛道光不同风格的内丹学说。但在金丹南宗五祖中,学术界前多言张伯端,后多言白玉蟾,而对白玉蟾丹道思想有直接影响的陈楠丹道思想的研究尚显薄弱。

一、陈楠生平及其时代特征

陈楠,字南木,号翠虚,惠州博罗县(今广东博罗县)人。关于陈楠生于何年？ 史无明确记载。根据赵道一《历世真仙体道通鉴》卷四九的记载,陈楠师事毗陵禅师薛道光,"得《太乙刀圭金丹法诀》"①。陈楠《罗浮翠虚吟》也言:"嘉定壬申八月秋,翠虚道人在罗浮,眼前万事去如水,天地何处一沙鸥。吾将蜕形归玉阙,遂以金丹火候诀,说与琼山白玉蟾,使之深识造化骨。道光禅师薛紫贤,付我《归根复命篇》,指示铅汞两个字,所谓真的玄中玄。"②这里明

---

① （元）赵道一:《历世真仙体道通鉴》卷四九,《道藏》第 5 册,第 385 页。
② （宋）陈楠:《翠虚篇·罗浮翠虚吟》,《道藏》第 24 册,第 205 页。

确提到薛道光将丹书《归根复命篇》传授给陈泥丸。"丹道既成，复归桑梓。"①以盘栊箍桶为生。又据《粤西丛载》卷一一，陈楠"得《太乙刀圭金丹法诀》于毗陵禅师，得《景霄大雷琅书》于黎姥山神人"。表明陈楠除受薛式内丹法外，还从黎姥山神人处得雷法。曾以雷法符箓驱鬼降魔，济人利物；又常以符水为人治病，其法系捻土为丸，病者多愈，世人呼为"陈泥丸"。据《历世真仙体道通鉴》记载，宋徽宗政和年间擢提举道录院事。②后归隐罗浮山，"以道法行于世"，不数年，定居长沙。于宋宁宗嘉定六年（1213）卒于福建漳州梁山。其著述主要有《翠虚篇》《阴符髓》等。收入《正统道藏》太玄部，即《翠虚篇》一卷，该卷辑录了陈楠所撰诗文。宋赵与峕《宾退录》卷七言真息子王思诚为陈泥丸《翠虚篇》作序。陈楠以丹法授白玉蟾，其道门高弟还有鞠九思、沙蛰虚。

　　陈楠生活在北宋末南宋初时期，这是一个国力羸弱，内忧外患严重，战争频仍，社会动荡不安，民族矛盾、阶级矛盾、社会矛盾十分尖锐的时代。金灭北宋后建立的南宋王朝，并没有解除来自北方金人的武力威胁，金兵数度南侵，宋室只有称臣纳币，始得偏安东南一隅。这为道教的继续发展提供了土壤。尽管南宋诸帝再未有过北宋真宗、徽宗那样的崇道狂热，但是南宋的积贫积弱，内忧外患，使南宋朝廷又不可避免地要上承前制，下顺民俗，对以神鬼崇祀为事的符箓道教予以相当重视，以至扶植、利用。

　　陈楠生活的时代也是新道派相继产生、内丹术盛行的时代。在这一时期，随着南北分裂对峙，在北方金人统治区相继出现了太一道、真大道、全真道三个新道派。在南方，除旧有的天师、上清、灵宝等三山符箓派外，还产生了内丹与符箓融合的神霄、清微两大符箓新派，并衍生出西河、武当等支派。尽管有不少学者"考道教南宗的创立者，实际上应为宋宁宗（1195—1224）时的著名道士白玉蟾"③。由"他建构了内丹道自身的传法世系"④，但事实上，全真道

---

① （宋）白玉蟾：《翠虚陈真人得法记》，《道藏》第29册，第483页。
② 参见（元）赵道一：《历世真仙体道通鉴》卷四九，《道藏》第5册，第385页。
③ 李养正：《道教概说》，中华书局1989年版，第173页。
④ 张广保：《唐宋内丹道教》，上海文化出版社2001年版，第390页。

在北方崛起以后,自隋唐兴起的内丹道便出现了"北宗"与"南宗"的分立。宗奉王重阳所传内丹学的一派称"北宗",而宗奉张伯端内丹学的一派称为"南宗"。一般认为南北二宗是同源异流,都宗承钟吕内丹说。经过南宋众多内丹大师的传道度人活动,有关内丹修炼的思想逐渐传播到民间社会,形成一种普遍的社会思潮。不仅如此,内丹修炼也影响了各符箓道派,而"江南地区的内丹道派全真、南宗,也颇受符箓诸派影响而兼行符水"①。于是就不难理解为什么雷法一开始就有与内丹融合的趋势,也不难理解金丹派南宗从陈楠起,兼行神霄雷法。这也是陈楠的内丹思想不同于其前辈之处。

金丹南宗产生于北宋以来倡导"三教合一"的时代思潮中,传播于佛教禅宗风行的社会环境,因而其学说也不能不带有三教合一、禅道融会的特点。再说,南宋统治者也看到北宋真宗、徽宗的崇道抑佛,并没有产生预期的效果。因此,南宋孝宗在崇信道教的同时,对佛儒二教同样重视。孝宗《原道论》专论三教关系,在他看来,儒、释、道三教各有各的用处,其旨归终趋于一致,缺一不可。特别是佛教禅宗的发展,其心性论对道教内丹学的影响颇大,这一时期的内丹家们多主张融禅入道。作为内丹家的陈楠,其思想也必然打上时代的烙印。陈楠顺应了时代思潮,遵循北宋以来钟吕内丹及张伯端的路线,主张性命双修、禅道融合。

二、陈楠的丹道思想及其特点

陈楠的内丹道思想集中反映在他的著作《翠虚篇》及其弟子的著述中。《翠虚篇》一卷,包括七言歌诀《紫庭经》《大道歌》《罗浮翠虚吟》、短文《丹基归一论》以及《金丹诗诀》百首和词三首。卷首有真息子王思诚序,略述内丹大旨。陈楠的《翠虚篇》是宋代金丹派南宗的重要论著,对后人颇有影响。

---

① 任继愈主编:《中国道教史》,上海人民出版社1990年版,第576页。

（一）金丹之要唯在"铅汞"

陈楠的丹法属清修派，认为坎离在自己一身之内，只需一己独修，"自家精血自交结，身里夫妻是妙哉！"①他在对当时流行的一些丹法进行分析的基础上阐述其内丹道，认为"若非金液还丹诀，不必空自劳精神"②。陈楠在自述其炼丹过程及感受的《罗浮翠虚吟》中，斥责采战御女、服气存思等内炼方术，"都是旁门不是真"。他既反对依传统的《灵宝秘法》而"直勒尾闾咽津液"，执着命术，又反对参《西山会真记》所述修法而"终日无言面对壁"③，及无为灰心、得自显现之法，认为二者皆有偏颇之处，皆是"养命方"，不能"无质生灵质"，结成大丹。④

陈楠继承了《悟真篇》所述丹法，不过在不少地方又比《悟真篇》更为系统、明白，而且对内丹修炼之感受及效验描述较详。如《紫庭经》云：

> 千句万句会一言，教人只在寻汞铅。二物采入鼎中煎，夜来火发昆仑山。
>
> 采之炼之未片饷，一气渺渺通三关。三关来往气无穷，一道白脉朝泥丸。泥丸之上紫金鼎，鼎中一块紫金团。化为玉浆流入口，香甜清爽透舌端。吞吞服服入五内，脏腑畅甚身康安。
>
> 十月火候圣胎仙，九转九朔相回旋。初时夹脊关脉开，其次膀胱如火然，内中两肾如汤煎，时乎挑动冲心源。⑤

陈楠认为"红铅黑汞大丹基"，强调"铅汞"二物为金丹大药，炼丹之要。"身中一亩为家园"，以太虚为炉鼎，乌兔（铅汞）为药物，炼精化气，气凝成神，

---

① （宋）陈楠：《翠虚篇·金丹诗诀》，《道藏》第24册，第211页。
② （宋）陈楠：《翠虚篇·罗浮翠虚吟》，《道藏》第24册，第205页。
③ （宋）陈楠：《翠虚篇·罗浮翠虚吟》，《道藏》第24册，第205页。
④ 参见卿希泰主编：《中国道教史》第3卷，四川人民出版社1996年版，第148页。
⑤ （宋）陈楠：《翠虚篇·紫庭经》，《道藏》第24册，第203页。

便可无为而通灵。"铅汞"是什么？"铅汞"即先天元神元炁。认为内丹修炼采用的真药物既不是像钟吕内丹道坚持的那样以心之液、肾之气为真阴真阳，也不是如同一般内丹家主张的以神气为内丹药物，认为这些均系后天生成之物，不能作为证道超越的先天根据。修炼内丹唯有采先天之炁为药物，才能证道超升，归根复命。所以陈楠说："莫向肾中求造化，却须心里觅先天。"①以先天之气为丹头，"丹头只是先天气，炼作黄芽发玉英。"②认为炼丹之要在抽坎填离，"但取坎精点离穴，纯乾便可摄飞琼。"③

关于采药时机，陈楠认为"每常天地交合时，夺取阴阳造化机"④。又说："日乌月兔两轮圆，根在先天核取难，月夜望中能采取，天魂地魄结灵丹。"⑤

关于结丹，陈楠主张"未炼还丹先养铅，龟蛇一气产先天；虚心实腹方和合，结就灵砂一粒圆"，并认为"成时全是赖阴阳"⑥，即成就"胎仙"的关键在于阴阳交媾，阴阳"二气相交而成大药，久炼成丹，故不死矣"⑦。"胎仙只是交结成，交结惟在顷刻间。"⑧胎仙为阴阳交媾而成，"盖金丹之所谓交媾乃阴阳内感，神气交结，曰雌雄，曰夫妇皆譬喻也"。阴阳交媾是先天一气之契机，一旦采得先天一气，则顿时得入先天虚无本体，此即可称"丹成"。《罗浮翠虚吟》中云："扫除末学小伎术，分别火候炼药物。只取一味水中金，收拾虚无造化窟，促将百脉尽归源，脉任气停丹始结。"⑨内丹学修炼的一个根本原理就是从后天的阴阳不交的状态中通过"阴阳交媾"而返于先天的"阴阳合一"的本来状态。

关于内炼感受，《罗浮翠虚吟》中，陈楠自称："工夫不到不方圆，我昔工夫

① （宋）陈楠：《翠虚篇·金丹诗诀》，《道藏》第24册，第208页。
② （宋）陈楠：《翠虚篇·金丹诗诀》，《道藏》第24册，第210页。
③ （宋）陈楠：《翠虚篇·金丹诗诀》，《道藏》第24册，第211页。
④ （宋）陈楠：《翠虚篇·罗浮翠虚吟》，《道藏》第24册，第206页。
⑤ （宋）陈楠：《翠虚篇·金丹诗诀》，《道藏》第24册，第209页。
⑥ （宋）陈楠：《翠虚篇·金丹诗诀》，《道藏》第24册，第209页。
⑦ （宋）陈楠：《阴符髓》，《道藏》第4册，第615页。
⑧ （宋）陈楠：《翠虚篇·紫庭经》，《道藏》第24册，第204页。
⑨ （宋）陈楠：《翠虚篇·罗浮翠虚吟》，《道藏》第24册，第206页。

行一年,六脉已息气归根。有一婴儿在丹田,与我形貌亦如然。""辛苦都来只十月,渐渐采取渐凝结。而今通神是白血,已觉四肢无寒热。""真气薰蒸无寒暑,纯阳流溢无生死。"①《大道歌》亦云:"还丹入口身自轻,能消久病去妖精。"②"精神冥合杰归时,骨肉融和都不知,关节自开通畅也,形容光泽似婴儿。"③"一旦工夫尽志诚,凝神聚气固真精,颜容如玉无饥渴,方显金丹片饷成。"④

(二)"一"为金丹之基,道即金丹

陈楠阐述其内丹思想的一个明显特点是力求简明,他破除了丹书纷繁隐晦的内丹术语,而直指其实质,因为在他看来,"大道从来绝名相,真仙本是无花草"⑤。这为本来有些隐晦的内丹道深入社会下层奠定了基础。

《丹基归一论》中论"一"为金丹之基。"实千经万论之原,千变万化之祖也。"⑥"得一可以毕万"⑦。"一"指阴阳,不过非一般所谓阴阳,乃指"真阴真阳"。认为"一阴一阳之谓道,道即金丹也,金丹即是也"。《大道歌》亦云:"真阴真阳是真道"⑧。"道本无形,喻之为龙虎;道本无名,比之为铅汞。"⑨认为各种丹书中所谓天魂地魄、日精月华、马牛龙虎、红铅黑汞、金精木液、乌兔龟蛇、乾坤坎离、男女夫妇、婴儿姹女等词,其实皆指一物,即阴阳二字,系精神、生命的本原;守一坛、戊己户、玄关一窍、玄牝之门、神水华池、铅炉土釜、朱砂鼎、偃月炉、中黄宫、丹元府、神室气府、呼吸之根、凝结之所等术语,实指一处;而"周年造化"乃"周身之精气","日夜时刻"乃"精气之变态","天地气

---

① (宋)陈楠:《翠虚篇·罗浮翠虚吟》,《道藏》第24册,第205—206页。
② (宋)陈楠:《翠虚篇·大道歌》,《道藏》第24册,第205页。
③ (宋)陈楠:《翠虚篇·金丹诗诀》,《道藏》第24册,第211页。
④ (宋)陈楠:《翠虚篇·金丹诗诀》,《道藏》第24册,第211页。
⑤ (宋)陈楠:《翠虚篇·罗浮翠虚吟》,《道藏》第24册,第206页。
⑥ (宋)陈楠:《翠虚篇·丹基归一论》,《道藏》第24册,第207页。
⑦ (宋)陈楠:《翠虚篇·丹基归一论》,《道藏》第24册,第208页。
⑧ (宋)陈楠:《翠虚篇·大道歌》,《道藏》第24册,第204页。
⑨ (宋)白玉蟾:《修仙辨惑论》,《道藏》第4册,第617页。

数"在乎一时之工夫。"然一时即一处也,一处即一物也。"这无疑有助于人们阅读理解丹书。

(三)丹法分三品与新丹法"天仙之道"

晚唐以来,内丹诸家各立其说,丹法五花八门。陈楠回答了白玉蟾提出的"修仙有几门? 炼心有几法?"的问题,对当时流传的各种丹法从理论上进行了总结分类,分为上中下三品,三品丹法分别成就三等仙,即所谓"修仙有三等,炼丹有三成"①。

陈楠所说的上品炼丹之法即是"天仙之道"。修之能"变化飞升"②,适宜上士修习,是一种最为陈楠推崇的费时少、简单易行而又成果最高的新丹法。"以身为铅,以心为汞,以定为水,以慧为火","以精神魂魄意为药材,以行住坐卧为火候,以清净自然为运用"。更具体地说,其法为:

> 以身为坛炉鼎灶,以心为神室,以端坐习定为采取,以操持照顾为行火,以作止为进退,以断续不专为防堤,以运用为抽添,以真气熏蒸为沐浴,以息念为养火,以制伏身心为野战,以凝神聚气为守城,以忘机绝虑为生杀,以念头起处为玄牝,以打成一块为交结,以归根复命为丹成,以移神为换鼎,以身外有身为脱胎,以返本还源为真空,以打破虚空为了当。③

总之,此法重在修心炼性,清净自然。陈楠认为,依此法修炼,"在片饷之间可以凝结,十月成胎"。王思诚评价说:"此诚学仙之捷径,度世之妙道。"其法简易,"本无卦爻,亦无斤两","故以心传之,甚易成也"。这种丹法唯以静定、清净、无念为要。陈楠有云:"但能凝然静定,念中无念,工夫纯粹,打成一片,终日默默,如鸡抱卵,则神归气复,自然见玄关一窍,其大无外,其小无内,则是采

---

① (宋)白玉蟾:《修仙辨惑论》,《道藏》第4册,第617页。
② (宋)白玉蟾:《修仙辨惑论》,《道藏》第4册,第617页。
③ (宋)白玉蟾:《修仙辨惑论》,《道藏》第4册,第617页。

取先天一气,以为金丹之母。勤而行之,指日可与钟、吕并驾矣。"①这种丹法是一种在传统道教"坐忘"一类道功基础上融摄了禅宗之禅的新丹法,自始至终,以调心炼神为要,讲无念,讲顿悟速成②,所以陈楠"但恐世人执著药物火候之说,以为有形有为,而不能顿悟也"③。由于这种丹法颇受禅宗的影响,因此有人疑"此法与禅法稍同",但陈楠认为这是"殊不知终日谈演问答,乃是乾慧;长年枯兀昏沉,乃是顽空"④。声明此法与当时禅宗的终日谈演问答与长年兀坐昏沉明显不同。

中品炼丹之法为"水仙之道"。修之能"出入隐显",中士可以修习。陈楠在《紫庭经》中所述丹法当属此类。其法"以气为铅,以神为汞,以午为火,以子为水","以肝心脾肺肾为药材,以年月日时为火候,以抱元守一为运用",入手即注重修先天元气元神,以五脏五行之气为药物。按法修炼,"在百日之间可以混合,三年成象","虽有卦爻,却无斤两,其法要妙,故以口传之,必可成也"⑤。

下品炼丹之法为"地仙之道"。具体指《钟吕传道集》《灵宝毕法》等所述从调息、守窍、搐外肾、按摩肚脐入手,重修炼精血气液、行气导引一类的丹法。⑥ 修之能"留形住世",延年益寿,庶士可以修学。其法"以精为铅,以血为汞,以肾为水,以心为火"。陈楠认为按此类丹法修炼,"在一年之间可以融结,九年成功",其法繁杂,"既有卦爻,又有斤两",讲究时刻法度合于天地日月运行之度数,其法繁难,"故以文字传之,恐难成也"⑦。

陈楠的这一总结分类,实际上是当时内丹学发展成熟的一种表现,同时也反映了传统的内丹修炼在南宋发生的变革以及丹法发展的新趋势。从以上也

① （宋）白玉蟾:《修仙辨惑论》,《道藏》第4册,第618页。
② 参见卿希泰主编:《中国道教史》第3卷,四川人民出版社1996年版,第151—152页。
③ （宋）白玉蟾:《修仙辨惑论》,《道藏》第4册,第617页。
④ （宋）白玉蟾:《修仙辨惑论》,《道藏》第4册,第617—618页。
⑤ （宋）白玉蟾:《修仙辨惑论》,《道藏》第4册,第617页。
⑥ 参见卿希泰主编:《中国道教史》第3卷,四川人民出版社1996年版,第150页。
⑦ （宋）白玉蟾:《修仙辨惑论》,《道藏》第4册,第617页。

不难看出,陈楠并不拘泥于一法,但就其详述的中品、上品丹法而言,陈楠更推崇上品"天仙之道",说明陈楠丹法在时代思潮的影响下已发生了变化。

(四) 在立教宗旨上,主张佛道不二,融摄禅宗之学

在佛道关系方面,北宋张伯端《悟真篇》在内丹道的心性论中接纳了佛教禅宗的明心见性思想,为后世内丹家援禅入道开了先河。陈楠也深深地受到当时时代思潮的影响,认为佛道不二,主张融合内丹与禅。陈楠认为:

> 人若晓得《金刚》《圆觉》二经,则金刚之义自明,何必分别老、释之异同哉! 天下无二道,圣人无两心,何况人人具足、个个圆成。正所谓:处处绿杨堪系马,家家门闾透长安,但取其捷径云耳。①

认为释道本无二致,即是说"三教门庭施设虽异,但三家的宗极之说道、心地、太极本为一体,仙圣佛体道证道之心本无二致"②。即三教同源一道。道作为客观、绝对不变的宇宙最高理则,是独一无二的。在陈楠看来,"天仙之道"才是真正的释迦之道。"天仙之学,如水精盘中之珠,转漉漉地,活泼泼地,自然圆陀陀、光烁烁。所谓天仙者,此乃金仙也。夫此不可言传之妙也。"③金仙是道教内丹学所称的释迦牟尼成佛之道。值得注意的是尽管陈楠接纳佛教禅宗明心见性论来解释内丹修炼,但并非主张以禅宗的明心见性完全取代内丹道的性命双修。因为陈楠丹道之传承除心性觉悟之外,还有命功修炼法诀及雷法符箓之术,这也是陈楠内丹道的特色。事实上,南宋内丹道的主流仍然秉承性命双修、形神俱妙的原则。他们既重视心性修炼在内丹合炼中的作用,又充分意识到单纯的心性了悟与丹道了证境界的差异。禅宗的了证是一种纯粹精神的超越,而道教则倡导形神俱妙,其终极了证是通过性命双修,最终由形而

---

① (宋)白玉蟾:《修仙辨惑论》,《道藏》第 4 册,第 618 页。
② 陈兵:《道教之道》,今日中国出版社 1995 年版,第 52 页。
③ (宋)白玉蟾:《修仙辨惑论》,《道藏》第 4 册,第 618 页。

下之肉身契入形而上之道体。

因此，陈楠认为，"若是学天仙之人，须是形神俱妙，与道之合真可也。岂可被阴阳束缚在五行之中，要当跳出天地之外，方可名为得道之士矣。"①当然，在融合内丹与禅方面，其弟子白玉蟾更进了一步。在理论上，"他把内丹归结为心、性，向禅宗的唯心论靠拢"②。

（五）在成仙学说上，主张性命双修，强调修性为炼精气的基础

"性命双修"是内丹修炼的基本法则。性与命是统一的、相互依存的。传统认为金丹南宗"其学先命而后性"③。陈楠虽然承张伯端一系思想，强调须炼化精炁为元神，渐修精气神而最后还虚，即由所谓"了命"而"了性"。《紫庭经》曰："分明精里以气存，渐渐气积以生神；此神乃是天地精，纯阳不死为真人。"又云："始于著相始无相，炼精化气气归根，气之根本凝成神，方曰无为而通灵。"但实际上修命离不开修性，修命本身也要炼心，"炼形者，先须存心于内，真气冲和"④。修命只是从"心"修"精气"之"命"，所以在"炼精化气"之前有"筑基炼己"阶段，"炼己"即是"炼心"，即是说命功修炼必须具备一定的心理条件才可能。而且在修命的过程中，陈楠也强调修性为炼精气的基础，炼精炼气皆以心意为主导。《阴符髓》说："天以斗为机，人以心为机。天机运于阴阳，人机则成大道。大道者无为也，无为性不乱。性不乱则神不移，神不移则精不散。精不散则气不荡，气不荡则精火相随。精火不散，万神聚于神乡。在于昆仑之内，朝于顶上，始得一气之造化也。"⑤以元性不乱为炼精气的前提。以性不乱、神专注不移为炼化精气的枢机，全部丹法的主宰。"人能澄心如天不动，故同天地。人心者机本也，人能存其心，守其神，以心为性，以气为

<hr>

① （宋）白玉蟾：《修仙辨惑论》，《道藏》第 4 册，第 617 页。
② 卿希泰主编：《中国道教史》第 3 卷，四川人民出版社 1996 年版，第 153 页。
③ （明）宋濂：《宋文宪公集》卷一七《送许从善子道还闽南序》，文渊阁《四库全书》本。
④ （宋）陈楠：《阴符髓》，《道藏》第 4 册，第 614 页。
⑤ （宋）陈楠：《阴符髓》，《道藏》第 4 册，第 615 页。

命。而不能行者，气绝命亡，皆因乱性散神。"①正如陈楠所说："如其心猿不定，意马四驰，则神气散乱于外，欲望结成还丹，其可得乎？"《紫庭经》也说："心肾水火自交感，金木间隔谁使然？黄庭一气居中宫，宰制万象心掌权。"②"天性不可乱，神气不可移，能与精气交而生万神，若天地安和而长万物。"③由此可见，修命与修性是紧密相连的，修命离不开修性，二者很难截然分开。陈楠不但强调心无为、性不乱为炼丹之基，而且强调在炼化精气过程中要以性为主宰，发挥心意的有为之用，于无为中无不为，"勿以神气为自然归复，勿以禅定为自然交合"④。故"剪其欲，正其心，定其气，守神抱一，至静而日新，必达于源，至于神，阴阳之本也"⑤。反对一味无心无念无为，不主动炼化精气，待精气自然炼化，这与禅宗之禅颇有不同，表现出道教内丹独具的特色。

（六）兼行雷法

金丹南宗从陈楠开始兼行雷法。雷法又称五雷正法，出现于北宋末，为内丹修炼与法术行持相结合的产物。在宋代民族矛盾、社会矛盾十分尖锐的情形下出现的新兴符箓道派——清微派、神霄派等都以行雷法为主。由于雷法产生于内丹兴盛的时代，它一开始就呈现出内丹与符箓融合的特点。神霄派的实际创始人王文卿认为雷法中所召摄的雷神将吏，实即自身三宝（精、气、神）五行（五脏之气），"使者乃元神也，程雍乃元炁元精也，五脏之炁为五将也"⑥。而诸将帅吏卒皆一统于元始，元始亦即自己不坏之元神。神霄雷法强调行法者精、气、神的修炼，以元神化雷霆的观念，强调以自身内丹修炼为本，雷霆起于五行，"人能聚五行之炁、运五行之炁为五雷，则雷法乃先天之道，雷

---

① （宋）陈楠：《阴符髓》，《道藏》第4册，第615页。
② （宋）陈楠：《翠虚篇·紫庭经》，《道藏》第24册，第203页；又见《修真十书杂著指玄篇》卷三，《道藏》第4册，第613页。
③ （宋）陈楠：《阴符髓》，《道藏》第4册，第615页。
④ （宋）陈楠：《翠虚篇·丹基归一论》，《道藏》第24册，第207—208页。
⑤ （宋）陈楠：《阴符髓》，《道藏》第4册，第616页。
⑥ （宋）王文卿：《冲虚通妙侍宸王先生家话》，《道藏》第32册，第391页。

神乃在我之神"①。认为只要以元神为主宰,根据需要,按阴阳五行交感的规律运自身五行之炁交感激荡,则可感通外界五行的交感,发而为外界的风雨雷电。王文卿一系以内炼金丹与外用符箓为一体,力主运先天一炁以召雷兴云驱邪祛怪,体现了宋以后道法发展的趋势。

　　陈楠之雷法属神霄系。一方面,北宋末,神霄雷法盛传于世,王文卿于南宋初在南方传行雷法,其徒甚众;另一方面,彭耜等编《静余玄问》载其徒白玉蟾云:"先师(陈楠)得雷书于黎母山中,不言其人姓氏,恐是神人所授也。"又说:"先师尝醉语云:我是雷部辛判官弟子,干道光和尚甚事?"②《海琼白真人语录》卷一,白玉蟾更为肯定地说:都天大雷法,"向者天真遣狼牙猛吏雷部判官辛汉臣授之先师陈翠虚,翠虚以授予我"。《道法会元》卷一〇八白玉蟾《翠虚陈真人得法记》也说,陈楠于嘉定戊辰(1208)游黎母山,遇道人传以太乙雷霆之法,道人告先生曰:"惟五雷不可小用",临行顾谓陈楠曰:"吾非凡人,即雷部都督辛忠义也。吾师汪真人亲授玉清真王付度,今付与汝。"回首蹑身云端,目送不见其处。③ 尽管辛判官授予雷法之说盖出依托,然也透露出陈楠所传雷法属王文卿一系的神霄雷法。神霄雷法侧重禳灾、祈祷,有遣瘟、驱蝗、召雷、请雨、祈晴、止风、伐邪、召劾鬼神等。在道法理论上,主张"道体法用",即以内丹有成与道合真为根基,发之于外,形成种种变化玄伎。不少文献也记载了陈楠传道度人、济世惠民之事。如《粤西丛载》卷一一云,陈楠"尝之苍梧,遇郡祷旱,人忧暍死。翠虚执铁鞭,下渊潭,驱龙起。须臾阴云四合,雷雨交作,境内霑足,遂为丰年"④。《广东通志》卷五六载:"以符水捻土球人,病辄愈,人呼为陈泥丸。"⑤《大清一统志》卷三四三说陈楠"能驱狐鞭龙,浮笠济

---

　　①　(宋)萨守坚:《雷说》,《道藏》第29册,第213页。

　　②　(宋)彭耜等编:《静余玄问》,《道藏》第32册,第411页。

　　③　参见《道法会元》卷一〇八《翠虚陈真人得法记》,《道藏》第29册,第483页。

　　④　(清)汪森编辑,黄振中、吴中任、梁超然校注:《粤西丛载校注》卷一一《仙道》,广西民族出版社2007年版,中册第490页。

　　⑤　(清)郝玉麟等监修,鲁曾煜等编纂:(雍正)《广东通志》卷五六《仙释志》,文渊阁《四库全书》本。

湍,显诸神异"①。

陈楠雷法虽承神霄派之传,但毕竟陈楠金丹道是承张伯端一系的内丹学,重在内炼,其内丹学远较神霄派发达。正因为如此,陈楠雷法较神霄派雷法更为强调内炼成丹为外用符箓之本。陈楠认为炼就内丹,"对景无心,如如不动",不仅可令人长生不老,脱胎换骨,而且还可以"役使鬼神,呼召雷雨"。②陈楠兼行神霄雷法表明,金丹道发展到南宋时期已开始与符箓神霄派合流。不过,从神霄派一开始就以融合内丹与符箓为其特色来看,这种道派之间的交参、互渗当不是个别现象。

陈楠内丹与雷法并传,不仅使南宗有了广大的徒众,而且使南宗有了新的发展。其雷法后为白玉蟾、彭耜一系传承。白玉蟾撰有雷法著作多种,进一步融合内丹与雷法,谓"内炼成丹,外用成法"③。针对符箓道士重仪式而不就"道源"的普遍倾向,白玉蟾强调行法者须知"道"明理。白玉蟾还进一步发挥神霄雷法之说,从内丹学人身一小天地的天人合一论出发,说雷法中所祈祷驱役的雷部将吏、神鬼,其实皆是自己的精炁神所化。白玉蟾融摄禅宗之学,认为道即是心,心即是道。他还说符咒是否灵验,主要在于行法者的内炼工夫,而内炼工夫,全赖一心而起作用,心能主宰一切,若合于道,其主宰作用便可通灵无阻,便能感召神灵,故曰:"法是心之臣,心是法之主,……守一则心专,心专则法验,非法之灵验,盖汝心所以。"认为只有内炼成丹,化精炁为元神,以元神主事,才能作法灵验。这较旧符箓派只重符水与存思,在理论上深化了许多。④

尽管金丹派南宗入元后,便"逐渐与全真、正一派合流,而多数南宗人并入了全真道"⑤。但是陈楠作为金丹南宗五祖之一,在金丹南宗的传承及其丹

---

① (清)蒋廷锡等纂:《大清一统志》卷三四三《仙释》,文渊阁《四库全书》本。
② (宋)白玉蟾:《修仙辨惑论》,《道藏》第4册,第617页。
③ 《道法会元》卷七〇《玄珠歌注》,《道藏》第29册,第234页。
④ 参见卿希泰主编:《中国道教史》第3卷,四川人民出版社1996年版,第125页。
⑤ 陈兵:《道教之道》,今日中国出版社1995年版,第64页。

法方面有承前启后之贡献。他不仅对此前金丹南宗丹法进行了一次总结分类，而且金丹南宗从陈楠起，兼传雷法，从此内丹与雷法彼此交融互渗，呈现出内丹修炼与符箓法术结合的特征及发展趋势。陈楠的丹道思想不仅反映了南宋时期内丹兴盛、新道派兴起、各种道法出现而又逐渐走向合流以及"三教合一"的时代特征，而且其思想直接影响了其弟子白玉蟾等人。白玉蟾得"太一刀圭火符之传，九鼎金铅砂汞之书，紫霄啸命风霆之文"①，并在融合内丹与禅、内丹与雷法等诸多方面深化了陈楠的丹道思想。南宗金丹法正是通过陈楠、白玉蟾的传承发展而臻于完善，并对后世产生影响。"元以来的全真派撰述，几乎无一不引证南宗诸祖。"②即使南宗人李道纯、金野庵等在归入全真道后，其学说虽不免受全真派的影响，但基本上仍以原南宗之学为主干，与北宗之说明显有异。如李道纯著述中唯论性命、内丹，其内丹分三品之说，乃直承陈楠。

---

① （元）赵道一:《历世真仙体道通鉴》卷四九,《道藏》第 5 册,第 386 页。
② 陈兵:《道教之道》,今日中国出版社 1995 年版,第 67 页。

第六章　张栻研究

张栻(1133—1180),字敬夫,又字乐斋,号南轩,汉州绵竹(今四川绵竹县)人,张浚之子,为南宋著名理学家、教育家。绍兴三十一年(1161)于衡山拜二程的再传弟子、著名理学家胡宏(1105—1161)为师,问河南程氏学。张栻不仅是宋代理学的重要人物,而且是"湖湘学派"的奠基人,与朱熹、吕祖谦并称"东南三贤"。他们共续濂洛学统,促成宋代理学史上的"乾淳之盛"。张栻创办城南书院,主教岳麓书院,一生主要从事教育活动和学术研究,在中国思想史和教育史上具有重要影响。

张栻著述甚丰,现存著作主要有《南轩易说》、《论语说》(又称《论语解》《癸巳论语解》)、《孟子说》(又称《癸巳孟子说》《南轩孟子说》《孟子南轩解》《孟子张宣公解》)、《汉丞相诸葛忠武侯传》、《南轩先生文集》等。失传的著作主要有《希颜录》《经世纪年》《洙泗言仁》《书说》《诗说》《中庸解》《通鉴论笃》《南轩先生问答》《南轩语录》《三家礼范》《南轩奏议》等。

一、张栻书院教育

目前学界相关研究涉及张栻哲学思想、教育思想、张栻与湖湘学关系、张栻与朱熹交谊及其文学成就等,其中有关张栻教育思想、教学活动的研究已取得了一些重要成果,如蔡方鹿、朱汉民、沈清华、黄赐英、孙海林、王丽梅、姚艳霞、吕红安、何英旋、吕锡琛、熊吕茂、刘哲明、朱与墨、赵国权、王改凌、罗新莉、刘红等学者的论文①，不过，对于张栻的研究仍有进一步深化的空间，在此拟对张栻书院教育及其特色进行探讨。

（一）张栻与书院

书院作为一种教育组织，曾对我国古代教育、儒家道统思想传承发挥了重要作用。书院之设始于唐代，渐兴于北宋真宗、仁宗之际，繁盛于南宋乾道、淳熙之后。南宋时期，理学发展，由于宋室偏安江南，书院及理学发展的中心亦南移。以张栻、朱熹、吕祖谦、陆九渊等为代表的理学家们纷纷以书院为基地，讲学授徒，传播理学思想，使书院的教学活动异常活跃，吸引众多学子前往求学问道，学有成就者又深入到各地办院讲学。这一时期，以理学思想指导书院教育，推动了书院的快速发展。宋代共有书院515所，其中73所确考为北宋书院，不过，根据白新良先生的研究，"北宋一朝先后存在之书院当在百所左右，几乎相当于唐五代时期的三倍"②。可以确考为南宋书院的317所，125所书院不详南北两宋何时所建，但在南宋时期皆有活动，这时期书院总数为442所。可以说，"南宋是书院发展的极盛时期。书院数量之多，规模之大，组织

---

① 如蔡方鹿：《张栻与岳麓书院》，《社会科学研究》1991年第4期；沈清华：《张栻教育哲学的心性论》，《江西教育科研》1995年第2期；黄赐英：《张栻主教岳麓启示略谈》，《船山学刊》2002年第4期；孙海林：《张栻与城南书院研究》，《湖南第一师范学报》2005年第1期；王丽梅：《论张栻的教育思想》，《江苏社会科学》2006年第15期；姚艳霞：《张栻主教岳麓书院的特点及其现代启示》，《大学教育科学》2006年第1期；吕红安：《张栻书院教学思想研究》，河南大学2008年硕士学位论文；何英旋、吕锡琛：《张栻的书院道德教育》，《湖湘论坛》2008年第6期；熊吕茂：《近年来湖湘教育名人的教育思想研究综述》，《湖南人文科技学院学报》2008年第2期；刘哲明、朱与墨：《张栻的书院教育思想及其传承》，《船山学刊》2009年第3期；朱与墨、刘明哲、肖霄：《张栻书院教育思想对湖南一师早期师范教育的影响》，《教师教育研究》2009年第3期；赵国权：《论南宋时期书院的制度化构建》，《江西教育学院学报》2009年第4期；王改凌：《张栻教育思想形成因素探析》，《淮南师范学院学报》2010年第2期；罗新莉：《略论张栻教育思想》，《湘潮》2011年第5期；朱汉民：《张栻、岳麓书院与湘学学统》，《湖南科技学院学报》2014年第9期；刘红：《张栻书院教育对中国师范教育的贡献摭谈》，《兰台世界》2014年第28期；等等。

② 白新良：《中国古代书院发展史》，天津大学出版社1995年版，第5—6页。

之严密和制度之完善都是空前的"①。这一时期书院发展的最大特点是"在学术大师的指导下,书院作为一种文化教育制度得以完全确立"②。

根据《城南书院志》记载,南宋绍兴三十一年(1161),张栻从衡山碧泉书院回到长沙,"筑书院于城南妙高峰之阳,以居学者"③。"城南书院"四字,传为张浚所书。城南书院在创建之初,规模甚大,以"十景"扬名,即纳湖、丽泽堂、书楼、蒙轩、卷云亭、月榭、琼琤谷、听雨舫、采菱舟、南阜。④ 加上乾道三年(1167),与朱熹会讲,互有题咏,为当时胜地。宋以后,城南书院虽废,尚有张子祠在妙高峰。乾隆十年(1745),迁建南门内天心阁旧都司署地,仍称城南书院。迁建后的城南书院规模宏大,"建御书楼、礼殿、讲堂、斋舍,俱如式。分正谊、主敬、进德、存诚、居业、明道六斋,计八十间。"⑤后经多次重修,到嘉庆二十五年(1820),又移建城南旧址,"礼殿、讲堂,规制如旧而宏壮过之"。"左四斋,右二斋,名仍其旧,惟各斋广至二十间,其计百二十舍。"⑥宋时十景恢复其六,六斋之外,又建山长居、监院署、文星楼、南轩祠等,"规模视昔十倍"。清人余正焕在《城南书院志序》中说:"考城南之肇自有宋,与岳麓先后相等,其隔江对峙,各藉先贤之声迹以俱永,亦遥遥相望。"⑦

岳麓书院位于长沙岳麓山下,始建于宋太祖开宝九年(976)。乾道元年(1165),刘珙任湖南安抚使知潭州,"葺学校,访儒雅,思有以振起之"⑧。重

---

① 毛礼锐主编:《中国教育史简编》,教育科学出版社 1984 年版,第 73 页。

② 邓洪波:《中国书院史》,东方出版中心 2004 年版,第 110 页。

③ (清)余正焕、左辅撰:《城南书院志 校经书院志略》,邓洪波、梁洋、李芳校点,岳麓书社 2012 年版,第 125 页。

④ 参见(清)余正焕、左辅撰:《城南书院志 校经书院志略》,邓洪波、梁洋、李芳校点,岳麓书社 2012 年版,第 41—42 页。

⑤ (清)余正焕、左辅撰:《城南书院志 校经书院志略》,邓洪波、梁洋、李芳校点,岳麓书社 2012 年版,第 42 页。

⑥ (清)余正焕、左辅撰:《城南书院志 校经书院志略》,邓洪波、梁洋、李芳校点,岳麓书社 2012 年版,第 125 页。

⑦ (清)余正焕、左辅撰:《城南书院志 校经书院志略》,邓洪波、梁洋、李芳校点,岳麓书社 2012 年版,第 3 页。

⑧ (宋)张栻:《新刊南轩先生文集》卷一〇《潭州重修岳麓书院记》,《张栻集》,杨世文点校,中华书局 2015 年版,第 899 页。

修岳麓书院,次年成,"为屋五十楹,大抵悉还旧规。"①请张栻作记并主教其中,是年张栻34岁。张栻对刘珙重修书院之举极为赞赏,作《潭州重修岳麓书院记》。朱熹曾说:"潭州故有岳麓书院,……公(刘珙)一新之,养士数十人",属张栻时往游焉,"与论《大学》次第,以开其学者于公私义利之间,闻者风动。"②从此,张栻来往于城南、岳麓二书院讲学授徒,传道授业,开展学术交流与研究。黄宗羲评价说:"湖南一派,在当时为最盛。"③

张栻不仅创办城南书院,而且主教岳麓书院前后八年,这与张栻本人受过书院教育分不开。张栻在碧泉书院从学胡宏,之后回长沙,创建城南书院并讲学。在"乾淳之盛"时期的诸位理学家中,张栻最早利用书院作为研究、传播理学的基地。④据《城南书院志》卷二记载:"南轩先生为宋名儒,父紫岩,绍兴三十一年,以观文殿大学士知潭州,先生随侍,遂家焉。乃即妙高峰之阳筑城南书院以待来学者。"⑤《孟子说序》亦说:"岁在戊子,栻与二三学者讲诵于长沙之家塾。"⑥这里的"家塾"即是城南书院。

张栻主教岳麓书院后,由于教育目的、教学方法、教学内容等方面的改变,吸引了众多求道问学的士子,培养了一批经世致用之才。乾道三年(1167),朱熹到岳麓书院会讲时感慨地说:"岳麓学者渐多。其间亦有气质醇粹、志趣确实者。"⑦岳麓书院的影响日益扩大,以至于在张栻主教的南宋乾道年间,岳麓书院出现了"道林三百众,书院一千徒"的办学盛况。张栻以书院为基地传播理学,在同朱熹的辩学中发展了理学,张栻主教岳麓书院期间,除延续岳麓

---

① (宋)张栻:《新刊南轩先生文集》卷一〇《潭州重修岳麓书院记》,《张栻集》,杨世文点校,中华书局2015年版,第900页。

② (宋)朱熹:《晦庵集》卷九七《观文殿学士刘公行状》,文渊阁《四库全书》本。

③ (清)黄宗羲原著,(清)全祖望补修:《宋元学案》卷五〇《南轩学案》,中华书局1986年版,第2册第1611页。

④ 朱汉民:《张栻、岳麓书院与湘学学统》,《湖南科技学院学报》2014年第9期。

⑤ (清)余正焕、左辅撰:《城南书院志 校经书院志略》,邓洪波、梁洋、李芳校点,岳麓书社2012年版,第43页。

⑥ (宋)张栻:《南轩先生孟子说》卷首《孟子说序》,《张栻集》,杨世文点校,中华书局2015年版,第309页。

⑦ (宋)朱熹:《晦庵集》卷二四《与曹晋叔》,文渊阁《四库全书》本。

书院的讲学、藏书和祭祀外,还开展学术研究。岳麓书院从此成为一所传习理学、教学方法多样、教学与学术研究相结合的全国四大书院之一,对促进南宋学术、教育的发展,作出了重大贡献。正如侯外庐等人主编的《宋明理学史》认为,宋孝宗乾道元年(1165),张栻"受湖南安抚使刘珙之聘,主岳麓书院教事,从学者众,遂奠定了湖湘学派的规模"①。

(二) 张栻书院教育的特色

张栻不仅在湖南创办城南书院,主教岳麓书院,而且还到广东、江西及广西等地授业讲论,其理学思想影响了书院的教学,使书院教育形成了自己的一些特色。

1. 确立"传道济民"的人才培养目标

张栻不仅从"性善情恶"的人性论出发,重视教育的作用,"考先王所以建学造士之本意,盖将使士者讲夫仁义礼智之彝,以明夫君臣、父子、兄弟、夫妇、朋友之伦,以之修身、齐家、治国、平天下"②,而且认为教育的目的旨在培养既能传儒家之道,又能治国安邦、经世济用的人才。为此,张栻提出了"传道济民"的人才培养目标,即"夫所贵乎儒学者,以真可以经世而济用也"。他批评当时的教育成了决科利禄的附庸,反对以科举利禄为教育目的。张栻在《潭州重修岳麓书院记》中说:

> 侯(刘珙)之为是举也,岂将使子群居族谭,但为决科利禄计乎? 抑岂使子习为言语文词之工而已乎? 盖欲成就人才,以传斯道而济斯民也。③

① 侯外庐、邱汉生、张岂之主编:《宋明理学史》上卷,人民出版社 1984 年版,第 319 页。
② (宋)张栻:《新刊南轩先生文集》卷九《邵州复旧学记》,《张栻集》,杨世文点校,中华书局 2015 年版,第 884 页。
③ (宋)张栻:《新刊南轩先生文集》卷一〇《潭州重修岳麓书院记》,《张栻集》,杨世文点校,中华书局 2015 年版,第 900 页。

张栻所言的"传道"就是传儒家圣人之道,即仁、义、礼、智、信之道。同时张栻指出:"得时行道,事业满天下,而亦何加于我哉?"①"传道"与"济民"相辅相成。张栻要求生徒学以致用,把对圣人之道的学习与经世济用的实践结合起来。

自唐科举取士以来,办学就以科举利禄、功名仕进为目的,办学所关心的是让士子学成后能顺利地通过科举考试。张栻主教岳麓书院后,针对当时存在的士子"争驰功利之末"的情况,明确反对以科举利禄为教育目的②,批评追逐功名利禄的"迂儒",以"传道济民"、培养经世致用之才为目标主教书院。张栻不仅主张书院要以此为人才培养目标,而且认为官学也应培养"传道济民"的经世致用人才,这可从其《郴州学记》《袁州学记》《静江府学记》《桂阳军学记》《江陵府松滋县学记》《雷州学记》等学记中看出。如张栻《桂阳军学记》说:"故学者当以立志为先,……不为利禄汩,而后庶几可以言读书矣。圣贤之书,大要教人使不迷失其本心者也。"③

正是张栻主教岳麓书院后,注重造就承衍道统、经世致用之才,所以结出了累累硕果。根据《宋元学案》记载,张栻门人及再传弟子中,成为经世致用之才者达数十人,如吴猎、彭龟年、游九言、游九功、陈琦、张忠恕等,他们被称为"岳麓巨子"。

2. 重视道德教育

张栻重视道德教育,他说:"成就人才,教人以善。"他在《孟子说》中说:"所谓善者,盖以其仁义礼知(智)之所存,由是而发,无人欲之私乱之,则无非恻隐、羞恶、辞让、是非之心矣。"④显然,在张栻看来,人之善在于仁、义、礼、智的存有、生发。张栻进一步解释说:

---

① （宋）张栻:《新刊南轩先生文集》卷一〇《潭州重修岳麓书院记》,《张栻集》,杨世文点校,中华书局2015年版,第901页。

② 黄赐英:《张栻主教岳麓启示略谈》,《船山学刊》2002年第4期。

③ （宋）张栻:《新刊南轩先生文集》卷九《桂阳军学记》,《张栻集》,杨世文点校,中华书局2015年版,第888页。

④ （宋）张栻:《南轩先生孟子说》卷三《滕文公上》,《张栻集》,杨世文点校,中华书局2015年版,第398页。

> 立人之道曰仁与义。仁义者，性之所有，而万善之宗也。人之为仁
> 义，乃其性之本然。……皆顺其所素有，而非外取之也。若违乎仁义，则
> 为失其性矣。①

正因为张栻认为，立人之道在于仁义，为此，张栻毕生的教育实践都致力于传儒家圣人之道。

张栻从太极的本体论和性善情恶的人性论出发，认为人性本质是善的，"纯粹至善，而无恶之可萌者也"②，教育旨在"循其性之本然而发见"。张栻认为人的本性是善的，不过，他又认为，由于人的气质之性受到后天各种因素的影响而变得不善，同时又认为人的后天性情是可以改变的，这就为发挥教育的作用提供了现实的可能性。他在《潭州重修岳麓书院记》中说："惟民之生，厥有常性，而不能以自达，故有赖于圣贤者出而开之。"③在张栻看来，教育的作用就是"化其欲而反其初"。而且，张栻认为，教育的作用不仅是尽性、复性，还要教人"明理"。"明理"是尽性、复性的前提。只有充分认识到仁、义、礼、智等儒家伦理纲常是天理的体现，才能养成符合天理的道德品行；也只有使人做到"尽性""明理"，才能"化其偏而复其善"，才能实现修身养性、培养传道济民人才的教育目的。张栻是把封建的人伦道德准则和社会等级秩序作为道德教育的内容。张栻在《静江府学记》《袁州学记》《桂阳军学记》诸篇中反复阐述"明人伦"。"人伦之在天下，不可一日废，废则国随之。然则有国者之于学，其可一日而忽哉！"④这里所谓人伦，即指人与人之间应该遵循的父子有亲、君臣有义、夫妇有别、长幼有序、朋友有信的行为准则。张栻在《静江府

---

① （宋）张栻：《南轩先生孟子说》卷六《告子上》，《张栻集》，杨世文点校，中华书局2015年版，第537页。

② （宋）张栻：《南轩先生孟子说》卷六《告子上》，《张栻集》，杨世文点校，中华书局2015年版，第538页。

③ （宋）张栻：《新刊南轩先生文集》卷一〇《潭州重修岳麓书院记》，《张栻集》，杨世文点校，中华书局2015年版，第900页。

④ （宋）张栻：《新刊南轩先生文集》卷九《袁州学记》，《张栻集》，杨世文点校，中华书局2015年版，第882页。

学记》中说:"凡天下之事皆人之所当为,君臣、父子、兄弟、夫妇、朋友之际,人事之大者也","而其朝夕所接,君臣、父子、兄弟、夫妇、朋友之际,视听言动之间,必有不得而遁者,庶乎可以知入德之门矣"①。张栻把明人伦作为德性教育的内容,其对道德教育的重视是显而易见的。

张栻主张从儒家经典中学习日用伦常,他说:"学者潜心孔孟,必得其门而入。"张栻《袁州学记》亦说:"惟民之生,其典有五,君臣、父子、兄弟、夫妇、朋友是也;而其德有四,仁、义、礼、智是也。人能充其德之所固有,以率夫典之所当然,则必无力不足之患。惟人之不能是也,故圣人使之学焉。"强调从孔孟之书中去学习仁、义、礼、智四德,"惟四德之在人,各具于其性,人病不能求之耳。求之之方,载于孔孟之书,备有科级,惟致其知而后可以有明,惟力其行而后可以有至。孝弟之行,始乎闺门而形于乡党;忠爱之实,见于事君而推以泽民。是则无负于国家之教养,而三代之士风亦不越是而已。"②张栻《桂阳军学记》说:"而微言著于简编,理义存乎人心者,不可泯也。善学者求诸此而已。""圣贤教人以求仁,使之致其格物之功,亲切于动静语默之中,而有发乎此也。有发乎此,则进德有地矣。故其于是心也,治其乱,收其放,明其蔽,安其危,而其广大无疆之体可得而存矣。"③然后以之为指导,践履儒家仁义道德,经世致用。

3. 重视实践

重视躬行践履是张栻书院教育的一个突出特点。张栻从"传道济民"的人才培养目标出发,强调"学贵力行"。他主张学习贵在实践力行。他说:"学贵力行,……学者若能务实,便有所得。或问务实之说,曰:于践履中求之。"④

① (宋)张栻:《新刊南轩先生文集》卷九《静江府学记》,《张栻集》,杨世文点校,中华书局2015年版,第881页。

② (宋)张栻:《新刊南轩先生文集》卷九《袁州学记》,《张栻集》,杨世文点校,中华书局2015年版,第883页。

③ (宋)张栻:《新刊南轩先生文集》卷九《桂阳军学记》,《张栻集》,杨世文点校,中华书局2015年版,第888—889页。

④ (明)胡广等:《性理大全书》卷四九《学七·力行》,文渊阁《四库全书》本。

即在实践中求道。

> "譬如行路,须识路头",诚是也;然要识路头,亲去路口寻求方得,若
> 只端坐于室,想象跂而曰:"吾识之矣",则无是理也。①

他主张要在日常生活、社会活动中去体察道之奥妙。张栻说:

> 道德性命初不外乎日用之实。其于致知力行,具有条理,而彼淫邪遁
> 之说皆无以自隐。②

张栻强调治学须务实,立言须践履,他把修身、齐家、事君、泽民都纳入实践的
轨道。认为"若如今人之不践履,直是未尝真知耳"③。

在教学中,张栻重视学以致用,他针对当时社会上存在的"重知轻行""循
名忘实"的虚浮学风,提出了"知先行随,知行互发"的认识论。他在《论语
解·序》中说:"始则据其所知而行之,行之力则知愈进,知之深则行愈达,
行有始终,必自始以及终。""盖致知以达其行,而行精其知",知行相即不
离,行以知为指导,而知以行而深化,知可促行,行亦可促知。这种"知行互
发"的思想反映在教学上即是主张学以致用。他反对"循名亡实之病",抨
击"汲汲求所谓知,而于躬行则忽焉"的学风。张栻主教岳麓书院后,重视
"践履务实"以得道致知。既强调知识的学习,又重视知识在实际中的运
用。张栻指出:"然则声气容色之间,洒扫应对进退之事,乃致知力行之原
也,其可舍是而他求乎!"认为学习不仅要重视书本知识,更应该重视在日

---

① (宋)张栻:《新刊南轩先生文集》卷一九《答吴晦叔》,《张栻集》,杨世文点校,中华书局
2015年版,第1057页。

② (宋)张栻:《新刊南轩先生文集》卷一〇《道州重建濂溪周先生祠堂记》,《张栻集》,杨
世文点校,中华书局2015年版,第907页。

③ (宋)张栻:《新刊南轩先生文集》卷三〇《答朱元晦》,《张栻集》,杨世文点校,中华书局
2015年版,第1217页。

常生活实践中去学习。

4. 重视教学与学术研究的结合

张栻主教岳麓书院后一边讲学,一边著书立说,把教学与学术研究有机地结合起来。其读书笔记、编写的讲义和授课记录成为其学术著作,真正使教学与学术相得益彰。据魏了翁《鹤山集·张晞颜墓志铭》所说:"宣公辟岳麓书院,教授后学。尝读《书》遇解释,属君笔之,题曰《南轩书说》。君亦记南轩语,题曰《诚敬心法》。"①据胡宗楙《张宣公年谱》记载,张栻的学术著作多是在他主教岳麓书院期间完成的。他著述宏富,经朱熹论定,计有诗文集四十四卷,以《南轩文集》刊行于世。另有《论语解》十卷、《孟子说》七卷,清道光年间,与《南轩文集》汇刻,合为《南轩全集》。如乾道元年编《胡子知言》并作序。乾道二年编《二程粹言》并作序,著《诸葛忠武侯传》。乾道三年《经世纪年》脱稿。乾道四年作《艮斋铭》,开始编《论语解》《孟子说》。乾道九年搜集程颐、张载、杨时的《系辞说》。学生记录《南轩书说》,改定《仁说》,撰《诗说》。重订《希颜录》,完成《论语说》《孟子说》。他在《癸巳孟子说序》中说:"岁在戊子,栻与二三学者讲诵于长沙之家塾,辄不自揆,缀所见为《孟子说》。明年冬,会有严陵之命,未及终篇。辛卯岁,自都司罢归,秋冬行大江,舟中读旧说,多不满意,从而删正之,其存者盖鲜矣。还抵故庐,又二载,始克缮写。"②从中不难看到《孟子说》成书的过程,最初作为讲义,中经删改,直到乾道九年才刻写成书。

书院的教学活动形式除了升堂讲说、分斋研习、祭祀先贤外,张栻在岳麓书院首开"会讲"这种教学活动形式。会讲是一种把学术活动与教学活动结合的典型形式。中国历史上的首次会讲"朱张会讲"是在岳麓书院举行的。乾道三年(1167),应张栻之邀,朱熹与其弟子范伯崇、林择之从福建崇安启程到长沙,与张栻"会友讲学"。朱熹抵达长沙后,受到张栻的热情款待。朱熹

---

① （宋）魏了翁:《鹤山集》卷七九《张晞颜墓志铭》,文渊阁《四库全书》本。
② （宋）张栻:《南轩先生孟子说》卷首《孟子说序》,《张栻集》,杨世文点校,中华书局2015年版,第309页。

在长沙的两个多月，一是在城南、岳麓二书院讲学；二是与张栻进行学术研讨。明代李东阳在《重建岳麓书院记》中，把朱熹与张栻之间的学术讨论称为"会讲"，他说："孝宗时二先生实会讲焉。"朱熹与张栻会讲《中庸》之义，范伯崇曾说："二先生论《中庸》之义，三日夜而不能合，其后先生卒更定其说。"①此次会讲，"学徒千余，舆马之众至饮池水立竭，一时有潇湘洙泗之目焉"。这次会讲，朱熹与张栻就理学的一些重要范畴及理论问题，如"中和""太极""知行""仁说"等进行讨论。两人对"中和"问题的理解不同，包括其中的"已发""未发"等范畴，通过交流，相互启发，发展了各自的学术思想。

对于这次会讲，朱熹说："去冬走湖湘，讲论之益不少。"②"从游之久，反复开益为多。"③与张栻"相与讲明其所未闻，日有问学之益，至幸至幸！敬夫学问愈高，所见卓然，议论出人意表，近读其语说，不觉胸中洒然，诚可叹服。"④《宋史·道学传序》称张栻："既见朱熹，相与博约又大进焉。"⑤这次会讲在中国学术思想发展史上有着特殊的地位和意义。这是宋代理学中以朱熹为代表的闽学和以张栻为代表的湖湘学之间的学术讨论。最为重要的是两人的辩学开创了书院自由讲学的新风，对于加强各学派之间的学术交流，促进学术思想的发展起到了重要作用。从此，"会讲"作为自由开放的书院教学形式在岳麓书院一直保留下来，也为其他书院所效仿。此后相继有"鹅湖之会""白鹿洞之会"等。会讲这种别开生面的教学活动直到今天依然具有借鉴意义。

与此同时，张栻还以书信的方式与朱熹、吕祖谦等理学家及湖湘学者就理学问题进行广泛的讨论。张栻除了自己著书立说外，还指导学生进行学术研究。据《宋元学案·岳麓诸儒学案》载："先生（吴猎）谓圣贤教人莫先于求仁，

---

① （清）王懋竑：《朱子年谱考异》卷一《朱熹年谱》，中华书局1998年版，第306页。
② （宋）朱熹：《晦庵集》卷四一《答程允夫》，文渊阁《四库全书》本。
③ （宋）朱熹：《晦庵集》卷四二《答石子重》，文渊阁《四库全书》本。
④ （宋）朱熹：《晦庵集》卷二四《与曹晋叔》，文渊阁《四库全书》本。
⑤ （元）脱脱等：《宋史》卷四二七《道学传序》，中华书局1977年版，第12710页。

乃以孔门问答及周、程以来诸儒凡言仁者,萃类疏析以请正,宣公是之。"①

此外,教学方法多样化。教学方法往往是由教学内容决定的。南宋以前,书院重传习传注经学和文辞章句,以应付科举考试,这种教学内容决定了书院的教学方法是教师对章句文辞的详尽讲解,学生对文章词句的反复诵读。南宋乾道以后,岳麓书院的教学内容发生了重大变化,它以理学为传播内容,确定"传道济民"的人才培养目标,使书院的教学方法因此发生了重大变化,呈现出多样化的特点。张栻主张"学明万事,无所不究",把儒家经典的义理和天下万事作为教学内容。在当时的岳麓书院,军事知识也是重要的教学内容之一。为了培养"传道济民"的经世致用人才,张栻也重视教学方法的探讨,如问难论辩、学思并进、循序渐进、博约相须等教学方法和原则,呈现出多样化的特点。

总之,张栻主教岳麓书院后,以理学思想为指导,无论在书院的人才培养目标上,还是在教育内容和教学方法上,都与之前的书院教育有所不同,形成了以"传道济民"为人才培养目标的书院教育特色,特别是会讲这种教学与学术研究相结合的教学活动形式由张栻开创;此外,重视践履、重视道德教育,虽然张栻"明人伦"的内容主要是封建伦理纲常,但是其教学活动、教学方法等方面的实践至今仍然值得总结。张栻的教育思想不仅在当时产生了很大的影响,培养出了一批经世致用的人才,而且在大力进行教育改革的今天,无论是站在历史还是现实的角度审视张栻的书院教育,他的教育理念、教育实践、教学与学术结合的方法都为我们提供了诸多有益的借鉴和思考。

二、张栻的仁观

"仁"是儒家思想的基本范畴。从学术源流来看,张栻的仁观直接受其业

---

① （清）黄宗羲原著,（清）全祖望补修:《宋元学案》卷七一《岳麓诸儒学案》,中华书局1986年版,第3册第2374页。

师胡宏(1105—1161)的影响。根据胡宗楙《张宣公年谱》的记载,乾道元年(1165),张栻33岁,为胡宏的《知言》作序,即"序胡子知言"①。张栻《胡子知言序》认为,"今先生是书于论性特详焉,无乃与圣贤之意异乎?"又认为"不知求仁而坐谈性命,则几何其不流于异端之归乎!"②强调求仁的重要。乾道六年(1170)成书的《洙泗言仁录》也受到胡宏思想的影响。胡宏认为,言与道不可分离,主张知圣人言,悟圣人道,评论张栻著《希颜录》"有志于道"。胡宏在《求仁说》一文中也说:"《论语》一书,大抵皆求仁之方也,审取其可以药己病。"③他在《与张敬夫》中认同,"仁岂易言哉!须会于言意之表,而的然有见焉,可也。"④黄宗羲《宋元学案》认为"南轩之学,得之五峰"⑤。

张栻的仁观不仅散见其众多著述,而且,张栻专门编著有《洙泗言仁》。根据《张宣公年谱》,该书成于乾道六年(1170)。乾道七年(1171),张栻作《洙泗言仁序》。乾道九年(1173),"朱公元晦作《仁说》,公连与书诘难释疑"。同年,张栻"改定自撰《仁说》",并"改易《言仁》诸说"。期间围绕"仁"说,张栻与朱熹之间、朱熹与范伯崇、吴晦叔之间多有书论往复,从中也不难看到张栻仁观的变化。

张栻的《洙泗言仁序》述及孔子、孟子圣人之道,认为"至本朝伊洛二程子始得其传,其论仁亦异乎秦汉以下诸儒之说矣"⑥,并强调不仅要"言仁",而且要"求仁"⑦。这里从儒家道统传承的角度溯及圣人言仁、求仁,认为本朝伊

---

① 胡宗楙:《张宣公年谱》,邓洪波辑校:《张栻年谱》,科学出版社2017年版,第40页。
② (宋)张栻:《新刊南轩先生文集》卷一四《胡子知言序》,《张栻集》,杨世文点校,中华书局2015年版,第975—976页。
③ (宋)胡宏:《求仁说》,(宋)胡宏:《胡宏集》,中华书局1987年版,第197页。
④ (宋)胡宏:《与张敬夫》,(宋)胡宏:《胡宏集》,中华书局1987年版,第130页。
⑤ (清)黄宗羲原著,全祖望补修:《宋元学案》卷五〇《南轩学案·附录》,中华书局1986年版,第2册第1635页。
⑥ (宋)张栻:《新刊南轩先生文集》卷一四《洙泗言仁序》,《张栻集》,杨世文点校,中华书局2015年版,第970页。
⑦ 认为"仁虽难言,然圣人教人求仁,具有本末。……若不惟躬行实践之务,而怀蕲获之心,起速成之意,徒欲以聪明揣度于语言求解,则失其传为愈甚矣"。[(宋)张栻:《新刊南轩先生文集》卷一四《洙泗言仁序》,《张栻集》,杨世文点校,中华书局2015年版,第971页。]

洛二程始得其孔孟圣人之传,认为天地之心存乎人即是"仁",认为学者贵在当尽心"求仁",而要"求仁",最难莫过于"克己"①,并指出躬行仁义道德的重要性。

乾道九年(1173),朱熹作《仁说》,张栻一连两封书信与朱熹,在《答朱元晦秘书》中进一步阐述其仁观,爱无所不至,以爱言仁:"仁之说,前日之意盖以为推原其本,人与天地万物一体也,是以其爱无所不至,犹人之身无分寸之肤而不贯通,则无分寸之肤不爱也。故以'惟公近之'之语形容仁体,最为亲切。欲人体夫所以爱者,《言仁》中盖言之矣。而以所言'爱'字只是明得其用耳。"用"爱"论"仁"的体用一源、内外一致,"故探其本则未发之前,爱之理存乎性,是乃仁之体者也;察其动则已发之际,爱之施被乎物,是乃仁之用者也。体用一源,内外一致,此仁之所以为妙也。"②认为自汉以来,言仁者未尝不是以"爱"言说,他在《答朱元晦秘书》中说:"由汉以来,言仁者盖未尝不以爱为言也,固与元晦推本其理者异。然元晦之言,传之亦恐未免有流弊耳,幸更深思,却以见教。"③认为朱熹的仁说也有不足之处。

对此,朱熹进行了回应,他在《答胡广仲书》中说:"至于仁之为说,昨两得钦夫书,诘难甚密,皆已报之。近得报云,却已皆无疑矣。"④经过这样的往复论议"仁"后,同年(乾道九年),张栻改定自撰《仁说》。据张栻《寄吕伯恭》云:"《仁说》所题数段极有开警,别纸奉报,并后来改正处亦录去。"⑤由此可见,张栻仁说也受到了朱熹的影响。"其书(张栻《寄吕伯恭书》)属于壬辰,则

---

①　认为"而难莫难于克己也,学者要当立志尚友,讲论问辩于其所谓难者,勉而勿舍"。[(宋)张栻:《新刊南轩先生文集》卷一四《洙泗言仁序》,《张栻集》,杨世文点校,中华书局2015年版,第971页。]

②　(宋)张栻:《新刊南轩先生文集》卷二十《答朱元晦秘书》,《张栻集》,杨世文点校,中华书局2015年版,第1069页。

③　(宋)张栻:《新刊南轩先生文集》卷二一《答朱元晦秘书》,《张栻集》,杨世文点校,中华书局2015年版,第1082页。

④　(宋)朱熹:《晦庵先生朱文公文集》卷四二《答胡广仲》,朱杰人、严佐之、刘永翔主编:《朱子全书》第22册,上海古籍出版社、安徽教育出版社2002年版,第1903页。

⑤　(宋)张栻:《新刊南轩先生文集》卷二五《寄吕伯恭》,《张栻集》,杨世文点校,中华书局2015年版,第1134—1135页。

乾道八年(1172)已往复论仁,至九年始用中间反复之意改定,有朱熹《答吕伯恭》二书可证(朱熹《答吕伯恭》:"言仁诸说录呈,渠别寄《仁说》来,比亦答之,并录去。有未安处,幸指诲也。"①朱熹《答吕伯恭》:"《仁说》亦用中间反复之意改定矣。"②),盖此二书咸属癸巳也。"③癸巳为乾道九年(1173)。

(一) 仁为四德之长,以心性言仁

朱熹认为"大抵理会'仁'字,须并'义'、'礼'、'智'三字通看,方见界分分明,血脉通贯。近世学者贪说'仁'字而忽略三者,所以无所据依,卒并与'仁'字而不识也。"④张栻《仁说》将仁与义、礼、智并论,"人之性,仁、义、礼、智四德具焉:其爱之理则仁也,宜之理则义也,让之理则礼也,知之理则智也。"⑤仁为人性四德之一,"爱之理则仁",而且,论及四德之间的关系时,张栻认为,仁是基础,他说:

> 所谓爱之理者,是乃天地生物之心,而其所由生者也。故仁为四德之长,而又可以兼能焉。惟性之中有是四者,故其发见于情,则为恻隐、羞恶、是非、辞让之端,而所谓恻隐者亦未尝不贯通焉,此性情之所以为体用,而心之道则主乎性情者也。人惟己私蔽之,以失其性之理而为不仁,甚至于为忮为忍,岂人之情也哉? 其陷溺者深矣。⑥

---

① (宋)朱熹:《晦庵先生朱文公文集》卷三三《答吕伯恭》,朱杰人、严佐之、刘永翔主编:《朱子全书》第 21 册,上海古籍出版社、安徽教育出版社 2002 年版,第 1442 页。

② (宋)朱熹:《晦庵先生朱文公文集》卷三三《答吕伯恭》,朱杰人、严佐之、刘永翔主编:《朱子全书》第 21 册,上海古籍出版社、安徽教育出版社 2002 年版,第 1446 页。

③ 胡宗楙:《张宣公年谱》,邓洪波辑校:《张栻年谱》,科学出版社 2017 年版,第 71 页。

④ (宋)朱熹:《晦庵先生朱文公文集》卷四二《答胡广仲》,朱杰人、严佐之、刘永翔主编:《朱子全书》第 22 册,上海古籍出版社、安徽教育出版社 2002 年版,第 1904 页。

⑤ (宋)张栻:《新刊南轩先生文集》卷一八《仁说》,《张栻集》,杨世文点校,中华书局 2015 年版,第 1031 页。

⑥ (宋)张栻:《新刊南轩先生文集》卷一八《仁说》,《张栻集》,杨世文点校,中华书局 2015 年版,第 1031—1032 页。

认为为仁的关键是"克己"，"是以为仁莫要乎克己，己私既克，则廓然大公，而其爱之理素具于性者无所蔽矣。爱之理无所蔽，则与天地万物血脉贯通，而其用亦无不周矣。"认为仁、义、礼、智四德是由仁来推动的。

> 夫静而仁、义、礼、智之体具，动而恻隐、羞恶、辞让、是非之端达，其名义位置固不容相夺伦，然而惟仁者为能推之而得其宜，是义之所存者也；惟仁者为能恭让而有节，是礼之所存者也；惟仁者为能知觉而不昧，是智之所存者也。此可见其兼能而贯通者矣。是以孟子于仁，统言之曰"仁，人心也"，亦犹在《易》乾坤四德而统言乾元、坤元也。然则学者其可不以求仁为要，而为仁其可不以克己为道乎！①

阐述了"求仁"的重要和"克己"的关键。张栻在孟子的"人心"基础上引出克己求仁之方。

张栻重视"心"的地位和作用。"天也，性也，心也，所取则异，而体则同"②。显然，张栻已将主体的"心"本体化，"心"不仅为万事之宗，而且能统摄天理，也能主宰人性，认为"心与理一""心统万理"。张栻不同意业师胡宏"性无善恶"的说法，主张"性无不善"。张栻的《仁说》得到了朱熹的肯定，朱熹《答钦夫〈仁说〉》云："《仁说》明白简当，非浅陋所及。"但同时也认为张栻"言性而不及情，又不言心贯性、情之意，似只以性对心。若只以性对心，即下文所引《孟子》'仁，人心也'，与上文许多说话似若相戾。更乞详之。"③这也正是张栻仁观与朱熹仁观不同之处。朱熹《答钦夫〈仁说〉》对张栻的《仁说》提出了一些疑义，如认为张栻"视天下无一物之非仁"，此亦可疑。认为"盖谓

---

① （宋）张栻:《新刊南轩先生文集》卷一八《仁说》,《张栻集》,杨世文点校,中华书局2015年版,第1032页。

② （宋）张栻:《新刊南轩先生文集》卷七《尽心上》,《张栻集》,杨世文点校,中华书局2015年版,第585页。

③ （宋）朱熹:《晦庵先生朱文公文集》卷三二《答钦夫〈仁说〉》,朱杰人、严佐之、刘永翔主编:《朱子全书》第21册,上海古籍出版社、安徽教育出版社2002年版,第1417页。

视天下无一物不在吾仁中则可,谓物皆吾仁则不可。盖物自是物,仁自是心,如何视物为心耶?"①朱熹并不认同张栻的心与仁一和类聚言仁的观点,不过,朱熹在此基础上也论及以爱推仁的必要性。

乾道九年(1173),张栻"改易《言仁》诸说"②。张栻《寄吕伯恭》云:"《学而》篇数段甚有滋益,三段已改过,别录去。'巧言令色'章前已曾改。今送《言仁》一册去。"③《答朱元晦秘书》云:"《洙泗言仁》中'当仁不让于师'之义,旧已改,'孝悌为仁之本'、'巧言令色鲜仁'之义,今亦已正,并序中后来亦多换,却纳一册去上呈。"④

朱熹《答吕伯恭》说:"若洙泗言仁,则固多未合,当时亦不当便令尽版行也。"⑤看得出朱熹对《洙泗言仁》的出版并不满意。朱熹《答吕伯恭别纸》说:"言'仁'诸说,钦夫近亦答来,于旧文颇有所改易,然于鄙意亦尚有未安处。大率此书当时自不必作,今既为之,则须句句字字安顿得有下落始得,不容更有非指言仁体而备礼说过之语在里面,教后人走作也。"⑥又《答吕伯恭》云:"钦夫近得书,别寄《言仁录》来,修改得稍胜前本。《仁说》亦用中间反复之意改定矣。"⑦由此可知,张栻吸收了与朱熹书论的意见,对《洙泗言仁》进行了一些修改,朱熹对修改后的本子在肯定其胜过前本的同时,也流露出他对《洙泗言仁》仍有不合其意之处。这从某种意义上表明张栻对朱熹的观点有吸纳也有保留,张栻的仁观以心性言仁,其仁观不同于其他学派,呈现出自己的特

---

① (宋)朱熹:《晦庵先生朱文公文集》卷三二《答钦夫〈仁说〉》,朱杰人、严佐之、刘永翔主编:《朱子全书》第 21 册,上海古籍出版社、安徽教育出版社 2002 年版,第 1418 页。

② 胡宗楙:《张宣公年谱》,邓洪波辑校:《张栻年谱》,科学出版社 2017 年版,第 72 页。

③ (宋)张栻:《新刊南轩先生文集》卷二五《寄吕伯恭》,《张栻集》,杨世文点校,中华书局 2015 年版,第 1136 页。

④ (宋)张栻:《新刊南轩先生文集》卷二十《答朱元晦秘书》,《张栻集》,杨世文点校,中华书局 2015 年版,第 1074—1075 页。

⑤ (宋)朱熹:《晦庵先生朱文公文集》卷三三《答吕伯恭》,朱杰人、严佐之、刘永翔主编:《朱子全书》第 21 册,上海古籍出版社、安徽教育出版社 2002 年版,第 1440 页。

⑥ (宋)朱熹:《晦庵先生朱文公文集》卷三五《答吕伯恭别纸》,朱杰人、严佐之、刘永翔主编:《朱子全书》第 21 册,上海古籍出版社、安徽教育出版社 2002 年版,第 1526 页。

⑦ (宋)朱熹:《晦庵先生朱文公文集》卷三三《答吕伯恭》,朱杰人、严佐之、刘永翔主编:《朱子全书》第 21 册,上海古籍出版社、安徽教育出版社 2002 年版,第 1446 页。

点。张栻把仁与性相联系。他说：

> 人之性，仁、义、礼、智四德具焉：其爱之理则仁也，宜之理则义也，让之理则礼也，知之理则智也。是四者虽未形见，而其理固根于此，则体实具于此矣。性之中只有是四者，万善皆管乎是焉。①

在这里，张栻以性言仁，认为仁、义、礼、智等是人性本有，是性之体。张栻强调"兼能而贯通"，将以爱言仁、以公言仁和知觉言仁统一起来，以人心融会朱熹、胡宏的仁说，体现出湖湘学派性本体论的特色。②

（二）知仁义礼智以明人伦

张栻强调明人伦的重要性，淳熙五年（1178）八月，张栻（46 岁）作《袁州学记》，认为"人伦之在天下，不可一日废，废则国随之"③。

> 先王所以建学造士之意，亦尝考之乎？惟民之生，其典有五：君臣、父子、兄弟、夫妇、朋友是也；而其德有四：仁、义、礼、智是也。人能充其德之所固有，以率夫典之所当然，则必无力不足之患。惟人之不能是也，故圣人使之学焉。④

所以，认为建学造士的本意正是在于明人伦。

在张栻看来，"明理"是尽性、复性的前提。只有充分认识到仁、义、礼、智

---

① （宋）张栻：《新刊南轩先生文集》卷一八《仁说》，《张栻集》，杨世文点校，中华书局 2015 年版，第 1031 页。

② 参见曾小明、肖永明：《张栻仁学的发展》，《湖湘论坛》2008 年第 1 期。

③ （宋）张栻：《新刊南轩先生文集》卷九《袁州学记》，《张栻集》，杨世文点校，中华书局 2015 年版，第 882 页。

④ （宋）张栻：《新刊南轩先生文集》卷九《袁州学记》，《张栻集》，杨世文点校，中华书局 2015 年版，第 882 页。

等儒家伦理纲常是天理的体现，才能养成符合天理的道德品行；也只有使人做到"尽性""明理"，才能"化其偏而复其善"，才能实现修身养性、培养传道济民人才的目的。张栻在《静江府学记》《袁州学记》《桂阳军学记》诸篇中反复强调"明人伦"①。虽然张栻把封建的人伦道德准则和社会等级秩序作为道德教育的内容，但却强调道德修为的重要。② 讲仁义礼智，目的是明人伦，而且认为这是人事之大事，所谓"君臣、父子、兄弟、夫妇、朋友之际，人事之大者也"③。

（三）知仁而求仁

张栻认为首先要知仁，他在《答朱元晦秘书》中说：

> 《论语仁说》，区区之意，见学者多将"仁"字做活络揣度，了无干涉，如未尝下博学笃志、切问近思工夫，便做仁在其中矣。想象此等极害事，故编程子之说，与同志者讲之，庶几不错路头。④

这正是张栻编著《洙泗言仁》的原因，不过张栻更强调实践仁。⑤ 其仁观不仅强调"致其知"，而且强调"力其行"。

张栻在《论语解序》中说："始则据其所知而行之，行之力则知愈进，知之

① 所谓人伦，即指人与人之间应该遵循的父子有亲、君臣有义、夫妇有别、长幼有序、朋友有信的行为准则。（蔡方鹿：《张栻与岳麓书院》，《社会科学研究》1991 年第 4 期。）
② 张栻《邵州复旧学记》云："然尝考先王所以建学造士之本意，盖将使士者讲夫仁义礼智之彝，以明夫君臣、父子、兄弟、夫妇、朋友之伦，以之修身、齐家、治国、平天下，其事盖甚大矣。"[（宋）张栻：《新刊南轩先生文集》卷九《邵州复旧学记》，《张栻集》，杨世文点校，中华书局 2015 年版，第 884 页。]
③ （宋）张栻：《新刊南轩先生文集》卷九《静江府学记》，《张栻集》，杨世文点校，中华书局 2015 年版，第 881 页。
④ （宋）张栻：《新刊南轩先生文集》卷二一《答朱元晦秘书》，《张栻集》，杨世文点校，中华书局 2015 年版，第 1087—1088 页。
⑤ 张栻认为"求之之方，载于孔孟之书，备有科级，惟致其知而后可以有明，惟力其行而后可以有至。孝弟之行，始乎闺门而形于乡党；忠爱之实，见于事君而推以泽民。"[（宋）张栻：《新刊南轩先生文集》卷九《袁州学记》，《张栻集》，杨世文点校，中华书局 2015 年版，第 883 页。]

深则行愈达。是知常在先,而行未尝不随之也。"①这种"知行互发"的思想反映在教学上即是主张学以致用。张栻主教岳麓书院后,既强调知识的学习,又重视知识在实际中的运用。吕祖谦评价张栻说:"张荆州教人以圣贤语言见之行事,因行事复求圣贤之语言"②。明末清初思想家黄宗羲评论张栻"盖由其见处高,践履又实也"③。

由此可见,张栻的仁观呈现出如下特点:

一是张栻的仁观是传圣人之道,"仁,人心也"④。并强调知仁,进而求仁,以爱言仁,以爱求仁。仁是人性四德之长,知仁、义、礼、智,在于明人伦。他不仅强调"致其知",更强调"力其行",通过建学造就传道济民、经世致用的人才。张栻说:

　　盖欲成就人才,以传斯道而济斯民也。……是以二帝三王之政,莫不以教学为先务。至于孔子,述作大备,遂启万世无穷之传。其传果何与?曰仁也。仁,人心也,率性立命,知天下而宰万物者也。⑤

在张栻看来,人之善在于仁、义、礼、智的存有、生发。⑥ 张栻进一步解释说:"立人之道曰仁与义。仁义者,性之所有,而万善之宗也。"⑦正因为张栻认为,

　　① (宋)张栻:《南轩先生论语解·序》,《张栻集》,杨世文点校,中华书局 2015 年版,第94 页。
　　② (宋)黄震:《黄氏日钞》卷四十《读本朝诸儒理学书·东莱先生文集》,文渊阁《四库全书》本。
　　③ (清)黄宗羲原著,全祖望补修:《宋元学案》卷五〇《南轩学案·附录》,中华书局 1986年版,第 2 册第 1635 页。
　　④ (宋)张栻:《新刊南轩先生文集》卷三〇《答陈平甫》,《张栻集》,杨世文点校,中华书局2015 年版,第 1226 页。
　　⑤ (宋)张栻:《新刊南轩先生文集》卷一〇《潭州重修岳麓书院记》,《张栻集》,杨世文点校,中华书局 2015 年版,第 900 页。
　　⑥ 张栻在《孟子说》中说:"所谓善者,盖以其仁义礼知(智)之所存,由是而发。"[(宋)张栻:《南轩先生孟子说》卷三《滕文公上》,《张栻集》,杨世文点校,中华书局 2015 年版,第 398 页。]
　　⑦ (宋)张栻:《南轩先生孟子说》卷六《告子上》,《张栻集》,杨世文点校,中华书局 2015 年版,第 537 页。

立人之道在于仁义，为此，张栻毕生的教育实践都致力于传儒家仁义之道。

二是张栻的仁观前后有变化，早期主要受胡宏的影响，编著《洙泗言仁》并作《洙泗言仁序》后，受朱熹的影响较大，不过，张栻的仁观也体现了其思想自成一派（湖湘学派）的特色，即使乾道九年（1173）改易过的《洙泗言仁》，在朱熹看来，"然于鄙意亦尚有未安处"，不过，对张栻而言，这也是对自己学术观点的坚持。

三是张栻的仁观是在与朱熹等学者往复的论辩中发展的。正如束景南《朱熹年谱长编》所说："论辩以张栻修改《言仁录》与《仁说》、朱熹亦修改《仁说》结束。"①张栻与朱熹之间开放的论辩，促进了彼此仁观的成熟，其治学态度与方法直到今天依然是值得借鉴的。如据《张宣公年谱》，乾道九年（张栻41 岁）张栻不仅改定自撰《仁说》、改易《洙泗言仁》，而且重订《希颜录》，《论语说》《孟子说》成稿于乾道九年（1173），淳熙元年（张栻 42 岁），"夏，改正《论语说》"。他在《与吴晦叔》中云：

> 某今夏以来，时时再看《语》《孟》说，又多欲改处。缘医者见戒，未欲多作文字，近日方下笔改正《语说》，次当及《孟子》。恐因见其间未安处，不惜一一疏示，相助开发也。②

淳熙三年（张栻 44 岁），"删改《孟子说》"，淳熙四年（张栻 45 岁），"改正《论语说》"。朱熹自己也说与张栻仁说论辩最后仅"一二处未合"。从中也可见张栻与朱熹对彼此仁说的重视。

朱熹在祭张敬夫时说：

> 嗟惟我之与兄，朒志同而心契。或面讲而未穷，又书传而不置。盖有我之所是，而兄以为非；亦有兄之所然，而我之所议。又有始所共乡，而终

---

① 束景南：《朱熹年谱长编》，华东师范大学出版社 2001 年版，第 506 页。

② （宋）张栻：《新刊南轩先生文集》卷二八《与吴晦叔》，《张栻集》，杨世文点校，中华书局 2015 年版，第 1197 页。

悟其偏;亦有早所同挤,而晚得其味。盖缴纷往反者几十余年,末乃同归而一致。由是上而天道之微,远而圣言之秘,近则进修之方,大则行藏之义,以兄之明固已洞照而无遗,若我之愚,亦幸窃窥其一二。①

张栻与朱熹之间围绕心性论、本体论、道德修养论所进行的一系列辩学,虽然观点不一,但通过会讲、书传交流,相互生发,促进了南宋学术的发展。

三、张栻道统思想及其贡献

关于"道统"研究,新中国成立以来,冯友兰、张立文、汤一介等学者在 20 世纪 60 年代已有关于"治统"与"道统"的讨论。② 特别是改革开放以来,有关道统、道统思想的研究成果逐渐增多。学界肯定朱熹对儒家道统思想体系建立的贡献,不过,对于与朱熹同时代,有"东南三贤"之称的张栻的道统思想却着墨不多,其在道统史上的地位多为朱熹遮蔽。近年来对张栻的相关研究已有进展,在论及宋代道统论、朱熹道统论及相关研究时兼及张栻。如美国汉学家田浩关注到张栻在南宋道学史上的地位。③ 德国学者苏费翔认为 12 世纪开始"道统"用于学术传统,李流谦在写给张栻的父亲张浚的一封信中使用了"道统"一词④,并考据这一用法在 1164 年(张浚逝世)之前,比朱熹用"道统"一词的时间更早。⑤ 胡杰也通过对陈平甫与张栻交流的研究,考证陈平甫与张栻交流提出"道

---

① (宋)朱熹:《晦庵先生朱文公文集》卷八七《祭张敬夫殿撰文》,朱杰人、严佐之、刘永翔主编:《朱子全书》第 24 册,上海古籍出版社、安徽教育出版社 2002 年版,第 4075—4076 页。
② 参见冯友兰:《关于孔子讨论的批评与自我批评》,《哲学研究》1963 年第 6 期;张立文:《论"治统"与"道统"的关系——评冯友兰的"君师分开"论》,《江汉学报》1964 年第 4 期;汤一介、庄卬、金春峰:《论"治统"与"道统"》,《北京大学学报》1964 年第 2 期。
③ 参见[美]田浩:《朱熹的思维世界》,陕西师范大学出版社 2002 年版,第 46 页。
④ 参见(宋)李流谦:《澹斋集》卷一一《上张和公书》,文渊阁《四库全书》本。
⑤ 参见[德]苏费翔、[美]田浩:《文化权力与政治文化——宋金元时期的〈中庸〉与道统问题》,肖永明译,中华书局 2018 年版,第 86—87 页。

统"的时间比朱熹更早。①陈逢源在论及朱熹与张栻融通"静""敬"时，辨析"中和""仁说"，认为其完成了学脉联结。②有关张栻仁说的研究较多，主要有曾小明、肖永明、苏铉盛、向世陵等学者的论文③。蔡方鹿、许家星、赖尚清等学者则将张栻与朱熹仁说进行考察，比较其仁说的异同。④目前从儒家道统传承的维度看对张栻的研究还不够，这里拟在已有研究的基础上，探讨张栻的道统思想及其贡献。

（一）道统之道：主张传儒家圣人之道

自从唐代韩愈提出道统说以来，历来论说道统者都从"道"与"统"两个方面来理解。从儒家道统之道而言，"仁"是儒家思想的基本范畴，孔子提倡仁，孟子提出仁义之道，主张仁政，仁义之道构成了儒家道统思想的核心内涵。唐代韩愈说："博爱之谓仁，行而宜之之谓义，由是而之焉之谓道，足乎己无待于外之谓德。仁与义为定名，道与德为虚位。"⑤到宋代，仁说也是儒家道统的核心。"明道（程颢）之学，以识仁为主。"⑥二程弟子杨时（号龟山）也重视求仁，他说："学者须当以求仁为要，求仁，则'刚、毅、木、讷近仁'一言为要"⑦。张

---

① 参见胡杰：《陈平甫与张栻交流提出"道统"时间考》，蔡方鹿主编：《道统思想与中国哲学》，人民出版社 2017 年版，第 459—471 页。

② 参见陈逢源：《朱熹与张栻之义理辨析与学脉建构——中和·仁说·道统》，《四川师范大学学报（社会科学版）》2019 年第 4 期。

③ 参见曾小明、肖永明：《张栻仁学的发展》，《湖湘论坛》2008 年第 1 期；苏铉盛：《张栻早期仁学思想考》，《孔子研究》2003 年第 5 期；胡杰：《张栻经学与理学探析》，四川师范大学 2010 年硕士学位论文；张燕妮：《张栻仁学思想研究》，陕西师范大学 2013 年硕士学位论文；向世陵：《张栻的仁说及仁与爱之辨》，《学术月刊》2017 年第 6 期；张鑫鑫：《张栻仁学思想研究》，陕西师范大学 2017 年硕士学位论文。

④ 参见蔡方鹿：《朱熹和张栻关于仁的讨论》，《江西社会科学》1989 年第 2 期；陈代湘：《朱熹与张栻的思想异同》，《湖湘论坛》2010 年第 1 期；田静：《朱熹与张栻仁说比较》，湘潭大学 2012 年硕士学位论文；许家星：《朱子、张栻"仁说"辨析》，《中国哲学史》2011 年第 4 期；赖尚清：《朱子与张栻〈仁说〉之辩书信序次详考》，《厦门大学学报》2014 年第 4 期。

⑤ （唐）韩愈：《韩昌黎全集》卷一一《原道》，世界书局 1935 年版，第 172 页。

⑥ （清）黄宗羲原著，全祖望补修：《宋元学案》卷一三《明道学案》（上），中华书局 1986 年版，第 1 册第 542 页。

⑦ （宋）黎靖德编：《朱子语类》卷一〇一，朱杰人、严佐之、刘永翔主编：《朱子全书》第 17 册，上海古籍出版社、安徽教育出版社 2002 年版，第 3372 页。

栻对儒家道统的重视,同样体现在对儒家道统思想核心内涵的论说。在张栻的思想体系中,仁说也是核心。他在《潭州重修岳麓书院记》中说:"盖欲成就人才,以传斯道而济斯民也。"张栻所言"传斯道"显然是传儒家圣人之道,"至于孔子,述作大备,遂启万世无穷之传。其传果何异? 曰仁也。仁,人心也,率性立命,知天下而宰万物者也。……善乎,孟子之得传于孔氏,而发人深切也!"①明确指出孔子开万世无穷之传,孟子之得传于孔子。认为仁为四德之长,以心性言仁、知仁而求仁,本书前已论及,在此从略。

(二) 道统之传:推尊周敦颐、二程

从儒家道统传承上言,张栻与朱熹同续儒家正统。绍兴三十一年(1161)张栻在衡山拜二程的再传弟子、著名理学家胡宏为师,问河南程氏学。朱熹说:

> 闻张钦夫得衡山胡氏学,则往从而问焉。钦夫告余以所闻,余亦未之省也,退而沉思,殆忘寝食。②

张栻的仁观直接受其业师胡宏的影响。胡宏认为,言与道不可分离,主张知圣人言、悟圣人道,评论张栻著《希颜录》"有志于道"。胡宏在《与张敬夫》中认同"仁岂易言哉! 须会于言意之表,而的然有见焉,可也。"③黄宗羲《宋元学案》也认为"南轩之学,得之五峰"④。

唐代韩愈明确提出尧—舜—禹—商汤—文王—武王—周公—孔子—孟子

① (宋)张栻:《新刊南轩先生文集》卷一〇《潭州重修岳麓书院记》,《张栻集》,杨世文点校,中华书局 2015 年版,第 900 页。
② (宋)朱熹:《晦庵先生朱文公文集》卷七五《中和旧说序》,朱杰人、严佐之、刘永翔主编:《朱子全书》第 24 册,上海古籍出版社、安徽教育出版社 2002 年版,第 3634 页。
③ (宋)胡宏:《与张敬夫》,(宋)胡宏:《胡宏集》,中华书局 1987 年版,第 130 页。
④ (清)黄宗羲原著,全祖望补修:《宋元学案》卷五〇《南轩学案·附录》,中华书局 1986 年版,第 2 册第 1635 页。

的道统传承谱系。张栻推尊周敦颐、二程，而周、二程上承孟子，这一谱系也是朱熹建构的统绪。朱熹《伊洛渊源录》定周敦颐为宋代道学开山，认为儒家道统是以周敦颐、二程上承孟子的，而自己又继周、程为儒家正统。①《伊洛渊源录》成稿于乾道九年（1173）（约从七月起开始编纂，至十一月已成稿）。淳熙六年（1179）四月，朱熹《知南康牒》说："濂溪先生虞部周公心传道统，为世先觉。"②苏费翔《宋人道统论》认为这是朱熹首次提出"道统"一词。③

不过，早在乾道元年（1165）八月，张栻《跋希颜录》中已言及道学之传。

> 自孟子之后，儒者亦知所尊仰矣，而识其然者则或寡焉。逮夫本朝，濂溪周先生、横渠张先生出，始能明其心，而二程先生则又尽发其大全。④

虽然这里没用"道统"一词，但在张栻看来，孟子之后至宋朝由周敦颐接续、二程进一步阐发孟子微言大义是清楚的。

张栻在《答陈平甫》中引陈平甫语："欲请足下本六经、《语》《孟》遗意，将前所举十四圣人概为作传，系以道统之传，而以国朝濂溪、河南、横渠诸先生附焉。洙泗门人至两汉以下及国朝程门诸贤凡有见于道、有功于圣门者，各随所得，表出其人，附置传末，著成一书。"陈平甫建议张栻为十四位圣人作传，"系以道统之传"，并将宋朝周敦颐、二程、张载等诸先生附其后。"洙泗门人至两

---

① 参见（宋）朱熹：《朱子语类》卷一二九，朱杰人、严佐之、刘永翔主编：《朱子全书》第18册，上海古籍出版社、安徽教育出版社2002年版，第4026页。

② （宋）朱熹：《晦庵先生朱文公文集》卷九九《知南康牒》，朱杰人、严佐之、刘永翔主编：《朱子全书》第25册，上海古籍出版社、安徽教育出版社2002年版，第4582页。

③ 关于朱熹首次用"道统"一词的时间学界说法不一，如陈荣捷先生认为淳熙十六年（1179）《中庸章句序》定稿，将"道统"连词，首次采用"道统"（参见［美］陈荣捷：《西方对朱熹的研究》，《中国哲学》第5辑，三联书店1981年版，第208页）；余英时先生论述朱熹最早用"道统"一词的例子是公元1181年《书濂溪光风霁月亭》中提到道统，不过认为此处用"道统"二字的意义尚不明确（参见［美］余英时：《朱熹的历史世界：宋代士大夫政治文化的研究》，三联书店2004年版，第14页）；苏费翔提出朱熹《南康牒》运用"道统"一词比余先生所提出的1181年的例子早两年（参见苏费翔：《宋人道统论——以朱熹为中心》，《厦门大学学报》2015年第1期）。

④ （宋）张栻：《新刊南轩先生文集》卷三三《跋希颜录》，《张栻集》，杨世文点校，中华书局2015年版，第1277页。

汉以下及国朝程门诸贤"均列出,附置传末。张栻回复说:"某晚学,惧不克堪也。若曰裒类圣贤之言行,聚而观之,斯可矣。"①从张栻对陈平甫请其著书的建议答复来看,张栻虽然自谦,但看得出他对陈平甫的建议是认同的。据日本学者高畑常信《张南轩年谱》可知,张栻《答陈平甫》是其40岁(乾道八年,1172年)时的书信。② 又据胡杰考证,该书信作于公元1172—1173年间。③ 如此看来,张栻与陈平甫的交流至迟在该书信中已涉及接续、传承儒家道统的问题。朱熹编纂《伊洛渊源录》的想法也得到了吕祖谦的支持。朱熹在《答吕伯恭》中说:

> 欲作《渊源录》一书,尽载周、程以来诸君子行实文字,正苦未有此及永嘉诸人事迹首末。④

就此而论,宋代道学脉络的建构,可以说是当时理学家的共同关切,反映了理学家们振兴儒学的责任与担当,朱熹是其集大成者。张栻《答陈平甫》还表明以张栻为代表的湖湘学者较早表现出构建传承圣人之道的道统意识,从张栻对"道统之传"的思考来看,其贡献主要体现在:

一是推尊周敦颐,确立其开宋代道学之传的地位。张栻师从胡宏,其道统谱系是在湘学学统的基础上构建的,其学统与道统是一致的。淳熙五年(1178),张栻作《道州重建濂溪周先生祠堂记》⑤,开篇就指出周敦颐实出于舂陵的地域背景,不过,张栻将宋代治统与周敦颐接续道统联系起来,显然又

① (宋)张栻:《新刊南轩先生文集》卷三〇《答陈平甫》,《张栻集》,杨世文点校,中华书局2015年版,第1228页。

② 参见[日]高畑常信:《张南轩年谱》,邓洪波辑校:《张栻年谱》,科学出版社2017年版,第130页。

③ 参见胡杰:《陈平甫与张栻交流提出"道统"时间考》,蔡方鹿主编:《道统思想与中国哲学》,人民出版社2017年版,第459—471页。

④ (宋)朱熹:《晦庵先生朱文公文集》卷三三《答吕伯恭》,朱杰人、严佐之、刘永翔主编:《朱子全书》第21册,上海古籍出版社、安徽教育出版社2002年版,第1438页。

⑤ 参见胡宗楙:《张宣公年谱》,邓洪波辑校:《张栻年谱》,科学出版社2017年版,第87页。

突破了地域限制,表明濂溪又不仅仅是湖湘学派的。他说:"宋有天下,明圣相继,承平日久,元气胥会,至昭陵之世盛矣。宗工钜儒,磊落相望。于是时,濂溪先生实出于舂陵焉。"接着张栻从儒家学脉渊源上明确指出周敦颐接续孔孟学统,在宋朝道学史上具有开端的作用:"然世之学者考论师友渊源,以孔孟之遗意复明于千载之下,实自先生发其端。由是推之,则先生之泽,其何有穷哉!"认为孔孟圣人之道复明于千年之后,实始于周敦颐,由二程兄弟阐发微言大义。肯定周敦颐上承孟子,开创宋代道学之传的作用,"然则先生发端之功,顾不大哉!"①张栻《周子太极图解序》肯定周敦颐在宋代道学史上的发端地位②,《太极图解后序》具体论及二程先生受周子《太极图》的影响③。《永州州学周先生祠堂记》也强调二程先生倡明道学,承传孟氏千载不传之道时,肯定周先生的发端作用,"而论其发端,实自先生"④。张栻《南康军新立濂溪祠记》也强调孔孟之后,圣学不明,而千载后有周先生崛起,"独得微旨于残编断简之中,推本太极,以及乎阴阳五行之流布,……孔孟之意于以复明"⑤。

二是推崇二程,强调其在宋代道学史上的重要地位。尽管在张栻构建的宋代"道"的传承脉络中,周敦颐发其端,但在阐发孔、孟微言大义方面,二程具有重要地位。张栻认为,凡儒士以孔孟为宗,孟子继承孔子学说,提出仁义之道,发展出完整的心性论。张栻推崇孟子,反复言及"孟子没,圣学失传"⑥,

---

① (宋)张栻:《新刊南轩先生文集》卷一〇《道州重建濂溪周先生祠堂记》,《张栻集》,杨世文点校,中华书局2015年版,第906—907页。

② 张栻《周子太极图解序》说:"二程先生道学之传,发于濂溪周子,而《太极图》乃濂溪自得之妙,盖以手授二程先生者。……其言约,其义微,自孟氏以来未之有也。"[(宋)张栻:《周子太极图解序》,《张栻集》,杨世文点校,中华书局2015年版,第1603页。]

③ 参见(宋)张栻:《周子太极图解后序》,《张栻集》,杨世文点校,中华书局2015年版,第1610页。

④ (宋)张栻:《新刊南轩先生文集》卷一〇《永州州学周先生祠堂记》,《张栻集》,杨世文点校,中华书局2015年版,第912页。

⑤ (宋)张栻:《新刊南轩先生文集》卷一〇《南康军新立濂溪祠记》,《张栻集》,杨世文点校,中华书局2015年版,第916页。

⑥ (宋)张栻:《新刊南轩先生文集》卷三六《南剑州尤溪县学传心阁铭》,《张栻集》,杨世文点校,中华书局2015年版,第1314页。

宋兴百年后有大儒二程兄弟出于河南，"发明天地之全、古人之大体，推其源流，上继孟氏，始晓然示人以致知笃敬为大学始终之要领"①。他在《洙泗言仁序》中同样强调孔、孟圣人之道，"至本朝伊洛二程子始得其传，其论仁亦异乎秦汉以下诸儒之说矣"②。张栻在《答陈平甫》中感叹：

> 盖道之不明久矣，自河南二程先生始得其传于千有余载之下，今二先生之言虽行于世，然识其真者或寡矣。夫二先生之言，凡以明孔、孟之道而已。③

认为二程先生之言是阐发孔孟之道，"始以穷理居敬之方开示学者，使之有所循求，以入尧舜之道。于是道学之传，复明于千载之下"④。这里从儒家道统传承的角度，强调二程在道统史上的重要地位，"推明究极之，广大精微，殆无余蕴，学者始知夫孔孟之所以教，盖在此而不在乎他，学可以至于圣，治不可以不本于学，而道德性命初不外乎日用之实"⑤。

三是张栻与朱熹相互论辩、互有生发，共同推动了宋代学术的发展和儒家道统的重建。张栻与朱熹皆为二程四传弟子，二人是同时代著名理学家。张栻对朱熹以兄相称，其思想互有生发，互有影响。张栻对朱熹的影响可从朱熹《与曹晋叔书》可知，"熹此月（九月）八日抵长沙，今半月矣。……近读其《语》说，不觉胸中洒然，诚可叹服。"⑥朱熹在答张栻《诗送元晦尊兄》亦说：

① （宋）张栻：《新刊南轩先生文集》卷一二《敬斋记》，《张栻集》，杨世文点校，中华书局2015年版，第937页。

② （宋）张栻：《新刊南轩先生文集》卷一四《洙泗言仁序》，《张栻集》，杨世文点校，中华书局2015年版，第970页。

③ （宋）张栻：《新刊南轩先生文集》卷二六《答陈平甫》，《张栻集》，杨世文点校，中华书局2015年版，第1157页。

④ （宋）张栻：《新刊南轩先生文集》卷一四《论语说序》，《张栻集》，杨世文点校，中华书局2015年版，第969页。

⑤ （宋）张栻：《新刊南轩先生文集》卷一〇《道州重建濂溪周先生祠堂记》，《张栻集》，杨世文点校，中华书局2015年版，第907页。

⑥ （宋）朱熹：《晦庵先生朱文公文集》卷二四《与曹晋叔书》，朱杰人、严佐之、刘永翔主编：《朱子全书》第21册，上海古籍出版社、安徽教育出版社2002年版，第1089页。

"昔我抱冰炭,从君识乾坤。始知太极蕴,要渺难名论。"朱熹在《祭张敬夫殿撰文》中述及他与张栻之间的学术交流:"我昔求道,未获其友。蔽莫予开,吝莫予剖。盖自从公,而观于大业之规模,察彼群言之纷纠,于是相与切磋以究之,而又相厉以死守也。"①彼此为志同道合,通过辩学,促进了彼此学术的发展。正如宋人杜杲所说:"南轩先生张氏,文公(朱熹)所敬,二公相与发明,以续周、程之学,于是道学之升,如日之升,如江汉之沛。"②

可以说,在乾道年间,张栻已经形成周敦颐、二程、张载等北宋诸儒的道统思想。张栻十分推尊周敦颐、二程,强调周敦颐的道学开山地位、周敦颐为二程学术来源,从而对宋代道学脉络建构有推动作用,并将治统、学统、道统结合起来,从而将周敦颐加入二程为核心的传承谱系。周敦颐、二程作为孔孟道统的承传者,张栻与朱熹的看法是一致的,所不同的只是各学派又往往把本学派先师看作周、程道统的继承人,以示其正宗。如朱熹的弟子推崇朱熹,以朱熹为当世传人③,而彭龟年则将其业师张栻看作周、程道统的正传,以强化张栻的道统地位④。

(三) 传道之方:经典、书院、祠堂

张栻重视儒家经典及其义理阐释,并较早以书院为基地传道、立祠供祀,倡扬道统。

---

① (宋)朱熹:《晦庵先生朱文公文集》卷八七《祭张敬夫殿撰文》,朱杰人、严佐之、刘永翔主编:《朱子全书》第 24 册,上海古籍出版社、安徽教育出版社 2002 年版,第 4074 页。

② (宋)杜杲:《重修张南轩先生祠堂记》,(宋)张栻《南轩先生文集》卷七附,《丛书集成》初编本。

③ 如朱熹的门人黄榦说:"孔、孟之道,周、程、张子继之,周、程、张子之道,文公朱先生又继之。此道统之传,历万世而可考也。"[(宋)黄榦:《勉斋集》卷一九《徽州朱文公祠堂记》,文渊阁《四库全书》本。]

④ 如彭龟年诗云:"世无邹孟氏,圣道危于丝。……伟然周与程,振手而一麾。源流虽未远,淆浊亦已随。公如一阳复,寒烈已可知。斯文续以传,岁晚非公谁? 伤哉后来者,此世亡此师。"[(宋)彭龟年:《止堂集》卷一六,文渊阁《四库全书》本。]

1. 著书立说传道

由于"微言著于简编,理义存乎人心者,不可泯也。善学者求诸此而已。"①由于"求之之方,载于孔孟之书"②。为此,张栻十分重视对儒家经典及其义理的阐释。

诚然,朱熹的道统论以"四书"为中心,实际上,张栻对《易》、"四书"也很重视,儒家经典是其重要思想资源。张栻《希颜录》即是《论语》《易》《中庸》《孟子》中所载颜渊言行的辑录。《跋希颜录》述及《希颜录》的成书过程,"故今所录,本诸《论语》《易》《中庸》《孟子》所载,而参之以二程先生之论,以及于濂溪、横渠与夫二先生门人高弟之说,列为一卷"③。张栻考《易》与《大学》之义,作《艮斋铭》,认为"《易》与《大学》,其义一也"④。他尊崇《论语》,赞颂《孟子》,著有《论语说》《孟子说》《中庸解》等。

张栻在与朱熹的往复书信中对《中庸》《大学》均有讨论,"《中庸》《大学》中三义,复辱详示,今皆无疑"⑤。他对《大学》"格物"之说进行阐发,认为"格,至也;格物者,至极其理也。此正学者下工夫处"⑥。张栻更重视"格物"的环节,与其老师胡宏有所不同,他在《答直夫》中认为,大学之道,首要的是格物致知,"故大学之道,以格物致知为先"⑦。认为"格物"为"大学之始"⑧,

①　(宋)张栻:《新刊南轩先生文集》卷九《桂阳军学记》,《张栻集》,杨世文点校,中华书局2015年版,第888页。
②　(宋)张栻:《新刊南轩先生文集》卷九《袁州学记》,《张栻集》,杨世文点校,中华书局2015年版,第883页。
③　(宋)张栻:《新刊南轩先生文集》卷三三《跋希颜录》,《张栻集》,杨世文点校,中华书局2015年版,第1277页。
④　(宋)张栻:《新刊南轩先生文集》卷三六《艮斋铭》,《张栻集》,杨世文点校,中华书局2015年版,第1308页。
⑤　(宋)张栻:《新刊南轩先生文集》卷二三《答朱元晦》,《张栻集》,杨世文点校,中华书局2015年版,第1115页。
⑥　(宋)张栻:《新刊南轩先生文集》卷二六《答江文叔》,《张栻集》,杨世文点校,中华书局2015年版,第1161页。
⑦　(宋)张栻:《新刊南轩先生文集》卷二七《答直夫》,《张栻集》,杨世文点校,中华书局2015年版,第1177页。
⑧　(宋)张栻:《新刊南轩先生文集》卷二六《答江文叔》,《张栻集》,杨世文点校,中华书局2015年版,第1161页。

强调格物致知的重要,"至于物格知至,而仁义礼知(智)之彝得于其性,君臣、父子、兄弟、夫妇、朋友之伦皆以不乱,而修身、齐家、治国、平天下无不宜者"①。而且认为致知力行是互为生发的,"致知力行,互相发也。盖致知以达其行,而力行以精其知,工深力久,天理可得而明,气质可得而化也"②。

张栻著《论语说》,他在《论语说序》中认为:"学者,学乎孔子者也。《论语》之书,孔子之言行莫详焉,所当终身尽心者,宜莫先乎此也。圣人之道至矣,而其所以教人者大略则亦可睹焉。"③张栻《孟子说》七卷,乾道四年(1168)开始编,乾道九年(1173)完成。从《孟子说序》中可见《孟子说》的成书过程,最初是作为城南书院、岳麓书院讲说《论语》《孟子》的讲义,中经删改,直到乾道九年(1173)才缮写成书。④ 张栻主张从孔孟之书学习日用伦常,他说:"学者潜心孔孟,必得其门而入。"强调从孔孟之书中学习仁、义、礼、智四德,主张致知力行要体现在"日用之间,事之所遇,物之所触,思之所起,以至于读书考古,苟知所用力,则莫非吾格物之妙也。其为力行也,岂但见于孝悌忠信之所发,形于事而后为行乎?"⑤

张栻通过著书立说,传儒家圣人之道。一是强调义理解经。虽然张栻英年早逝,但著述宏富,如著《南轩易说》《论语说》《孟子说》《书说》《诗说》《中庸解》《太极图说解义》等,重视对儒家经典义理的阐发。而且由于他强调"为己之学"的求学目标和"切己体察"的求学方法,因此,张栻在解经时所阐发的义理就往往与自己的内在心性有关。张栻在岳麓书院、城南书院讲《孟子》,在《讲义发题》中特别强调以孔子的为己之学解说《孟子》。他说:

---

① (宋)张栻:《新刊南轩先生文集》卷九《邵州复旧学记》,《张栻集》,杨世文点校,中华书局 2015 年版,第 885 页。

② (宋)张栻:《新刊南轩先生文集》卷一五《送钟尉序》,《张栻集》,杨世文点校,中华书局 2015 年版,第 994—995 页。

③ (宋)张栻:《新刊南轩先生文集》卷一四《论语说序》,《张栻集》,杨世文点校,中华书局 2015 年版,第 969 页

④ 参见(宋)张栻:《南轩先生孟子说》卷一四《孟子说序》,《张栻集》,杨世文点校,中华书局 2015 年版,第 309 页。

⑤ (宋)张栻:《新刊南轩先生文集》卷二六《答陆子寿》,《张栻集》,杨世文点校,中华书局 2015 年版,第 1167 页。

　　　　为人者无适而非利,为己者无适而非义。日利,虽在己之事,皆为人也;日义,则施诸人者,亦莫非为己也。①

　　张栻主张先察识后涵养的道德修养方法,他在解《孟子》时,对先察识后涵养的道德修养方法进行了具体阐述。张栻强调已发工夫,主张察知本体已发后所表现的端绪,并在此基础上进行扩充存养。

　　二是开义利之辨。张栻认为"学莫先于义利之辨。义者,本心之当为,非有为而为也。有为而为,则皆人欲,非天理。"②张栻在《孟子讲义序》中说:"学者潜心孔、孟,必得其门而入,愚以为莫先于义利之辨。"③认为学者要入孔孟之门,必须首先明义利之辨。张栻主教岳麓书院,开公私义利之辨,"示学者以公私义利之辩"。朱熹《观文殿学士刘公行状》也载:

　　　　潭州故有岳麓书院,……公(刘珙)一新之,养士数十人,……而属其友广汉张侯栻敬夫时往游焉。与论《大学》次第,以开其学者于公私义利之间,闻者风动。④

　　张栻通过阐发《论语》《孟子》的有关命题,将义利之辨置于理欲、公私之辨中去考察。张栻对《论语·里仁》中"君子喻于义,小人喻于利"的解说,认为"君子心存乎天下之公理,小人则求以自便其私而已"⑤,将"义"解为"天下之公理","利"则为一己之"私",义与利成为君子与小人的分别。张栻在解说

---

　　①　(宋)张栻:《南轩先生孟子说》卷首《讲义发题》,《张栻集》,杨世文点校,中华书局2015年版,第311—312页。

　　②　(元)脱脱等:《宋史》卷四二九《张栻传》,中华书局1977年版,第12775页。

　　③　(宋)张栻:《新刊南轩先生文集》卷一四《孟子讲义序》,《张栻集》,杨世文点校,中华书局2015年版,第971页。

　　④　(宋)朱熹:《晦庵先生朱文公文集》九七《观文殿学士刘公行状》,朱杰人、严佐之、刘永翔主编:《朱子全书》第25册,上海古籍出版社、安徽教育出版社2002年版,第4492页。

　　⑤　(宋)张栻:《南轩先生论语解》卷二《里仁篇》,《张栻集》,杨世文点校,中华书局2015年版,第130页。

《孟子·尽心上》中也以天理之公与一己之私对义利进行区分,"夫善者,天理之公","至于利,则一己之私而已"①。强调为学应该从明辨义利入手,努力修养,以至"私欲尽而天理纯,舜之所以圣者,盖可得而几矣"②。他还用"无所为而然"和"有所为而然"③来进一步诠释义利之分。张栻还将"义利之辨"与为己、为人、为国联系起来解《孟子》,认为"义利之说大矣,岂特学者之所当务?为国家者而不明乎是,则足以召乱衅而启祸源"④。张栻特别重视理学与经世的结合,他指出:"义利之辩大矣。岂特学者治己之所当先,施之天下国家,一也。"⑤在讨论义理之学时,同时亦将其视为经世之学。张栻的义利观,上承二程,却又不乏自己的见解。朱熹高度肯定张栻用"无所为而然"来释"义",张栻的义利观也为南宋真德秀承袭。

2. 以书院为基地讲学授徒传道

在"乾淳之盛"时期的诸位理学家中,张栻最早利用书院作为研究、传播理学的基地。张栻主教岳麓书院前后八年,确立了传道济民的人才培养目标,"得时行道,事业满天下"⑥,"传斯道"与"济斯民"相辅相成。

张栻主教岳麓书院期间,书院祭祀先贤也是倡扬道统的重要途径。岳麓书院刚建时即辟有专祀孔子的礼殿,南宋初张栻主教书院时仍然如此。除延续岳麓书院的讲学、藏书和供祀外,张栻还开展学术交流与研究,使教学与学术相得益彰。

① (宋)张栻:《南轩先生孟子说》卷七《尽心上》,《张栻集》,杨世文点校,中华书局2015年版,第603页。

② (宋)张栻:《南轩先生孟子说》卷七《尽心上》,《张栻集》,杨世文点校,中华书局2015年版,第604页。

③ (宋)张栻:《新刊南轩先生文集》卷一四《孟子讲义序》,《张栻集》,杨世文点校,中华书局2015年版,第971页。

④ (宋)张栻:《新刊南轩先生文集》卷一四〔附录〕《孟子讲义序》,《张栻集》,杨世文点校,中华书局2015年版,第974页。

⑤ (宋)张栻:《南轩先生孟子说》卷首《讲义发题》,《张栻集》,杨世文点校,中华书局2015年版,第312页。

⑥ (宋)张栻:《新刊南轩先生文集》卷一〇《潭州重修岳麓书院记》,《张栻集》,杨世文点校,中华书局2015年版,第901页。

张栻以书院为基地,培养了一批经世致用之才,如吴猎、彭龟年、游九言、游九功、陈琦、张忠恕等。朱熹说:"岳麓学者渐多,其间亦有气质醇粹、志趣确实者。"①黄宗羲评价说:"湖南一派,在当时为最盛。"②岳麓书院在促进南宋学术、教育发展、儒家道统传承方面作出了重大贡献。

3. 立祠供祀濂溪、二程,倡扬儒家道统

张栻作为湘学学统、儒家道统的建构者,他为周敦颐建祠作记,无疑表明了他的学统观念和道统意识。由于湖湘学者对周敦颐的大力推崇,从南宋绍兴二十九年(1159)在周敦颐故里道州建濂溪祠开始,以后又在他宦游的地方建有多处濂溪祠。张栻是湖湘地区创建濂溪祠以承传学统、道统的重要人物。从《南轩先生文集》中可见,张栻为祭祀周、二程三先生建祠作记不少,如淳熙二年(1175)张栻在静江府学明伦堂旁建"三先生祠"并作记,祭祀周敦颐、程颢、程颐三位理学宗师,同年作《韶州濂溪先生祠堂记》;淳熙五年(1178)张栻知袁州,又建三先生祠,请朱熹作记;同年道州重建濂溪周先生祠成,张栻为之作记;淳熙六年(1179)朱熹守南康时创建濂溪祠,请张栻作记。

不难看出,当时推崇周、二程三先生,为之建专祠或合祀三先生的祠堂已是普遍现象,其目的张栻说得很清楚,是使学者可以朝夕瞻仰、传承学术传统。如乾道九年(1173),南剑州尤溪县学"传心之阁"(朱熹命名),"命工人绘濂溪周先生、河南二程先生之像置于其中,使学者得共朝夕瞻仰焉"。张栻为之撰写铭文,强调宋代道学由周子发其端,二程阐扬光大,并说:"揭名传心,诏尔后人。咨尔后人,来拜于前。起敬起慕,永思其传。"③道出了建祠供祀三先生的目的,延续学统、承传道统。淳熙二年(1175),张栻在静江学宫明伦堂之旁立三先生祠,"濂溪周先生在东序,明道程先生、伊川程先生在西序。绘像

① (宋)朱熹:《晦庵先生朱文公文集》卷二四《与曹晋叔书》,朱杰人、严佐之、刘永翔主编:《朱子全书》第21册,上海古籍出版社、安徽教育出版社2002年版,第1089页。

② (清)黄宗羲原著,全祖望补修:《宋元学案》卷五〇《南轩学案》,中华书局1986年版,第2册第1611页。

③ (宋)张栻:《新刊南轩先生文集》卷三六《南剑州尤溪县学传心阁铭》,《张栻集》,杨世文点校,中华书局2015年版,第1315页。

既严。"同样道出立祠供祀的目的,通过瞻仰先贤,油然而生敬慕,读其书,悟其道,致知力行,如此可入列孔孟之门墙,道统之传将代不乏人。① 道州重建濂溪周先生祠堂,合祀二程先生像,"併二程先生之像列于其中,规模周密,称其尊事之实"②。张栻淳熙六年(1179)为之作记,强调了周敦颐的奠基作用。可见,这些在其出生地、宦游地、讲学地以及在地方州学、府学、县学及纪念地或在各地书院建立的专门祭祀理学家的祠堂,实际上也成为传播理学、承传道统的重要场所。

综上,从儒家道统发展史上审视张栻的道统思想及其贡献,有助于更全面理解南宋时期理学家群体重构儒家道统的努力,在肯定朱熹建构道统思想体系的贡献时,也看到同时代其他理学家的努力。张栻对儒家道统仁义之道的阐释,他与朱熹等人之间的学术交流及往复书论对彼此学术的影响,推动了南宋学术的发展和宋代道学脉络的建立,也促成了宋代理学史上的"乾淳之盛"。张栻为代表的"湖湘学"和以朱熹为代表的"闽学"、以吕祖谦为代表的"婺学"三足而立,对当时及后世产生了重要影响。

仁说是张栻道统思想的核心。张栻传儒家圣人之道,"仁"为人性四德之长,强调知仁义礼智以明人伦、知仁而求仁,不仅强调"致其知",而且强调"力其行"③。张栻沟通了仁与性之间的关系,以心性言仁、以心统性情。张栻论及道学之传,不仅强调二程在传孔孟之道中的中心地位,而且推尊周敦颐开宋代道学之传,强调周敦颐推本太极,为二程的思想来源。张栻著书立说传道,以儒家经典为载体,以书院为基地讲学授徒传道,立祠供祀周敦颐、二程三先生,倡扬儒家道统,重视义理解经,开义利之辨,强调传道济民、经世致用,对儒家道统传承与发展作出了重要贡献。

---

① 参见(宋)张栻:《新刊南轩先生文集》卷一〇《三先生祠记》,《张栻集》,杨世文点校,中华书局2015年版,第917—918页。

② (宋)张栻:《新刊南轩先生文集》卷一〇《道州重建濂溪周先生祠堂记》,《张栻集》,杨世文点校,中华书局2015年版,第907页。

③ (宋)张栻:《新刊南轩先生文集》卷九《袁州学记》,《张栻集》,杨世文点校,中华书局2015年版,第883页。

四、张栻题跋范仲淹书帖述考

在宋代，范仲淹的文集、奏议、尺牍是分别刊行的，没有合刊过。据方健先生考证，认为"宋代刊刻过的范仲淹文集、奏议、尺牍版本之多，远出乎我们今天的想象"①。元代范仲淹八世孙范文英《重刊范文正公集跋》云："《文正公集》在昔板行于世者何啻数十本，岁久皆不存矣。"目前所存宋刻范集本仅存于中国国家图书馆，已收入《古逸丛书三编》之中。

南宋时，许多文人学士、民间收藏家非常重视范仲淹手稿和刻本的收藏。张栻就曾见过范仲淹手稿和尺牍刻本，不仅题记于后，而且对范仲淹道德人品、思想学术给予了很高评价。这里就张栻《南轩先生文集》所见几则有关范仲淹尺牍题跋进行考述。

（一）张栻《跋范文正公帖》

张栻《跋范文正公帖》共有三则，第一则云：

> 先公旧藏文正范公与朱校理手帖墨刻一卷，某以示汶上刘君子驹，一见咨叹，不忍去手，即摹本寘之箧笥，且属某志其后。②

张栻以此墨刻示其友刘子驹。刘子驹爱不释手，摹写副本，加以珍藏，并请张栻"志其后"。张栻认为"文正范公德业之盛，借使字画不工，犹当宝藏，况清劲有法度如此哉！至于温然仁义之言，使人诵叹之不足也。"③该题跋作于淳

---

① 方健：《范仲淹全集前言》，《范仲淹全集》卷首，李勇先、王蓉贵校点，四川大学出版社2002年版，第27页。

② （宋）张栻：《跋范文正公帖》，《张栻集》，杨世文点校，中华书局2015年版，第1292—1293页。

③ （宋）张栻：《跋范文正公帖》，《张栻集》，杨世文点校，中华书局2015年版，第1293页。

熙元年(1174)六月既望。

《朱校理》帖见《范文正公尺牍》卷下,《范文正公尺牍》卷上还有《朱氏帖》。张浚所藏范仲淹手帖墨刻虽明确说明为《朱校理》帖,而非《朱氏帖》,朱校理当是《朱氏帖》中的朱氏三侄、朱氏三哥、三哥、秀才三哥、三郎秀才、三哥秀才、朱侄秀才、直讲三哥、颍倅,为其继父朱文翰之孙,即张栻所云"今所与书者,即其朱姓时从子行也"。《朱校理》帖是范仲淹写给朱氏三侄的书信。又据张栻跋云:"先公旧藏文正范公与朱校理手帖墨刻一卷"①可知,张栻父张浚所藏文正公朱校理手帖已为刻本,张栻作跋于淳熙元年六月十六日既望,可知早在淳熙元年以前就已有范仲淹尺牍刻本传世,但这个刻本在各种目录书中皆没有著录过。

《新刊南轩先生文集》卷三四还载有另一则《跋文正公帖》,云:"右文正范公帖,某得之文定胡公之家,以刻桂林郡斋。"②《吴都文粹》卷五五、《范文正公尺牍》卷下附《跋范文正公帖》题"淳熙三年元日,广汉张栻书",可知,此跋与跋刘子驹摹本《朱校理》不是同一帖。至于该帖是否为范仲淹写给朱氏信札从张栻跋语中无从断定。张栻云:

> 某闻君子言有教,动有法,某于文正公见之矣。观此,虽一时书帖之间,亦足以扶世教、垂后法,非德盛者其能然乎?故敬志之以诏来世。淳熙三年元日,广汉张栻书。③

可知张栻将此帖刻于桂林郡斋,时间在淳熙三年(1176)元日,这也是范仲淹《尺牍》较早的刻本。据《滂喜斋藏书记》卷三云:范仲淹《尺牍》三卷"是桂林一刻,吴中再刻,文英重刻,凡三刻矣"。可知,桂林郡斋刻本也是范仲淹《尺

---

① (宋)张栻:《跋范文正公帖》,《张栻集》,杨世文点校,中华书局2015年版,第1292—1293页。
② (宋)张栻:《跋范文正公帖》,《张栻集》,杨世文点校,中华书局2015年版,第1294页。
③ (宋)张栻:《跋范文正公帖》,《张栻集》,杨世文点校,中华书局2015年版,第1294页。

牍》中较早的刻本。

范仲淹两岁丧父，随其母育于长山朱氏家。既第，始归姓范氏。张栻跋云："某窃惟文正公平生事业光明伟特如此，及观此帖，味其辞意，而有以知公处事之周密，玩其书画，而有以见公日用之谨严，此岂非其事业渊源所自耶？"张栻还说：

> 公虽以义还本宗，而待朱氏备极恩意，既贵则用南郊恩赠朱氏父，以及其诸子之丧，皆为之收葬，岁时奉祀，则别为飨。朱氏以公荫为官者三人，此载在遗事，世所知也。详观是帖，其亲爱惇笃之意发于自然，盖与待其本族何异！其于天理人情可谓得其厚矣。只此一事，表而出之，闻其风者盖可使鄙夫宽、薄夫敦也，诚盛德哉！①

从中可以看出，张栻对范仲淹为人处世给予了很高评价。②

范仲淹对亲人的关心，不仅包括范家，还包括养父朱家，收入四川大学出版社出版的《范仲淹全集》中的家书有 15 帖是范仲淹写给朱氏的。对于朱氏一家的长育之恩，范仲淹常思厚报，"及贵，用南郊所加恩，乞赠朱氏父太常博士。暨朱氏诸兄弟，皆公为葬之，岁别为飨祭，朱氏子弟以公荫得补官者三人。"③范仲淹虽任官在外，但将朱家事皆视为自家事，愿与朱家人"相见""聚会"。④

---

① （宋）张栻：《跋范文正公帖》，《张栻集》，杨世文点校，中华书局 2015 年版，第 1293 页。

② 张栻在其《新刊南轩先生文集》中还多次提到范仲淹，如卷八《答柳严州启》云："前瞻文正之风流，尚想子陵之节概"，卷一三《游东山记》云："文正之心，公得之矣。"（《张栻集》，杨世文点校，中华书局 2015 年版，第 872、962 页）。《五百家播芳大全文粹》卷八四张栻《谒三公堂祝文》云："惟三公（按：即田况、范仲淹、赵抃）之遗风流泽在焉，高山仰止，拳拳此心，敢不自勉，庶几万一。"《黄氏日钞》卷三九张栻《本朝人物》云："范文正公本朝第一等人。"

③ 《范文正公言行拾遗事录》卷一，王云五主编，时兆文、黄姬水等校正：《宋范文正公（仲淹）年谱附补遗及言行拾遗》，台湾商务印书馆 1978 年版，第 272 页。

④ （宋）范仲淹：《范文正公尺牍》卷上《家书·朱氏》，《范仲淹全集》，李勇先、王蓉贵校点，四川大学出版社 2002 年版，第 660 页。

（二）张栻《题文正公条画沿边弓箭手稿后》

张栻《南轩先生文集》卷三四有《题文正公条画沿边弓箭手稿后》一篇，云：

> 右文正公条画约束沿边弓箭手事，盖公在并州佐庞颖公时所具稿也。①

北宋弓箭手是宋朝乡兵体系下的民兵组织。弓箭手的出现与宋夏战争关系密切，部署于陕西、河东等路沿边一带，其主要职责是或耕或战，目的在于有效防御西夏人的入侵，在戍守巡边、省费备军、战斗御敌、修筑工事等方面发挥了十分重要的作用。张栻《题条画沿边弓箭手稿后》云："其察微虑远、固本防患之意具备。观诸此，非独可以窥公制事之权度，抑可得为国御边之良法矣。"②评价甚高。

关于《文正公条画沿边弓箭手稿》，四川大学出版社出版的点校本《范仲淹全集》和南京凤凰出版社出版的点校本《范仲淹全集》皆作为范仲淹遗文收录其中。但实际上，张栻《南轩先生文集》所题《文正公条画沿边弓箭手稿》为司马光所写，而非范仲淹手稿。分析两部《范仲淹全集》误收的原因，主要有以下三个方面：

一是宋代有两位文正公，一是范仲淹，二是司马光，他们去世后皆谥文正，因此很容易混淆。

二是范仲淹和司马光文集中有许多论述弓箭手的文章。在《范文正公文集》中，有多篇文章论述到弓箭手的重要作用。如范仲淹《奏陕西河北和守攻

---

① （宋）张栻：《题文正公条画沿边弓箭手稿后》，《张栻集》，杨世文点校，中华书局 2015 年版，第 1284 页。

② （宋）张栻：《题文正公条画沿边弓箭手稿后》，《张栻集》，杨世文点校，中华书局 2015 年版，第 1284 页。

备四策》之《陕西守策》云："缘边无税之地，所招弓箭手，必使聚居险要，每一两指挥共修一堡，以完其家，与城寨相应。彼戎小至，则使属户蕃兵暨弓箭手与诸寨土兵共力御捍。"《陕西攻策》云："故四戎以山界蕃部为强兵，汉家以山界属户及弓箭手为善战。以此观之，各以边人为强，理固明矣。"①范仲淹《奏陕西河北画一利害事》之《陕西八事》云："缘边弓箭手逐一两指挥，各筑堡子居住。"②《奏为陕西四路入中粮草及支移二税》云："将蕃部弓箭手相兼使用，不更占冗兵。"③《奏论陕西兵马利害》亦云："于弓箭手民兵肯战守之时，事须赏劝，所用金帛，诚须大备。"④庆历二年（1042），范仲淹巡边至环州（治今甘肃环县），过马岭镇，复上疏再议攻守策。二月，庞籍上疏支持用范仲淹之策。据《范文正公文集》可知，庆历二年（1042）二月，范仲淹还上呈《差弓箭手防边利害奏》，云："相度所差弓手，并是人户三丁内破一丁充役，若是拨于极边州军屯戍，缘边上食物踊贵，亦少营舍，官中请受至薄，难裹缠，必于本家骨肉处频有呼索，动是数百里。本家更破一名往来供送，即是一户三丁之内，二丁防边，徒使破坏家产。伏乞朝廷更请相度。"⑤而《司马公文集》中也有许多关于弓箭手的论述。如司马光在治平二年（1065）正月十日上《陈述古札子》中提到："唯弓箭手及熟户蕃部，皆生长边陲，习山川道路，知西人情伪，材气勇悍，不惧战斗。从来国家赖之，以为藩蔽。"⑥司马光又在元丰八年（1085）四月《乞罢保甲状》和元丰八年七月《乞罢保甲札子》中多次提到"弓箭手法"，认为"宜悉罢保甲使归农，召提举官还朝，量逐县户口，每五十户置弓手一人，略

① （宋）范仲淹：《范文正公政府奏议》卷下《奏陕西河北和守攻备四策》，《范仲淹全集》，李勇先、王蓉贵校点，四川大学出版社2002年版，第591页。

② （宋）范仲淹：《范文正公政府奏议》卷下《奏陕西河北画一利害事》，《范仲淹全集》，李勇先、王蓉贵校点，四川大学出版社2002年版，第596页。

③ （宋）范仲淹：《范文正公政府奏议》卷下《奏为陕西四路入中粮草及支移二税》，《范仲淹全集》，李勇先、王蓉贵校点，四川大学出版社2002年版，第599页。

④ （宋）范仲淹：《范文正公政府奏议》卷下《奏论陕西兵马利害》，《范仲淹全集》，李勇先、王蓉贵校点，四川大学出版社2002年版，第600页。

⑤ （宋）范仲淹：《范文正公年谱补遗》，《范仲淹全集》，李勇先、王蓉贵校点，四川大学出版社2002年版，第924页。

⑥ （宋）司马光：《温国文正司马公文集》卷三二《陈述古札子》，《四部丛刊》本。

依沿边弓箭手法，许荫本户田二顷，悉免其税役"①，"乞令逐县户马数每五十户置弓手一人，略依缘边弓箭手法，许荫本户田二顷，与免二税，或税轻者，与免若干石斗税，及户下诸般科役，本户田不足，听荫亲戚田，务在优假，使人劝募。然后招募本县乡村户有勇力武艺者投充弓手，计即今保甲中有勇力武艺者，必多愿应募。"②因此，很容易将张栻所题《文正公条画沿边弓箭手稿》视为范仲淹的手稿。

三是范仲淹和司马光皆与庞籍相处共事。先就范仲淹与庞籍交往共事来看，北宋宝元元年（1038），西北党项族首领元昊建立西夏政权，公开反宋，连破北宋边城，百姓背井离乡，宋西北边防形势十分紧张，庞籍被任命为陕西都转运使，与范仲淹、韩琦共同掌握北宋西北军政大权，以防西夏入侵。庞籍一到边地立即整顿军纪，安抚百姓，稳定秩序，确保西北边境安宁。康定元年（1040）三月，范仲淹知永兴军，八月，兼知延州。庆历元年（1041）十月，始分陕西为秦凤、泾原、环庆、鄜延四路，范仲淹任环庆帅臣，庞籍进龙图阁直学士、知延州，随即兼鄜延都总管、经略安抚缘边招讨使。庆历二年（1042）四月，范仲淹除鄜州管内观察使，辞不受。庞籍改延州观察使，亦力辞。十月，朝廷以范仲淹为枢密直学士、右谏议大夫、鄜延路都部署、经略安抚招讨使。十一月，诏复置陕西四路都部署，以韩琦、范仲淹、庞籍三人分领之，并带诸路招讨使，同任陕西四路统帅，其余都部署、副部署所带经略使、招讨使皆罢，诸路招讨使并罢。庆历三年（1043）四月，范仲淹擢枢密副使，六月，除参知政事。庆历五年（1045），庞籍被任枢密副使。可见，范仲淹与庞籍主要交往时间在康定元年（1040）三月至庆历三年（1043）四月之间。再就司马光与庞籍交往共事来看，至和二年（1055）六月，司马光37岁，此时"观文殿大学士、户部侍郎、知郓州庞籍为昭德节度使、知永兴军，寻改知并州"③。《宋史·庞籍传》亦云：庞

---

① （宋）司马光：《温国文正司马公文集》卷四六《乞罢保甲状》，《四部丛刊》本。
② （宋）司马光：《温国文正司马公文集》卷四八《乞罢保甲札子》，《四部丛刊》本。
③ （宋）李焘：《续资治通鉴长编》卷一八〇，中华书局1995年版，第4354页。

籍"加观文殿大学士。拜昭德军节度使、知永兴军,改并州"①。根据苏轼《司马温公行状》,"庞籍为郓州,徙并州,皆辟公通判州事"②。嘉祐元年(1056)丙申,司马光通判并州。嘉祐二年(1057),知并州庞籍因麟州将郭恩在与夏人交战中牺牲而罢节度使、知青州,司马光连续三次上书引咎自责,改太常博士、祠部员外郎、直秘阁、判吏部南曹。可见,司马光与庞籍在至和二年至嘉祐二年间相处共事。不过,从张栻"盖公在并州佐庞颖公时所具稿也"可知,范仲淹与庞籍都是四路统帅,不存在辅佐关系,也未曾同在并州任官。而司马光与庞籍却一起在并州共事,庞籍任知州,司马光先是任判官,后改知通判,与庞籍是上下级关系,与张栻"盖公在并州佐庞颖公时所具稿也"相符。通过以上分析可知,张栻《南轩先生文集》卷三四所题《文正公条画沿边弓箭手稿》为司马光所撰,而非范仲淹所写。

对于范仲淹人品事业,《四库全书总目提要》评价说:"仲淹人品事业卓绝一时,本不借文章以传,而贯通经术,明达政体,凡所论著,一一皆有本之言,固非虚饰词藻者所能,亦非高谈心性者所及。"③实际上早在南宋,著名理学家、教育家张栻在他的几则范仲淹书帖题跋中就已对范仲淹的御边方略和为人处世作了极高评价。范仲淹一生以天下为己任,其"先忧后乐"的精神、"不以物喜,不以己悲"的人生境界一直为后世所景仰。

五、宋代南轩之学在蜀地的传播

作为蜀人的张栻,徙居湖南以后,在碧泉书院接受洛学教育。之后,创办城南书院,主教岳麓书院,"溶家学与胡宏之湖湘学于一炉,从而形成了自己

---

① （元）脱脱等:《宋史》卷三一一《庞籍传》,中华书局1977年版,第10201页。

② 《苏轼文集》卷一四四《司马温公行状》,曾枣庄、舒大刚主编:《三苏全书》第15册,语文出版社2001年版,第303页。

③ （清）纪昀等:《四库全书总目》卷一五二《文正集提要》,文渊阁《四库全书》本。

的思想体系"①。张栻主教岳麓书院后,吸引了众多求道问学的士子,培养了一批经世致用之才。乾道三年(1167),朱熹到岳麓书院会讲时感慨道:"岳麓学者渐多。其间亦有气质醇粹、志趣确实者。"②岳麓书院的影响日益扩大,以至于在张栻主教的南宋乾道年间,岳麓书院出现了"道林三百众,书院一千徒"的盛况。张栻以书院为基地传播理学,在同朱熹的辩学中发展了理学。张栻主教岳麓书院期间,除延续岳麓书院的讲学、藏书和供祀外,还开展学术研究。岳麓书院从此成为一所传习理学、教学方法多样、教学与学术研究相结合的全国四大书院之一,对促进南宋学术、教育的发展作出了重大贡献。正如侯外庐等主编的《宋明理学史》认为,宋孝宗乾道元年(1165),张栻"受湖南安抚使刘珙之聘,主岳麓书院教事,从学者众,遂奠定了湖湘学派的规模"③。

目前有关蜀学与湘学交流互鉴研究相对薄弱,在此通过张栻门人、私淑探讨宋代南轩之学在蜀地的传播。

(一) 南轩之学通过南轩门人、私淑在蜀地传播

《宋元学案》卷七二《二江诸儒学案》开篇有全祖望案语,全祖望说:"宣公居长沙之二水,而蜀中反疏。然自宇文挺臣、范文叔、陈平甫传之入蜀,二江之讲舍不下长沙。黄兼山、杨浩斋、程沧洲砥柱岷、峨,蜀学之盛,终出于宣公之绪。"④从全祖望的案语中可以看出,南轩之学是通过其门人宇文绍节、范仲黼、陈概等传之入蜀的。

1. 蜀中南轩门人

朱熹曾说:"潭州故有岳麓书院,……公(刘珙)一新之,养士数十人",属张栻"时往游焉,与论《大学》次第,以开其学者于公私义利之间,闻者风

---

①　陈谷嘉:《张栻与湖湘学派研究》,湖南教育出版社1991年版,第7页。

②　(宋)朱熹:《晦庵集》卷二四《与曹晋叔》,文渊阁《四库全书》本。

③　侯外庐、邱汉生、张岂之主编:《宋明理学史》上卷,人民出版社1984年版,第319页。

④　(清)黄宗羲原著,(清)全祖望补修:《宋元学案》卷七二《二江诸儒学案》,中华书局1986年版,第3册第2407页。

动。"①从此,张栻来往于城南、岳麓二书院讲学授徒,传道授业,培养了许多人才。黄宗羲评价说:"湖南一派,在当时为最盛。"②

在《宋元学案》之《二江诸儒学案》中,宇文绍节、陈概、杨知章、李修己、张仕佺、范仲黼、范子长、范子该、范荪、宋德之为"南轩门人"。除李修己、张仕佺二人外,均为蜀人。

宇文绍节,南轩门人,字挺臣,成都广都人,为宇文虚中族孙。嘉定六年卒,赠少师,谥忠惠。《宋史》卷三九八《宇文绍节传》记载:"祖虚中,签书枢密院事。父师瑗,显谟阁待制。父子皆以使北死,无子,孝宗愍之,命其族子绍节为之后,补官仕州县。九年,第进士。累迁宝谟阁待制、知庐州。""召还,为兵部侍郎兼中书舍人兼直学士院,以宝文阁待制知镇江府。"权兵部尚书,升宝文阁学士,试吏部尚书,寻除端明殿学士、签书枢密院事。史书评论宇文绍节说:"朝廷于蜀事多所咨访,绍节审而后言,皆周悉事情。"③眉山人程公说、程公硕、程公许兄弟为"宇文门人"。谢山《程氏春秋分记序》说:"南轩先生讲学湘中,蜀人多从之,而范文叔、宇文正甫最著。眉人程克斋(程公说)兄弟并游于宇文之门,而克斋之学最醇。"著有《春秋分记》九十卷、《左氏始终》三十六卷、《通例》二十卷、《比事》十卷,又纂辑诸儒说为《春秋精义》,未完而卒。

陈概,字平甫,普城人,乾道进士。"以书问学"张栻,与兄陈栗有志于圣贤之道。"其时蜀士除宇文枢密外,尚未有从南轩游者,平甫请益最先。自是范文叔、范季才始负笈从之,则皆平甫倡导之功也,而《宋史》竟以平甫为南轩门人,或者请益既久,遂执弟子之礼乎?"④作《洁白堂记》。

---

① (宋)朱熹:《晦庵集》卷九七《观文殿学士刘公行状》,文渊阁《四库全书》本。
② (清)黄宗羲原著,(清)全祖望补修:《宋元学案》卷五〇《南轩学案》,中华书局1986年版,第2册第1611页。
③ (元)脱脱等:《宋史》卷三九八《宇文绍节传》,中华书局1977年版,第12116—12117页。
④ (清)黄宗羲原著,(清)全祖望补修:《宋元学案》卷七二《二江诸儒学案》,中华书局1986年版,第3册第2409页。

淳熙、嘉定而后,蜀士宵续灯、雨聚笠以从事于南轩之书,湖湘间反不如也,然则平甫之功大矣。平甫尝言于南轩,欲自汉、唐以来诸儒之嘉言懿行萃为一编,以明道统,又欲访周、程、张子之后人而周卹之,惜其著述之无所传也。①

可见淳熙、嘉定之后,蜀中士人传南轩之学不绝与陈概的努力有关。同乡黄裳(字文叔)为"平甫讲友","尝与其乡人陈平甫兄弟讲学。平甫,南轩高弟也,师友渊源盖有自来云。"《宋元学案》评论说:"所为文,明白条达,有《王府讲义》及《兼山集》。论天人之理,性命之源,皆足以发明伊洛之旨。"②

杨知章,潼川人,号云山老人,南轩门人。"累举不仕,而得张宣公之学于广汉。归而喜以授其子,曰:'欲造圣门,当从此入。造深养熟,内外合一,治己治人之道,备于此矣。'"③

此外,南轩门人李修己、张仕佺虽然非蜀人,也会文切磋学术于成都二江之上,传播南轩之学。李修己,字思永,丰城人,乾道进士。"已而得见朱子,学益进。先生故与彭止堂为同年相善,因介绍之,从南轩游。"通判成都府。"二江范月舟(范仲黼)者,南轩高弟也,方聚同志讲学,先生与上下其议论。时蜀中后进盛从事于南轩之教,而先生与延平张仕佺子真参焉。"有《李成州集》十卷。④ 张仕佺,字子真,延平人,南轩高弟。云濠说:"通判融州,从张敬夫,宦学有闻,验其操执器能,信其有似公者。"据此,则先生之学问渊源可考。⑤

----

① (清)黄宗羲原著,(清)全祖望补修:《宋元学案》卷七二《二江诸儒学案》,中华书局1986年版,第3册第2409页。
② (清)黄宗羲原著,(清)全祖望补修:《宋元学案》卷七二《二江诸儒学案》,中华书局1986年版,第3册第2418页。
③ (清)黄宗羲原著,(清)全祖望补修:《宋元学案》卷七二《二江诸儒学案》,中华书局1986年版,第3册第2409页。
④ 参见(清)黄宗羲原著,(清)全祖望补修:《宋元学案》卷七二《二江诸儒学案》,中华书局1986年版,第3册第2409—2410页。
⑤ 参见(清)黄宗羲原著,(清)全祖望补修:《宋元学案》卷七二《二江诸儒学案》,中华书局1986年版,第3册第2410页。

2."二江九先生"

根据《宋元学案》：

> 其时二江有九先生之目,谓范荪、范子长、范子该与先生(范仲黼)皆
> 成都人,薛绂、邓谏从皆汉嘉人,虞刚简、程遇孙仁寿人,宋德之唐安人。
> 或亦有未及事南轩者,皆从先生私淑得之,而南昌李修己、延平张仕佺亦
> 同讲习其间。①

即是说在成都沧江书院"相与切磋于义理之会"的学者中,范仲黼、范子长、范
子该、范荪(成都人)、虞刚简、程遇孙(仁寿人)、薛绂、邓谏从(汉嘉今雅安
人)和宋德之(唐安今郫县人)等九人被称为"二江九先生"。而在"二江九先
生"中,《宋元学案》列范仲黼、范子长、范子该、范荪、宋德之为"南轩门人",虞
刚简、程遇孙、薛绂、邓谏从为"南轩私淑"。此外,资中人张方(字义立),"二
江范氏、沧江虞氏讲明南轩之学,先生与焉"②。入列"南轩私淑"。学者称为
"亨泉先生",有《亨泉稿》一百卷。③

范仲黼,字文叔,成都人。仕至通直郎,为国子博士。"仲黼今以通直郎
为国子博士,兼皇侄许国公府教授"。民国《华阳县志》卷十九述及范仲黼母
亲时,言及"范氏文献之家,子弟皆有典则,母礼法自持,燕私不形"。其父范
灌去世后,范母"教督二子,相继践科目。而仲黼尤厉于学,杜门十年,不汲汲
进取。及东游吴楚,张栻、吕祖谦一见叹赏,具以其学授之,故仲黼立朝,益忠
悃有声。"④范仲黼的成才与其母亲的教育有关,《朱子大全集·安人王氏墓

---

① （清）黄宗羲原著,（清）全祖望补修:《宋元学案》卷七二《二江诸儒学案》,中华书局
1986 年版,第 3 册第 2410—2411 页。

② （清）黄宗羲原著,（清）全祖望补修:《宋元学案》卷七二《二江诸儒学案》,中华书局
1986 年版,第 3 册第 2416 页。

③ 参见（清）黄宗羲原著,（清）全祖望补修:《宋元学案》卷七二《二江诸儒学案》,中华书
局 1986 年版,第 3 册第 2417 页。

④ 陈法驾、叶大锵修,林思进、曾鉴纂:（民国）《华阳县志》卷一九《人物第七之一三》,1934
年刻本。

表》说："仲黼闭门几十年，不汲汲于进取，蜀人高其行。东游吴楚，张敬夫、吕伯恭一见皆叹赏，具以其学告之。今在朝列，尊守所闻，不狥世习，而忠君爱国，恳款无已，识者皆倚重焉，此又夫人之教有以成之也。"《宋元学案》记载："初南轩虽蜀产，而居湖湘，其学未甚通于蜀。"范仲黼"始从南轩学，杜门十年，不汲汲于进取。鹤山谓其'剖析精微，罗络隐遁，直接五峰之传。'晦翁、东莱皆推敬之。"①后以著作郎知彭州，学者称为"月舟先生"。民国《华阳县志》卷十记载："初，张宣公栻虽为蜀人，而讲学多在湖湘间，蜀人未闻其绪。仲黼始亲从栻游，杜门十年，不汲汲进取。其后还蜀知邛州，而从子子长、子该亦常受业栻门，归成都讲学，同时陵阳虞刚简、程遇孙、李心传、道传兄弟，资中赵昱、唐安宋德之、汉嘉邓谏从、延平张士佺、豫章李修己并来会，相为师友。"②这里不仅表明范仲黼及其从子范子长、范子该（字少约）皆受业张栻门下，而且范仲黼与虞刚简、程遇孙、李心传、道传兄弟、赵昱、宋德之、邓谏从、张士佺、李修己有交流，相为师友。范仲黼晚年"讲学二江之上，南轩之教遂大行于蜀中"③。也正是范仲黼在成都沧江书院讲学，虞刚简得以从范仲黼处"尽闻"南轩之学，"因是得和齐斟酌，尽闻胡文定公父子以至南轩所讨论于岳麓者，而致精焉"④。而郫人苏在镕、江源人张钧（字子和）为"月舟门人"。苏在镕"受学范文叔之门，淹贯诸书。""退居七年，益讲学。临终，以《五峰遗书》授其子曰：'此吾从范先生得之，手自雠校，汝可细观，当自得之。'"张钧"受业范文叔之门"。⑤

　　范子长，字少才，成都人，与其弟范子该"同游南轩之门"。范子长"以进

---

① （清）黄宗羲原著，（清）全祖望补修：《宋元学案》卷七二《二江诸儒学案》，中华书局1986年版，第3册第2410页。

② 陈法驾、叶大锵修，林思进、曾鉴纂：（民国）《华阳县志》卷一〇《人物第七之四》，1934年刻本。

③ （清）黄宗羲原著，（清）全祖望补修：《宋元学案》卷七二《二江诸儒学案》，中华书局1986年版，第3册第2410页。

④ （清）黄宗羲原著，（清）全祖望补修：《宋元学案》卷七二《二江诸儒学案》，中华书局1986年版，第3册第2413页。

⑤ （清）黄宗羲原著，（清）全祖望补修：《宋元学案》卷七二《二江诸儒学案》，中华书局1986年版，第3册第2422—2423页。

士官太学",后"以吏部郎知泸州"。感叹"蜀中之为南轩高弟者,皆泯然无传。"①民国《华阳县志》记载,范子长,"仲黼从子也。亲及张栻之门,以进士官太学。"②因与魏了翁皆上疏,极陈韩侂胄之恶,结果韩侂胄大怒,于是范子长、魏了翁相继罢官。范子长著有《格斋集》四十卷、《皇朝郡县志》一百卷,见焦竑《国史经籍志》。其弟范子该,字少约,与兄并同学南轩。

范荪,字季才,范子长从子,成都人。"乾、淳以后,南轩之学盛于蜀中,范文叔(范仲黼)为之魁,而范少才、少约与先生(范荪)并称嫡传,时人谓之'四范'。仁寿虞提刑刚简,尝请先生(范荪)讲学沧江书院。"③

> 魏了翁来会,了翁初为考索记问之学,荪告以敛华就实,故了翁称之曰:"学本诚一,论不镵镵。自浩气养心以味道腴,不茹柔吐刚而求声利。敢不勉希前辈,益励后图。或可代诸老先生之对,庶不贻吾党小子之羞者也。"其推重如此。荪尝撰《五代史正误》。④

范荪讲学于成都沧江书院,传南轩之学。历官大理丞、宗正丞、知邛州、夔州路转运判官。

宋德之,字正仲,崇庆府(今四川崇州)唐安(今郫县)人。以应举擢庆元二年外省第一,为山南道掌书记。召除国子正,迁武学博士,又迁编修枢密院。除太常丞,出知阆州,改潼川路转运判官、湖南路提刑,改湖北。召为兵部郎官,忤时相意,遂罢。复起知眉州,监特奏名试,得疾而卒。⑤ 宋德之"学于南

---

① (清)黄宗羲原著,(清)全祖望补修:《宋元学案》卷七二《二江诸儒学案》,中华书局1986年版,第3册第2411页。

② 陈法驾、叶大锵修,林思进、曾鉴纂:(民国)《华阳县志》卷一〇《人物》,1934年刻本。

③ (清)黄宗羲原著,(清)全祖望补修:《宋元学案》卷七二《二江诸儒学案》,中华书局1986年版,第3册第2412页。

④ 陈法驾、叶大锵修,林思进、曾鉴纂:(民国)《华阳县志》卷一〇《人物》,1934年刻本。

⑤ 参见(元)脱脱等:《宋史》卷四〇〇《宋德之传》,中华书局1977年版,第12155—12156页。

轩之门,少与范文叔辈讲道,故其风节凛然,而所养极粹。"①著有《清城遗稿》二卷。

虞刚简,字仲易,一字子韶,隆州仁寿(今四川仁寿)人,为虞允文之孙。据嘉庆《华阳县志》卷三十五记载,虞刚简弟兄八人,皆好学,而刚简最知名。屡举进士,官利州路主管,积官至朝请大夫②。乾道九年(1173),以郊恩任承奉郎。再举礼部,淳熙末年始监成都府郫县犀浦镇酒税。"年二十六,始监成都府郫县犀浦酒税,转华阳县丞。"③"历成都府路办公事,知华阳县。"致仕后,筑室成都东门外合江亭上,即沧江书院。"宋虞刚简置,在县治东合江亭上。"④(民国)《华阳县志》卷六记载,虞刚简知华阳时,"适范仲黼及其从子子长、子该、从孙荪并亲受南轩张栻之学,归而讲贯。刚简少日,本见闻熏习于家,又与赵文定之子昱友,尽得程、张、吕、谢、杨、尹诸儒语孟书读之,犁然有会于心。及见四范,心益为折,乃自上华阳令印绶,筑室成都东门外之合江亭,相与讲学。仲黼为榜之曰'沧江书院'。"虞刚简在成都创设沧江书院,"公筑室成都之合江,以成雍公卜居未遂之志,名曰沧江书院。尝与魏了翁、范仲黼、李心传讲学蜀东门外,得程朱微旨,著《易》《书》《论语说》,以发其义,蜀人师事之。"⑤认为"洙泗之学,尧、舜以来之学也,伊洛之学,洙泗之学也,而乃以为一家之言乎!""凡再知永康军,招诸生讲学,境为大治。"⑥宝庆二年(1226)卒,享年64岁。著有《诗说》《易》《书》《论语说》。蜀人尊之,称"沧江先生"。

---

① (清)黄宗羲原著,(清)全祖望补修:《宋元学案》卷七二《二江诸儒学案》,中华书局1986年版,第3册第2413页。

② (清)吴巩、董淳修,(清)潘时彤等纂:(嘉庆)《华阳县志》卷三五《流寓》,清嘉庆二十一年刻本。

③ 陈法驾、叶大锵修,林思进、曾鉴纂:(民国)《华阳县志》卷六《官师列传第六》,1934年刻本。

④ 陈法驾、叶大锵修,林思进、曾鉴纂:(民国)《华阳县志》卷二九《古迹第九之三〈书院〉》,1934年刻本。

⑤ (清)吴巩、董淳修,(清)潘时彤等纂:(嘉庆)《华阳县志》卷三五《流寓》,清嘉庆二十一年刻本。

⑥ (清)黄宗羲原著,(清)全祖望补修:《宋元学案》卷七二《二江诸儒学案》,中华书局1986年版,第3册第2413页。

《宋元学案》说:"尤致精者《易》,本邵子之学,参以周、程诸书及汉上朱氏说论,著十有六年,不以示人。"长沙吴德天评论说:"湖中亲炙胡、张者多,而得其学如此者鲜矣。"魏了翁称其学,以为"由博致约,浩然独得",评价甚高。张亨泉先生(张方)亦同虞刚简学《易》于沧江。① "而刚简仕至朝请大夫、利州路提点刑狱,主管冲佑观以终。其所至,并有能绩,学者称为沧江先生。"②

程遇孙,字叔达,仁寿人。二江九先生之一。"少年雄于文,已而折节为南轩之学。范文叔居二江,所谓九先生者,先生其一也。"③

薛绂,字仲章,一说汉嘉(四川雅安)人,一说龙游(今四川乐山)人。幼颖悟,日诵万言,于书无所不读,举淳熙十一年(1184)进士,为成都教授、四川宣抚司幕官,累迁秘书郎、知永康军。知黎州,"筑玉渊书院以讲学,学者称为符溪先生,二江讲学九子之一也"④。著有《易则》(《则书》)十卷,皆谈《易》理,"鹤山自以为不及"⑤。嘉定八年(1215)卒,享年78岁。其《滟堆赋》借以阐明道、器之关系,"夫形而上者谓之道,形而下者谓之器。器者物之物,道者物之先。先乎物者,在人则存乎心者也。所以宰制乎万物,岂一物所得而肩!彼堆斯江,彼柱斯河,在物之石而器之下也,然洪水滔天不为之移,狂涛卷空不为之动,潦尽涨涸,岌乎贞坚,亘宇宙而长存,阅陵谷之变迁。"⑥而撰写于嘉定八年(1215)六月的《阜民堂记》,从三代谈起,论及以民为本的思想:"民之生众矣,天生之而立之君,使司牧之,以一人之寡,而牧亿兆之众,视听不能以周知,而利害不能以察悉,其势然也。唐虞之世,既有以宅百揆,又以四岳统州牧,州牧统侯伯。成周之制,则有三孤以经邦弘化,又有六卿以分职率属而倡九牧。

① 参见(清)黄宗羲原著,(清)全祖望补修:《宋元学案》卷七二《二江诸儒学案》,中华书局1986年版,第3册第2414—2415页。

② 陈法驾、叶大锵修,林思进、曾鉴纂:(民国)《华阳县志》卷六,1934年刻本。

③ (清)黄宗羲原著,(清)全祖望补修:《宋元学案》卷七二《二江诸儒学案》,中华书局1986年版,第3册第2415页。

④ (清)黄宗羲原著,(清)全祖望补修:《宋元学案》卷七二《二江诸儒学案》,中华书局1986年版,第3册第2416页。

⑤ (清)黄宗羲原著,(清)全祖望补修:《宋元学案》卷七二《二江诸儒学案》,中华书局1986年版,第3册第2416页。

⑥ (明)杨慎:《全蜀艺文志》卷二,明嘉靖二十四年刻本。

倡之无他,其在于阜城兆民而已。阜者所以厚其生,成者所以使之兴于化也。""民生厚而有常心,于是教化行,习俗美,而礼乐兴焉,所谓成于乐也。""禹之言于舜,谓政在养民,以政德利用为之本,切切于厚民之生。""自天子至于诸侯,皆以牧为职也。以牧名官者,其责尤重。""为三代之诸侯者,阜民之政,莫悉于此,侯固有志于斯。而今日之为州牧者,委任虽重,率不过一岁,或再岁,匪召而归,则徙而他矣,古人之设施本末,亦何由可以展而布之哉! 君子所以守先王之道,以待后之学者,此心不可顷刻而不存也。生民之困甚矣,随时设施,各思其职,而尽其心焉,则利泽之可以加于物者,或亦庶几焉!"①

邓谏从,字元卿,汉嘉(今四川雅安)人,二江九子之一。传南轩之学,曾与范仲黼、范荪等九人讲学于成都二江之上,时称"二江九子"②。

虽然《宋元学案》说:"南轩虽蜀产,而居湖湘,其学未通于蜀。"不过,经过以上南轩门人、私淑的努力,南宋中期南轩之学在蜀地广泛传播,并对这一时期的蜀学产生重要影响,极大地促进了理学在蜀地的传播以及蜀学与湘学的交流融会。正如有学者认为:"南轩之学,盛行于湖、湘,流衍于西蜀。"③

(二) 南轩之学依托书院在蜀地传播

宋代蜀学出现以洛学为主的兴盛局面,其原因很多。胡昭曦先生认为,"促使洛蜀会同、苏学衰隐、洛学显扬、蜀学转型的重要因素与书院有密切关系"④。

要谈蜀中南轩门人、私淑对南轩之学的传播,自然也离不开书院。南宋时期,理学家们纷纷以书院为基地,讲学授徒,传播理学思想。根据《中国书院制度研究》统计,宋代四川书院 31 所,占 4.3%。⑤ 又据胡昭曦先生统计,宋代

① (明)解缙等编:《永乐大典》卷七二三八,中华书局 2012 年版,第 3 册第 2973 页。
② (清)黄宗羲原著,(清)全祖望补修:《宋元学案》卷七二《二江诸儒学案》,中华书局 1986 年版,第 3 册第 2416 页。
③ 杨东莼:《中国学术史讲话》,北新书局 1932 年初版,第 281 页。
④ 胡昭曦:《巴蜀历史文化论集》,巴蜀书社 2002 年版,第 346 页。
⑤ 参见陈谷嘉、邓洪波主编:《中国书院制度研究》,浙江教育出版社 1997 年版,第 355 页。

四川书院可考者共 27 所。① 关于宋代四川书院的数量与分布情况,详见胡昭曦《四川书院史》(巴蜀书社 2000 年版)。这一时期书院发展的最大特点是"在学术大师的指导下,书院作为一种文化教育制度得以完全确立"②。

南轩之学通过其门人传回蜀地,而这些南轩门人、私淑也以书院作为传南轩之学的重要场所,其中尤以成都沧江书院最为突出,"讲明南轩之学"③,对于南轩之学在蜀地的传播起了重要作用。当时蜀中书院讲学之盛不在长沙之下,南轩门人、私淑也主要以书院为依托,讲学授徒,促进了理学在蜀地的传播,从而对南宋时期的蜀学产生重要影响,并促进了蜀学在南宋中期以降出现以理学为主的兴盛局面。

特别是范仲黼等"二江九先生"以沧江书院为中心,传播南轩之学,使理学在蜀地广泛传播。南宋时期的沧江书院,在成都之合江亭,宋光宗绍熙(1190—1194)年间为仁寿人虞刚简(1164—1226)所建。宋孝宗淳熙十六年(1189),26 岁的虞刚简"始监成都府郫县犀浦镇酒税,次华阳县丞"。在成都筑室,名曰"沧江书院"。魏了翁《鹤山文集·虞刚简墓志铭》说:刚简尝筑室成都合江,以成雍公卜居未遂之志。欧阳玄《圭斋集·虞雍公神道碑》亦说刚简致仕后,筑室成都东门外,故其后人元人虞集诗中时复追忆,为唐宋以来所谓合江园风景最佳胜处。④

虞刚简常请学者"会文讲学"于沧江书院,"相与切磋义理",长达 20 年之久。根据魏了翁《虞刚简墓志铭》记载:

> 为华阳,又得与成都范公文叔仲黼、季才荪、少才子长、少约子该,豫章李思永修己,延平张子真士(仕)佺,汉嘉薛仲章绂,同郡陈(程)叔达遇

① 参见胡昭曦:《巴蜀历史文化论集》,巴蜀书社 2002 年版,第 330 页。
② 邓洪波:《中国书院史》,东方出版中心 2004 年版,第 110 页。
③ (清)黄宗羲原著,(清)全祖望补修:《宋元学案》卷七二《二江诸儒学案》,中华书局 1986 年版,第 3 册第 2416 页。
④ 参见陈法驾、叶大锵修,林思进、曾鉴纂:(民国)《华阳县志》卷二十八《古迹第九之二〈宅井〉》,1934 年刻本。

孙、李微之心传、贯之道传，唐安宋正仲德之，汉嘉邓元卿谏从，相与切磋
于义理之会。……公自上华阳，即筑室成都之合江……秀才范公为榜曰
"沧江书院"。公已尽屏幼志，非益友不亲。自绵州后，则又弃去科举业，
于圣贤求仁立德之要益审思不释。沉潜"六经"，于《易》尤为精诣，以周、
程诸子遗言与邵子先天书、汉上朱氏变玄之说参贯融会，随文申义，阅十
有六年。……士之请益，有肩摩袂属，谒无留门，座无虚席，爨无停炊。自
二十年来，知与不知皆曰沧江先生。①

在沧江书院"会文讲学"的学者除了"四范"，来会者还有"豫章李修平、张士
佺，汉嘉邓谏从、薛绂，同郡程遇孙，李心传、道传兄弟，唐安宋德之，临邛魏了
翁，其后皆成名儒"②。除了范仲黼等"二江九生先"，还有并非蜀籍的"南轩
门人"李修己（丰城今江西丰城人）、张仕佺（延平今福建南平人）等人也常
在此与众学者切磋学术。除了南轩门人、私淑，还有著名学者李心传、李道
传（井研人）在此讲学，为谯定再传。另外，著名学者魏了翁也曾在此讲学。
当时到沧江书院请益的士人众多，以至"士之请益，有肩摩袂属，谒无留门，
座无虚席，爨无停炊"，由此可见当时沧江学院会文讲学的盛况，南轩之学
大行蜀中，使蜀人尽知"义理之学"。"二江范教授仲黼者，南轩先生高弟
也，方会文讲学，以明湖湘之绪，先生因是得和齐斟酌，尽闻胡文定公父子以
至南轩所讨论于岳麓者，而致精焉。"③范仲黼在沧江书院讲伊洛之学、南轩
之学。

　　蒲江魏了翁以高科显宦亦来定交，悉去其记诵词章之习，切劘相长，
　　以究极圣贤之旨，蜀人始尽知伊洛渊源。南轩之教大行，盖实仲黼开之

---

① （宋）魏了翁：《鹤山集》卷七六《利路提刑虞公墓志铭》，文渊阁《四库全书》本。
② 陈法驾、叶大锵修，林思进、曾鉴纂：（民国）《华阳县志》卷六《官师列传第六》，1934 年
刻本。
③ （清）黄宗羲原著，（清）全祖望补修：《宋元学案》卷七二《二江诸儒学案》，中华书局
1986 年版，第 3 册第 2413 页。

也。晚年讲学二江之上,学者称月舟先生。二江有九先生之目,即谓诸人也。①

这里论及魏了翁对伊洛之学在蜀中传播的贡献,也肯定了南轩之学大行蜀地与范仲黼开讲南轩之学于成都二江之上分不开。南轩之学回传蜀地,推进了"洛蜀会同"、蜀学向理学的转型,沧江书院、二江九先生发挥了重要作用。

除沧江书院外,当时在蜀中研讨、讲授南轩之学还有云山书院、江阳书院、玉渊书院以及蒲江鹤山书院、泸州穆清书院、夹江同人书院等。其中杨云山"得张宣公之学于广汉。归而喜以授其子",其子杨子谟(字伯昌)所设云山书院,在潼川府(治在今四川三台县)"县之南山筑室聚友",后"除直华文阁提刑成都,再兼知嘉定府","自是得请以去,不复出矣,即云山书院讲授"②。《宋元学案》也说:"起知隆州,不赴。卧家十年","先生自奉祠,讲学于云山书院,与诸生敷陈《论》《孟》《学》《庸》大义。……其遗文有《浩斋退稿》四十卷"。认为"《大学》之所谓正心,《中庸》之所谓慎独是也,惟辅导得人,而后有所受"③。此外,汉源玉渊书院,在黎州(今四川汉源)城内,开禧(1205—1207)初知州薛绂建。④ "其知黎州……筑玉渊书院以讲学,学者称为符溪先生,二江讲学九子之一也"⑤。泸州江阳书院,为嘉定八年(1215)知泸州范子长建。魏了翁为篆额,薛绂为之记。⑥ 范子长,与其弟范子该"同游南轩之门",是"二江九先生"之一。"鹤山(魏了翁)之初志学也,由先生兄弟(范子长、范子

---

① 陈法驾、叶大锵修,林思进、曾鉴纂:(民国)《华阳县志》卷一〇人物第七之四,1934年刻本。

② (宋)魏了翁:《鹤山集》卷七四《中大夫秘阁修撰致仕杨公(子谟)墓志铭》,文渊阁《四库全书》本。

③ (清)黄宗羲原著,(清)全祖望补修:《宋元学案》卷七二《二江诸儒学案》,中华书局1986年版,第3册第2421—2422页。

④ 参见(明)李贤、彭时等:《大明一统志》卷七三《黎州安抚司》,明弘治十八年慎独斋刻本。

⑤ (清)黄宗羲原著,(清)全祖望补修:《宋元学案》卷七二《二江诸儒学案》,中华书局1986年版,第3册第2416页。

⑥ 参见(永乐)《泸州志》卷二《宫室》,(明)佚名纂,(清)缪荃孙辑,民国年间成都铅印本。

该）及薛符溪（薛绂）以得门户"①。

　　总之，作为蜀人的张栻不仅是宋代理学的重要人物，而且是"湖湘学派"的奠基人。南轩之学在南宋回传蜀地，极大地促进了理学在蜀地的传播，也成为湘学与蜀学交流融会的典范。南轩之学主要通过其门人、私淑在蜀地广泛传播，其中范仲黼等"二江九先生"是其重要力量，正是由于他们的努力，特别是他们以书院为重要场所，会文讲学，传播南轩之学，才促进了理学在蜀地的传播和蜀学的转型。

---

　　① （清）黄宗羲原著，（清）全祖望补修：《宋元学案》卷七二《二江诸儒学案》，中华书局1986 年版，第 3 册第 2411 页。

参考文献

一、史籍、著作

(汉)孔安国传,(唐)孔颖达疏:《尚书注疏》,明嘉靖李元阳福建刻隆庆二年重修刊本。

(魏)王弼:《道德真经注》,《道藏》第 12 册,文物出版社、上海书店、天津古籍出版社 1988 年版。

(唐)韩愈:《韩昌黎全集》,中国语言文化大学出版社 1990 年版。

(唐末五代)杜光庭:《道德真经广圣义》,《道藏》第 14 册,文物出版社、上海书店、天津古籍出版社 1988 年版。

(唐末五代)杜光庭:《金箓斋启坛仪》,《道藏》第 9 册,文物出版社、上海书店、天津古籍出版社 1988 年版。

(唐末五代)杜光庭:《太上老君说常清静经注》,《道藏》第 17 册,文物出版社、上海书店、天津古籍出版社 1988 年版。

(唐末五代)杜光庭:《太上黄箓斋仪》,《道藏》第 9 册,文物出版社、上海书店、天津古籍出版社 1988 年版。

(唐末五代)杜光庭:《墉城集仙录》,《道藏》第 18 册,文物出版社、上海书店、天津古籍出版社 1988 年版。

(宋)范仲淹:《范仲淹全集》,四川大学出版社 2002 年版。

(宋)孙复:《孙明复小集》,(清)光绪十五年荣成孙氏问经精舍刻本。

(宋)石介:《徂徕石先生文集》,中华书局 1984 年版。

(宋)欧阳修:《文忠集》,文渊阁《四库全书》本。

(宋)欧阳修:《居士集》,文渊阁《四库全书》本。

(宋)欧阳修撰,(宋)徐无党注:《新五代史》,中华书局 2016 年版。

(宋)李觏:《李觏集》,中华书局 1981 年版。

(宋)邵雍:《皇极经世书》,文渊阁《四库全书》本。

(宋)邵雍:《击壤集》,明成化年间刻本。

(宋)陈襄:《古灵集》,文渊阁《四库全书》本。

(宋)周敦颐:《周元公集》,文渊阁《四库全书》本。

(宋)司马光:《涑水记闻》,文渊阁《四库全书》本。

(宋)司马光:《温国文正司马公文集》,《四部丛刊》本。

(宋)张载:《张子全书》,文渊阁《四库全书》本。

(宋)张载:《正蒙》,清康熙四十六年刻本。

(宋)王安石:《临川先生文集》,中华书局 1959 年版。

(宋)沈括:《梦溪笔谈》,涵芬楼影印明覆宋本,收入《四部丛刊》续编本。

(宋)王辟之:《渑水燕谈录》,文渊阁《四库全书》本。

(宋)程颢、程颐:《河南程氏文集》,明刻本。

(宋)程颢、程颐:《二程遗书》,清康熙年间石门吕氏刻本。

(宋)苏轼:《苏轼文集》,中华书局 1986 年版。

(宋)赵令畤:《侯鲭录》,文渊阁《四库全书》本。

(宋)陈师道:《后山诗话》,文渊阁《四库全书》本。

(宋)邵伯温:《邵氏闻见录》,中华书局 1983 年版。

(宋)朱震:《汉上易传》,《四部丛刊》续编本。

(宋)萨守坚:《雷说》,《道藏》第 29 册,文物出版社、上海书店、天津古籍出版社 1988 年版。

(宋)龚明之:《中吴纪闻》,上海古籍出版社 1986 年版。

(宋)宁全真授、王契真纂:《上清灵宝大法》,《道藏》第 31 册,文物出版社、上海书店、天津古籍出版社 1988 年版。

(宋)胡宏:《胡宏集》,中华书局 1987 年版。

(宋)晁公武:《郡斋读书志校证》,上海古籍出版社 2011 年版。

(宋)王十朋:《梅溪前集》《梅溪后集》,文渊阁《四库全书》本。

(宋)魏泰:《东轩笔记》,中华书局 1983 年版。

(宋)阮阅:《诗话总龟后集》,人民文学出版社 1987 年版。

(宋)曾慥:《道枢》,《道藏》第 20 册,文物出版社、上海书店、天津古籍出版社 1988 年版。

(宋)王铚:《默记》,文渊阁《四库全书》本。

(宋)董棻:《严陵集》,商务印书馆 1937 年版。

（宋）李焘：《续资治通鉴长编》，中华书局 1995 年版。

（宋）陆游：《剑南诗稿》，文渊阁《四库全书》本。

（宋）陆游：《渭南文集》，文渊阁《四库全书》本。

（宋）朱熹：《河南程氏遗书》，清光绪十八年传经堂刻本。

（宋）朱熹：《晦庵集》，文渊阁《四库全书》本。

（宋）朱熹：《晦庵先生朱文公文集》，朱杰人、严佐之、刘永翔主编：《朱子全书》，上海古籍出版社、安徽教育出版社 2002 年版。

（宋）朱熹：《三朝名臣言行录》，《四部丛刊》初编本。

（宋）朱熹：《四书章句集注》，上海古籍出版社 2006 年版。

（宋）朱熹：《五朝名臣言行录》，四部丛刊初编本。

（宋）朱熹：《周易本义》，文渊阁《四库全书》本。

（宋）朱熹：《周易参同契考异》，文渊阁《四库全书》本。

（宋）熊克：《中兴小纪》，文渊阁《四库全书》本。

（宋）张栻：《张栻全集》，长春出版社 1999 年版。

（宋）张栻：《张栻集》，中华书局 2015 年版。

（宋）王质：《雪山集》，文渊阁《四库全书》本。

（宋）李流谦：《澹斋集》，文渊阁《四库全书》本。

（宋）彭龟年：《止堂集》，文渊阁《四库全书》本。

（宋）吴曾：《能改斋漫录》，上海古籍出版社 1979 年版。

（宋）程迥：《周易章句外编》，文渊阁《四库全书》本。

（宋）陈楠：《翠虚篇》，《道藏》第 24 册，文物出版社、上海书店、天津古籍出版社 1988 年版。

（宋）黄榦：《勉斋集》，文渊阁《四库全书》本。

（宋）王象之：《舆地纪胜》，四川大学出版社 2005 年版。

（宋）李心传：《建炎以来朝野杂记》，文渊阁《四库全书》本。

（宋）刘宰：《漫塘集》，文渊阁《四库全书》本。

（宋）魏了翁：《鹤山集》，文渊阁《四库全书》本。

（宋）白玉蟾：《翠虚陈真人得法记》，《道藏》第 29 册，文物出版社、上海书店、天津古籍出版社 1988 年版。

（宋）白玉蟾：《修仙辨惑论》，《道藏》第 4 册，文物出版社、上海书店、天津古籍出版社 1988 年版。

（宋）王稱：《东都事略》，文渊阁《四库全书》本。

（宋）祝穆：《方舆胜览》，中华书局 2003 年版。

（宋）祝穆编：《新编古今事文类聚》，清刻本。

（宋）李曾伯：《可斋杂稿》，文渊阁《四库全书》本。

（宋）黄震：《黄氏日钞》，文渊阁《四库全书》本。

（宋）赵善璙：《自警编》，文渊阁《四库全书》本。

（宋）周密：《齐东野语》，中华书局 1983 年版。

（宋）吕中：《宋大事记讲义》，文渊阁《四库全书》本。

（宋）潘自牧：《记纂渊海》，文渊阁《四库全书》本。

（宋）徐度：《却扫编》，文渊阁《四库全书》本。

（宋）王文卿：《冲虚通妙侍宸王先生家话》，《道藏》第 32 册，文物出版社、上海书店、天津古籍出版社 1988 年版。

（宋）黎靖德编：《朱子语类》，朱杰人、严佐之、刘永翔主编：《朱子全书》，上海古籍出版社、安徽教育出版社 2002 年版。

（宋）王霆震：《古文集成》，文渊阁《四库全书》本。

（宋）释志磐：《佛祖统纪》，江苏广陵古籍刻印社影印本 1991 年版。

（宋）金允中：《上清灵宝大法》，《道藏》第 31 册，文物出版社、上海书店、天津古籍出版社 1988 年版。

（宋）楼昉编：《崇文古诀》，上海古籍出版社 1993 年版。

（宋）吕太古：《道门通教必用集》，《道藏》第 32 册，文物出版社、上海书店、天津古籍出版社 1988 年版。

（宋）王应麟：《困学纪闻》，上海古籍出版社 2008 年版。

（宋）刘辰翁：《须溪集》，文渊阁《四库全书》本。

（金）元好问：《遗山集》，文渊阁《四库全书》本。

（宋元）马端临：《文献通考》，文渊阁《四库全书》本。

（元）刘应李编：《新编事文类聚翰墨全书》，明初刻本。

（元）柳贯：《待制集》，文渊阁《四库全书》本。

（元）脱脱等：《宋史》，中华书局 1977 年版。

（元）赵道一：《历世真仙体道通鉴》，《道藏》第 5 册，文物出版社、上海书店、天津古籍出版社 1988 年版。

（元）董真卿：《周易会通》，清康熙年间刻本。

（元）胡震：《周易衍义》，文渊阁《四库全书》本。

（明）宋濂：《宋文宪公集》，文渊阁《四库全书》本。

（明）胡广等：《性理大全书》，文渊阁《四库全书》本。

（明）曹端：《太极图说述解》，文渊阁《四库全书》本。

（明）佚名纂：（永乐）《泸州志》，（清）缪荃孙辑，民国年间铅印本。

（明）解缙等编：《永乐大典》，中华书局 2012 年版。

（明）李贤、彭时等：《大明一统志》，明弘治十八年慎独斋刻本。

（明）杨慎：《全蜀艺文志》，明嘉靖二十四年刻本。

（明）杨慎：《升庵集》，文渊阁《四库全书》本。

（明）彭大翼：《山堂肆考》，明万历二十三年刻本。

（明）贺复征编：《文章辨体汇选》，文渊阁《四库全书》本。

（清）黄宗羲原著，（清）全祖望补修：《宋元学案》，中华书局 1986 年版。

（清）黄宗炎：《周易象辞》，文渊阁《四库全书》本。

（清）王夫之：《宋论》，中华书局 1964 年版。

（清）吴任臣：《十国春秋》，中华书局 1983 年版。

（清）朱彝尊：《曝书亭集》，《四部丛刊》初编本。

（清）胡渭：《易图明辨》，文渊阁《四库全书》本。

（清）王士祯编：《五代诗话》，清乾隆十三年养素堂刻本。

（清）陈元龙编：《御定历代赋汇》，清康熙四十五年内府刊本。

（清）汪森编辑，黄振中、吴中任、梁超然校注：《粤西丛载校注》，广西民族出版社 2007 年版。

（清）郝玉麟等监修，鲁曾煜等编纂：（雍正）《广东通志》，文渊阁《四库全书》本。

（清）曹寅、彭定求等编：《全唐诗》，文渊阁《四库全书》本。

（清）王懋竑：《朱子年谱考异》，中华书局 1998 年版。

（清）黄之隽编，（清）赵弘恩监修：《乾隆江南通志》，广陵书社 2010 年版。

（清）蒋廷锡等纂：《大清一统志》，文渊阁《四库全书》本。

（清）刘于义修，（清）沈青崖等纂：（雍正）《陕西通志》，清雍正十三年刻本。

（清）全祖望：《鲒埼亭集外编》，《四部丛刊》初编本。

（清）嵇璜、刘墉等：《续通志》，清光绪十二年浙江书局刻本；浙江古籍出版社 2000 年影印本。

（清）周召：《双桥随笔》，文渊阁《四库全书》本。

（清）张照等编：《石渠宝笈》，文渊阁《四库全书》本。

（清）纪昀等：《四库全书总目》，文渊阁《四库全书》本。

（清）纪昀等：《四库全书总目》（整理本），中华书局 1997 年版。

（清）谢旻修，（清）陶成纂：（雍正）《江西通志》，清雍正十年刻本。

（清）李调元：《赋话》，上海商务印书馆 1936 年版。

（清）董诰等编：《全唐文》，中华书局 1983 年版。

(清)吴巩、董淳修,(清)潘时彤等纂:(嘉庆)《华阳县志》,清嘉庆二十一年刻本。

(清)徐松辑,(清)缪荃孙重订:《宋会要辑稿》,中国国家图书馆稿本;《宋会要辑稿》,刘琳、刁忠民、舒大刚、尹波等点校,上海古籍出版社2014年版。

(清)余正焕、左辅:《城南书院志》,岳麓书社2012年版。

(清)王先谦:《荀子集解》,中华书局1988年版。

(清)梁园棣修,(清)郑之侨、(清)赵彦俞纂:(咸丰)《重修兴化县志》,清咸丰二年刻本。

刘咸炘:《推十书》,成都古籍书店影印1996年版。

刘咸炘:《推十书》(增补全本),上海科学技术文献出版社2009年版。

陈法驾、叶大锵修,林思进、曾鉴纂:(民国)《华阳县志》,1934年刻本。

《修真十书》,《道藏》第4册,文物出版社、上海书店、天津古籍出版社1988年版。

《道法会元》,《道藏》第29册,文物出版社、上海书店、天津古籍出版社1988年版。

《大正藏》,佛陀教育基金会印。

《续藏经》,新文丰出版公司1995年影印本。

[德]苏费翔、[美]田浩:《文化权力与政治文化——宋金元时期的〈中庸〉与道统问题》,肖永明译,中华书局2018年版。

[美]田浩:《朱熹的思维世界》,陕西师范大学出版社2002年版。

[日]福井康顺等监修:《道教》(第一卷),朱越利译,上海古籍出版社1990年版。

[日]窪德忠:《道教史》,萧坤华译,上海译文出版社1987年版。

白新良:《中国古代书院发展史》,天津大学出版社1995年版。

蔡方鹿:《程颢程颐与中国文化》,贵州人民出版社1996年版。

蔡方鹿主编:《道统思想与中国哲学》,人民出版社2017年版。

陈垣编纂:《道家金石略》,文物出版社1988年版。

陈寅恪:《金明馆丛稿二编》,生活·读书·新知三联书店2001年版。

陈国符:《道藏源流考》,中华书局1963年版。

陈兵:《道教之道》,今日中国出版社1995年版。

陈谷嘉、邓洪波主编:《中国书院制度研究》,浙江教育出版社1997年版。

陈谷嘉:《张栻与湖湘学派研究》,湖南教育出版社1991年版。

成都市地方志编纂委员会、四川大学历史地理研究所整理:《成都旧志》,成都时代出版社2007年版。

邓洪波:《中国书院史》,东方出版中心2004年版。

邓洪波辑校:《张栻年谱》,科学出版社2017年版。

范止安主编:《范学论文集》(上、下),香港新亚洲文化基金会有限公司2004年版。

范止安主编:《范学论文集》(第 4 卷),香港景范教育基金会 2006 年版。

方健:《范仲淹评传》,南京大学出版社 2001 年版。

郭绍虞:《中国文学批评史》上册,商务印书馆 2010 年版。

侯外庐、邱汉生、张岂之主编:《宋明理学史》,人民出版社 1984 年版。

胡昭曦:《巴蜀历史文化论集》,巴蜀书社 2002 年版。

李养正:《道教概说》,中华书局 1989 年版。

李学勤主编:《十三经注疏》,北京大学出版社 1999 年版。

李大华、李刚、何建明:《隋唐道家与道教》,广东人民出版社 2003 年版。

卢国龙:《道教哲学》,华夏出版社 1997 年版。

毛礼锐主编:《中国教育史简编》,教育科学出版社 1984 年版。

卿希泰主编:《中国道教》,知识出版社 1994 年版。

卿希泰主编:《中国道教史》(1—4 卷),四川人民出版社 1996 年版。

任继愈主编:《中国道教史》,上海人民出版社 1990 年版。

孙亦平:《杜光庭思想与唐宋道教的转型》,南京大学出版社 2004 年版。

万丽华、蓝旭译注:《孟子》,中华书局 2006 年版。

王云五主编,时兆文、黄姬水等校正:《宋范文正公(仲淹)年谱附补遗及言行拾遗》,台湾商务印书馆 1978 年版。

王明:《太平经合校》,中华书局 1960 年版。

王明:《抱朴子内篇校释》,中华书局 1985 年版。

王文才、王炎校笺:《蜀梼杌校笺》,巴蜀书社 1999 年版。

杨东莼:《中国学术史讲话》,北新书局 1932 年版。

杨伯峻:《论语译注》,中华书局 1980 年版。

余英时:《朱熹的历史世界:宋代士大夫政治文化的研究》,三联书店 2004 年版。

张广保:《唐宋内丹道教》,上海文化出版社 2001 年版。

曾枣庄、刘琳主编:《全宋文》第 1 册,巴蜀书社 1988 年版。

曾枣庄、舒大刚主编:《三苏全书》,语文出版社 2001 年版。

朱杰人、严佐之、刘永翔主编:《朱子全书》,上海古籍出版社、安徽教育出版社 2002 年版。

二、报告

胡锦涛:《坚定不移沿着中国特色社会主义道路前进　为全面建成小康社会而奋斗——在中国共产党第十八次全国代表大会上的报告》,人民出版社 2012 年版。

习近平:《在庆祝中国共产党成立 95 周年大会上的讲话》,人民出版社 2016 年版。

习近平：《决胜全面建成小康社会　夺取新时代中国特色社会主义伟大胜利——在中国共产党第十九次全国代表大会上的报告》，人民出版社 2017 年版。

习近平：《高举中国特色社会主义伟大旗帜　为全面建设社会主义现代化国家而团结奋斗——在中国共产党第二十次全国代表大会上的报告》，人民出版社 2022 年版。

三、论文

安立志：《范仲淹的民本观》，《唯实》2014 年第 5 期。

蔡方鹿：《朱熹和张栻关于仁的讨论》，《江西社会科学》1989 年第 2 期。

蔡方鹿：《张栻与岳麓书院》，《社会科学研究》1991 年第 4 期。

陈代湘：《朱熹与张栻的思想异同》，《湖湘论坛》2010 年第 1 期。

陈逢源：《朱熹与张栻之义理辨析与学脉建构——中和·仁说·道统》，《四川师范大学学报（社会科学版）》2019 年第 4 期。

陈荣捷：《西方对朱熹的研究》，《中国哲学》第 5 辑，三联书店 1981 年版。

方健：《范仲淹与范成大》，刘再明主编：《范学论文集》上册，新亚洲文化基金会有限公司 2004 年版。

冯友兰：《关于孔子讨论的批评与自我批评》，《哲学研究》1963 年第 6 期。

郭齐：《蜀中〈易〉学奇人——谯定》，《中国典籍与文化》1995 年第 1 期。

郭齐：《谯定易学探微》，《宋代文化研究》第 23 辑，四川大学出版社 2016 年版。

何兆泉、胡晓静：《张栻〈孟子说〉及其思想探析》，《求索》2011 年第 6 期。

胡杰：《张栻经学与理学探析》，四川师范大学硕士学位论文，2010 年。

胡杰：《陈平甫与张栻交流提出"道统"时间考》，蔡方鹿主编：《道统思想与中国哲学》，人民出版社 2017 年版。

胡昭曦：《陈抟里籍考》，《四川文物》1986 年第 3 期。

胡昭曦：《宋代蜀学转型的再探讨》，《湖南大学学报》2015 年第 6 期。

黄赐英：《张栻主教岳麓启示略谈》，《船山学刊》2002 年第 4 期。

金生杨：《巴蜀易学渊源》，《四川师范大学学报》2004 年第 3 期。

金生杨：《洛蜀交融——谯定学术新探》，《西南民族大学学报》2016 年第 3 期。

赖尚清：《朱子与张栻"〈仁说〉之辩"书信序次详考》，《厦门大学学报》2014 年第 4 期。

郎国华、范立舟：《略论范仲淹与理学思潮产生的关系》，《广东社会科学》2003 年第 6 期。

李丛昕：《大节须从细处看——范仲淹的节俭清廉作风》，《江淮论坛》2006 年第

1 期。

李存山：《范仲淹与宋代新儒学》，《湖南大学学报（社会科学版）》2008 年第 1 期。

李存山：《宋代的"新儒学"与"理学"》，《中原文化研究》2019 年第 2 期。

李良品：《论易学"涪陵学派"的形成、特点与深远影响》，《周易研究》2003 年第 4 期。

李胜：《涪陵学派论纲》，《重庆师范大学学报》2005 年第 1 期。

李永明：《儒学圣地玉溪里》，《乐游长寿》第 4 期。

连凡：《〈宋元学案〉中的宋学先驱及地域学派的兴起——以范仲淹、欧阳修、陈襄、士建中等人为例》，《苏州科技大学学报（社会科学版）》2017 年第 6 期。

廖志豪、李茂高：《略论范仲淹与范氏义庄》，《学术月刊》1991 年第 10 期。

刘德杰：《范仲淹的"君臣之道"》，《黄河科技大学学报》2007 年第 6 期。

刘国梁：《试论陈抟思想的渊源及其对理学的影响》，《吉林大学社会科学学报》1985 年第 2 期。

卢国龙：《陈抟的〈易〉〈老〉之学及〈无极图〉思想探源》，《江西社会科学》1989 年第 5 期。

罗争鸣：《杜光庭两度入蜀考》，《宗教学研究》2002 年第 1 期。

罗争鸣：《关于杜光庭生平几个问题的考证》，《文学遗产》2005 年第 5 期。

蒙培元：《范仲淹的哲学与理学的兴起》，《北京社会科学》1992 年第 4 期。

牟永生：《范仲淹忧患意识探析》，《湖南社会科学》2011 年第 1 期。

彭永捷：《论儒家道统及宋代理学的道统之争》，《文史哲》2001 年第 2 期。

苏铉盛：《张栻早期仁学思想考》，《孔子研究》2003 年第 5 期。

［德］苏费翔：《宋人道统论——以朱熹为中心》，《厦门大学学报》2015 年第 1 期。

粟品孝：《北岩程颐及涪陵易学》，《四川文物》1997 年第 2 期。

粟品孝：《宋代理学名儒与四川易学》，《中华文化论坛》2000 年第 2 期。

孙海林：《张栻与城南书院研究》，《湖南第一师范学报》2005 年第 1 期。

孙亦平：《论杜光庭对蜀地道教的贡献》，《宗教学研究》2004 年第 2 期。

孙亦平：《论杜光庭对道教斋醮科仪的发展与贡献》，《宗教学研究》2006 年第 4 期。

汤一介、庄印、金春峰：《论"治统"与"道统"》，《北京大学学报》1964 年第 2 期。

田静：《朱熹与张栻仁说比较》，湘潭大学硕士学位论文，2012 年。

王改凌：《南宋乾淳时期张栻的书院教育思想特色》，《昌吉学院学报》2010 年第 4 期。

王宜峨：《略述陈抟道教思想及其影响》，《北京图书馆馆刊》1998 年第 3 期。

王瑛:《杜光庭事迹考辨》,《宗教学研究》1992年第1、2期。

王瑛:《杜光庭蜀中著述考略》,《成都大学学报(社会科学版)》1993年第3期。

王瑛:《杜光庭入蜀时间小考》,《宗教学研究》1995年第1期。

向世陵:《张栻的仁说及仁与爱之辨》,《学术月刊》2017年第6期。

肖永明《张栻之学与〈四书〉》,《船山学刊》2002年第3期。

邢爽、胡遂:《论范仲淹理学先驱之地位及其对理学的实际贡献》,《求索》2014年第2期。

徐洪兴:《孙复论》,《孔子研究》1990年第3期。

徐洪兴:《试论范仲淹与北宋理学的兴起》,《复旦学报(社会科学版)》1992年第2期。

许家星:《朱子、张栻"仁说"辨析》,《中国哲学史》2011年第4期。

杨渭生:《范仲淹与宋学之勃兴》,《浙江大学学报(人文社会科学版)》1999年第1期。

姚艳霞:《张栻主教岳麓书院的特点及其现代启示》,《大学教育科学》2006年第1期。

曾小明、肖永明:《张栻仁学的发展》,《湖湘论坛》2008年第1期。

张立文:《论"治统"与"道统"的关系——评冯友兰的"君师分开"论》,《江汉学报》1964年第4期。

张鑫鑫:《张栻仁学思想研究》,陕西师范大学硕士学位论文,2017年。

张亚平:《杜光庭著述叙录》,《四川文物》1999年第6期。

张燕妮:《张栻仁学思想研究》,陕西师范大学硕士学位论文,2013年。

赵宗正、蔡德贵:《范仲淹在宋代学术思想史上的地位》,《中州学刊》1992年第3期。

郑志明:《杜光庭道德真经广圣义的神人观》,《道家与道教——第二届国际学术研讨会论文集》,广东人民出版社2001年版。

周兴涛:《论范仲淹的文学成就》,四川大学硕士学位论文,2003年。

朱汉民:《书院、祠堂与湘学学统》,《大学教育科学》2013年第4期。

朱汉民、洪银香:《宋儒的义理解经与书院讲义》,《中国哲学史》2014年第4期。

朱汉民:《张栻、岳麓书院与湘学学统》,《湖南科技学院学报》2014年第9期。

朱汉民:《南宋书院的学祠与学统》,《湖南大学学报(社会科学版)》2015年第2期。

朱汉民:《宋儒道统论与士大夫的主体意识》,《哲学研究》2018年第10期。

后　记

时间不语浥轻尘，岁月无言常倾心，一路走来，过去的已成为绵长的记忆。人生总是充满际遇与挑战，在平凡中书写着自己曲折的学术人生。从读研究生起关注欧洲宗教研究，因攻读宗教学专业博士学位，涉入中国道教研究。四川是中国道教之源，也正是道教研究与巴蜀地域学术的结合，使自己从关注杜光庭、陈抟到关注谯定、张栻、"二江九先生"，从关注西欧宗教文化到关注中国本土道教文化，从关注道教到关注儒、释、道三教关系，特别是2017年有幸参与我校杰出教授蔡方鹿先生主持的国家社科基金重大项目并作为一子课题负责人，使我有机会进一步学习深究儒家道统以及儒、释、道三教的关系。2006年一次偶然机会撰文《范仲淹的佛道观》参加在洛阳举行的范仲淹学术研讨会，从此与范仲淹研究结缘，之后参加中国范仲淹研究会主办的历届中国范仲淹国际学术大会，获益良多。

在本书即将付梓之际，首先要感谢人民出版社哲学编辑室主任方国根先生的大力支持和帮助！与方先生联系出版事宜可回溯到2012年，当时申报的选题很快通过，只因之后种种原因，加之教学科研任务较重，特别是忙于国家社科基金项目的结项，无暇他顾，于是书稿修改一拖再拖，直至2018年书稿在搁置多年后得以修改定稿，2019年初联系方先生准备出版，遗憾的是数年间情况发生变化，未能如愿，于是有了本书的出版计划，期间受到疫情影响，欲速不达，在此感谢方先生从选题申报到书稿出版付出的心血，感谢审稿过程中提出的宝贵修改意见，感谢编辑编校书稿付出的辛劳，在此一并致以诚挚的谢意!

感谢四川大学道教与宗教文化研究所继任所长李刚教授为拙著赐序,感谢恩师一直的鼓励和支持,从事道教研究至今已二十余载,感谢先生的悉心指导,不敢懈怠,唯有努力前行。

感谢四川师范大学哲学学院蔡方鹿先生的信任,有幸在蔡先生带领的研究团队问学求道,通过参加蔡先生主持的国家社科基金重大项目以及国际国内学术研讨会,使我有机会向众多学术大家、师友学习,促进了我学术的成长。

感谢四川师范大学学术著作出版基金的资助和四川师范大学国家社会科学基金项目配套经费的资助。感谢《中国哲学史》《孔子研究》《四川师范大学学报(社会科学版)》等期刊发表本书相关内容。

感谢四川师范大学历史文化与旅游学院各位领导的支持,感谢各位师友的帮助,感谢家人的理解!囿于学识,本书不足之处,敬请各位专家、同仁批评指正!凡是过往,皆为序章,诗和远方使人生面向未来,学无止境,学术研究永远在路上。

毛丽娅

2024 年 2 月 9 日于成都

责任编辑：方国根　戚万迁

封面设计：汪　阳

图书在版编目（CIP）数据

融摄与会通：唐宋人物思想研究 / 毛丽娅著．

北京：人民出版社，2024．11．-- ISBN 978－7－01－026960－3

Ⅰ．B215

中国国家版本馆 CIP 数据核字第 2024XY8608 号

融摄与会通:唐宋人物思想研究

RONGSHE YU HUITONG;TANGSONG RENWU SIXIANG YANJIU

毛丽娅　著

人民出版社 出版发行

（100706　北京市东城区隆福寺街 99 号）

北京建宏印刷有限公司印刷　新华书店经销

2024 年 11 月第 1 版　2024 年 11 月北京第 1 次印刷

开本:710 毫米×1000 毫米 1/16　印张:16.5

字数:239 千字

ISBN 978－7－01－026960－3　定价:66.00 元

邮购地址　100706　北京市东城区隆福寺街 99 号

人民东方图书销售中心　电话（010)65250042　65289539